语文教师小丛书

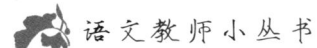语文教师小丛书

古汉语词义丛谈

何九盈 著

图书在版编目（CIP）数据

古汉语词义丛谈 / 何九盈著.—北京：商务印书馆，2022
（语文教师小丛书）
ISBN 978-7-100-21014-0

Ⅰ.①古… Ⅱ.①何… Ⅲ.①古汉语—词义—教学研究 Ⅳ.①H131

中国版本图书馆CIP数据核字（2022）第062881号

权利保留，侵权必究。

语文教师小丛书
古汉语词义丛谈
何九盈 著

商 务 印 书 馆 出 版
（北京王府井大街36号 邮政编码100710）
商 务 印 书 馆 发 行
北京市十月印刷有限公司印刷
ISBN 978-7-100-21014-0

2022年7月第1版	开本787×1092 1/32
2022年7月北京第1次印刷	印张13⅞ 插页2

定价：60.00元

出版说明

本馆历来重视教育，自1897年创立迄今，以"昌明教育，开启民智"为宗旨，始终肩负中国新教育出版重任，编辑出版中小学、大学各科教科书，教学参考书，师范用书，移译各国教育书籍，分类编纂，精益求精，尤为教育界所欢迎。

我们确信，无论时代潮流如何变迁，教师始终应当具备丰富的文化知识。语文学科具有基础性和综合性的特点，语文教师尤其需要广泛吸取各类有益的思想文化知识，充实自己的头脑。承载这类知识的图书品种十分丰富。那些为语文教师所公认的经典好书，蕴含着丰富的知识思想和学术价值，值得反复阅读。过去，这些书或以单行本印行，或收入其他丛书，从语文教师文化知识积累角度而言，难成系统，不便于收集和查考。为此，我们在广泛征求意见的基础上，从满足语文教师专业成长需要出发，选择语文教育相关领域中为学界所公认和熟知的大家经典，汇编成"语文教师小丛书"，陆续编辑，分辑印行，以期相得益彰，蔚为大观，既便于教师研读查考，又有利于文化积累。

晚清教育家张之洞说过："读书宜有门径。泛滥无归，终身无得；得门而入，事半功倍。"愿这套丛书能够为语文教师指示一条读书的小径。希望海内外教育界、知识界、读书界给我们批评、建议，帮助我们把这套丛书出好。

商务印书馆编辑部
2017 年 1 月

怎样掌握古代汉语的词义

杨荣祥

一、学习古汉语词义的重要性及其困难

中国是一个有着悠久而优秀的传统文化的国家，这些传统文化能够传承至今，很大程度上依赖于历代典籍的流传和解读。典籍承载着我们先祖的智慧和灿烂的文化，在大力提倡继承优秀中华传统文化的今天，提高阅读古籍的能力成为大众所需。要提高阅读古籍的能力，必须学好古代汉语，而学习古代汉语的重点，就是逐步掌握古代汉语词汇，并准确把握词义。王力先生曾指出："我们学习古代汉语，词汇占着极其重要的地位。如果掌握了古代汉语词汇，就可以算是基本掌握了古代汉语，因为古今语法差别不大，古今语音的差别虽大，但是不懂古音也可以读懂古书。唯有古代汉语的词汇，同现代汉语词汇差别相当大，

非彻底了解不可。"[1]这说明掌握词汇是学好古代汉语的关键。

然而，因为古今汉语的词汇差别很大，学习古代汉语词汇并非易事。笼统地说，古今汉语词汇的差别体现在形式和意义两方面。从形式上看，古代汉语词汇以单音节为主，现代汉语词汇以双音节为主。比如：

> 宰予昼寝。子曰："朽木不可雕也，粪土之墙不可杇也，于予与何诛？"(《论语·公冶长》)

把这句话翻译成现代汉语后可以发现，里面多数单音节词现在都不能单用了，需要用双音节词替换。这种形式上的变化大多有规律可循，不会给阅读造成很大的困难。学习古代汉语词汇，难点在于对词义的把握。

古代汉语词汇与我们今天使用的现代汉语词汇有源流关系，这有利于我们由今天的词义推知古代汉语的词义，但是这也很容易使我们掉入以今律古的陷阱，特别是容易使我们无意中忽视古今词汇和词义的差异。比如"旦日不可不蚤自来谢项王"(《史记·项羽本纪》)，其中"谢"无论在古代汉语还是现代汉语中都是常用词，但词义有差异，

---

[1] 王力：《古代汉语常识》，北京联合出版公司2019年版，第23页。

古代汉语的"谢"有"道歉""拒绝""辞别""感谢"等诸多常用义，在这句话中，"谢"指"道歉"，而现代汉语的"谢"单用时一般表示"感谢"，如果不了解"谢"在古代汉语中的用法，阅读时很容易将它的今义代入文本，这样对文意的理解就发生了偏差。这是我们学习古代汉语词汇和把握古代汉语词义遇到的第一个困难，也是最大的困难，而且这个困难很多人不容易自觉地意识到。

学习古代汉语词义的第二个困难是，古今汉语都是用汉字记录的，同样一个汉字（虽然从古到今汉字字形发生了变化，但今字与古字的对应基本上是清楚的），古今记录的词可能不同，比如"说"在古代可以记录喜悦的"悦"，今天写作"懈"的字古代写作"解"。因此，我们掌握古代汉语词义，还要突破字形的障碍。还有古籍里的通假字，不仅要突破字形障碍，还需要具备一定的古代音韵知识，比如"罢"在古代与"疲"读音相近，可以通假为"疲"，表示"疲劳"的意思。

第三个困难是，因为古代汉语是一种只存在于书面的死的语言，我们很难通过学会使用古代汉语来增强语感（也没有这个必要），从而很快掌握大量古代汉语的词汇，而通过查阅工具书了解古代汉语词语的词义，总感觉很零散，需要一个一个地记忆，且很难记住不忘。

还有一些别的困难。如不懂古代语法知识有时候也会影响对词义的理解。如：

> 或问子产。子曰："惠人也。"问子西。曰："彼哉！彼哉！"问管仲。曰："人也。夺伯氏骈邑三百，饭疏食，没齿无怨言。"(《论语·宪问》)

"问子产"不是向子产提问，而是（向孔子）问子产是什么样的人，随后的"子曰：'惠人也'"是孔子对提问给出的回答；"问子西""问管仲"都是如此。在古汉语中，"问"后只能接所问的内容，不能接提问的对象。

我们在《论语》中还可以看到这样的句子：

> 叶公问孔子于子路，子路不对。(《论语·述而》)

意思是叶公向子路问关于孔子的为人，子路不回答。"问"的语法功能就跟后代不一样。再如《郑伯克段于鄢》里的"夫人将启之"，"启"是"开（城）门"的意思，而不是"开启"的意思，"之"是指共叔段，"启之"是为共叔段开城门。"启"在《左传》里虽然有少数带受事宾语（"门"）

的用例，但是如果后面带"之"，"启"一定是"开（启城）门"的意思，而不仅仅是动作义"开启"。

对古代典章制度、天文历法等文化知识缺乏了解，也会影响我们正确掌握古代汉语词义。如根据本书中《古汉语词义札记四则》中对"庙堂"的考释，《岳阳楼记》中"居庙堂之高"，"庙堂"不是朝廷之义，而是指宰相之位。

二、本书的主要内容及其对学习古汉语词义的重要参考价值

掌握古汉语词义所遇到的困难，是可以通过学习逐渐克服的。本书就为我们学习和掌握古汉语词义提供了很好的指导。

本书收录何九盈先生公开发表的论文二十多篇，这些文章都是何先生早年结合古汉语教学实践的科研结晶，对如何学习和掌握古汉语词义极具针对性，不仅对专门从事古汉语词汇词义研究的学者具有重要的学术参考价值，对从事古汉语词汇词义教学，尤其是对从事中学文言文教学的人更具有实战指导意义，而对于初学古汉语，需要快速掌握古汉语词义的读者来说，也可以通过此书学会一些实用的方法，得窥门径。

本书的内容主要包括三个部分。

1. 宏观理论论述

《要重视古汉语词义的学习》一文，从三个方面论述了学习词义的重要性和需要特别注意的问题：一是词义的时代性，二是词义的系统性，三是词义与语法、语音的关系，重点论述了词义系统性问题。古汉语词义不是孤立的存在，而是处在各种关系的系统中，初学古汉语的人，往往不能认识到这一点。该文指出，"词义的系统性是一种客观存在"，多义词的本义与引申义，是单个词内部的词义系统，本义与引申义之间存在内在联系，这是一种系统性的表现。词与词之间也存在系统性，如"同源词反映了词族亲属关系的系统性，同类词反映了同一偏旁（形符）的字在意义范畴上的系统性，同义词有自己的系统性，反义词也有自己的系统性。"对于多义词的内部系统性，核心问题是掌握本义，本义明则引申义易晓。如"突"为何有"奔突""突破""突然"这样的意义？《说文》："突，犬从穴中暂出也。""暂出"就是突然跑出来。词与词的系统性联系，可以从不同的角度来看。从语源关系看有同源词。如"託—宅"，《赤壁赋》"托（託）遗响于悲风"，"托"是寄托的意思，而"托（託）"与"宅"同源，"宅，所托也"，"宅"就是人所寄托的地方。今天的寄托、委托、托付等，都是来自于与"宅"同源的意义。另如"夜—昔""溢（益）—盈""陟—登""幽—奥"等，可参看王力《同源字典》（该书收录439组同源字，共3000多个单音词）。同义词、反义词也是词与词相互联系的重要表现。对于同义词，重要的是要注意同中之异。如"谨"和"慎"同义，"谨"重在说话谨慎，"慎"重在心理上小心。同时就像该文强调的，"掌握同义词的系统性，必须具有时代观点。"如"偷"和"窃"，先秦就不能构成同义关系，因为"偷"在先秦是"苟且"义，汉代才产生"偷窃"义。反义词也有时代性，如"快""慢"东汉以后才构成反义关系，先秦时期"慢"的反义词是"敬（办事认真）"；"穷"与"富"在先秦不是反义词，先秦"穷"的反义词是"达"，"富"的反义词是"贫"。

《词义的时代性》一文通过实例专门说明重视词义的时代性的重要意义。我们讲的古汉语或文言文，是一个泛时的概念，是指以先秦口语为基础而形成的一种书面语言以及后来历代作家仿古作品中的语言，是一直到清代都使用的官方书面语言。这么长的历史，词的意义总会发生变化，多义词的多个意义，产生的时代可能不同，我们说某词有某义，这个意义也往往有时间限定，如果缺乏历史的观念，不注意词义的时代性，是很容易误解古书的。如该文中举到的"售""谢""愤"等词，不同时代，词义不一样。

《古汉语的特殊词汇》一文介绍了几种意义或构成形式特殊的古汉语词汇。"反训词"是一个词具有相对相反的两个意义，如"售"，唐代以前是卖掉的意思，唐宋时期常用义却是"买入"的意思（见《词义的时代性》），当然这两个相反的词义出现的时代不同。"偏义复词"是指两个反义或近义语素构成的复词，其中只有一个语素有意义，如《出师表》："宫中府中，俱为一体，陟罚臧否，不宜异同。""此诚危急存亡之秋也。""异同"只有"异"有意义，"存亡"只有"亡"有意义。联绵词和叠音词都是构成形式比较特别的词，当然这两类词在表义上也有自己的特点。外来词是从来源看特殊的一类词，在古汉语中比较少见。

2.具体实例的训释

任何知识的学习，都需要掌握一定的理论和方法，这样才能取得好的学习效果。学习古汉语词义，当然也有理论方法的问题，但更重要的是需要多实践，日积月累，在正确的理论方法指导下学习、掌握具体的词义。而要真正掌握一个一个词的意义，多数情况下是需要做一番考释工作的。本书的主体部分，就是对若干古汉语词语的意义进行考辨，从而做出准确的训释。

　　本书收录十多篇词义考辨的文章，所考辨的词语，有些是自古以来就被误解了的，如"枭雄""家人（家人子）"等；有些是历来众说不一的，如"场圃""败绩""比数"等；有些是看似浅显易晓，但很容易作似是而非的理解的，如"果""爪牙""恶（wù）""俭""构""诬""苛"等。这种词义考辨背后存在的问题，都是我们在阅读古书时经常遇到的：第一类，我们很容易盲从古人或工具书；第二类，我们很容易不知所从；第三类，我们很容易以今律古，用今天的词义去理解古文中的词义。而这些问题，都是我们正确理解古文时必须解决的词义问题。一个词的意义理解不准确，往往会影响对整个句子的理解，甚至影响对全文的理解。

　　词义考辨，更多时候是为了知其所以然，如"构""苛""报""屏"等。在"彼实构吾二君"（《左传·僖公三十三年》）中，"构"不能随文释义地解释为"挑拨离间"，"构"是"结（怨/仇）"的意思，这是由"构"的本义（将材木架构做房子）引申来的。"苛政猛如虎"的"苛"是繁多、烦琐的意思，而不是"酷暴"的意思。《说文》："苛，小草也。"段玉裁《说文解字注》："引申为凡琐碎之称。""苛政"就是烦琐、繁多的赋税（"政"通

"征"），古文中的"苛法""苛礼"的"苛"，也都是烦琐、繁多的意思。后代双音词中还有"苛琐""苛细""苛烦""烦苛""繁苛"等。掌握古汉语词义，不仅要准确把握一个一个词在句子中的意义，还要真正明白这个词为什么是这个意义，这样我们才能对词义讲得清，记得住。

3.通过准确把握词义正确理解文句

准确掌握词义，为的是准确理解古文。本书的第三部分内容，就是通过对古书中文句的解说来体现准确掌握词义的应用价值，包括《要提高古诗文今注的质量》《古文今译中的一些问题》《十七篇自学课文答疑》《古代汉语词义答问》和《庄子札记》。

《要提高古诗文今注的质量》指出了一些发行量很大的古诗文注释本中出现的注解错误，包括词义理解不准确、不明典故、缺乏古代天文地理常识造成的错误，还有因袭前人注解以谬传谬、误解前人注解和牵强附会的问题。最终要强调的就是准确理解词义对于提高古诗文今注质量的重要性。《古文今译中的一些问题》讲了在古文今译中容易出现的各种问题，其中最多的问题是对古汉语词义理解不准确造成的。第一个问题讲"译文不准确"，就举了若干"对词义的理解不准确"的例子，"漏译"的问题，也往往是漏掉古今词义有差异的词语没有翻译，关键的词语不用今语翻译，译文就失去了意义。《十七篇自学课文答疑》[①]就学生在学习十七篇古文时遇到的疑难问题进行解答，共一百二十余条，其中绝大多数也都是词义的问题。古文中一个句子的意思不明白，往往是因为不懂其中的一两个关键词语的意义。如《华佗传》里"于是传付许狱"这句话，如果明白"传"的词义，全句的意思就清楚了。《古代汉语词义答问》回答的大都是学生对古文的某个句子中的某个词应该如何理解的问题。所以可以说，这部分内容都是通过词义的正确把握来正确解读古文的应用性的研究，也就是将掌握古汉语词义落实到准确理解古文的目的上。《庄子札记》两篇更是体现了词义训释在古代典籍研究中的应用价值。《庄子》是中国古代一部重要典籍，是道家学派的经典文献，历代关于《庄子》解读的文献多如牛毛，但《庄子》中的许多字句，至今存在疑义。何先生多年研究《庄子》，《庄子札记》仅是何先生在字句训释方面的部分成果，而对于内容丰富、博大精深的《庄子》，要理解其哲学

---

① 十七篇古文，指王力、林焘校订，郭锡良、唐作藩、何九盈、蒋绍愚、田瑞娟编《古代汉语》（北京出版社1981年版）教材中所选的古文。二十世纪八十年代，该教材被用作中央广播电视大学的教材，何九盈先生作为当时中央广播电视大学古代汉语课程的主讲教师之一，针对学生学习过程中提出的问题，逐一予以回答。该文即答疑的汇集。

思想、艺术价值、人生观、宇宙观等，第一步的基础就是要准确理解原文的字句。如文中对"生物之以息相吹也"中"息（气息）"、"肌肤若冰雪"中"冰（凝）"、"用志不分，乃凝于神"中"凝（疑，拟，比拟）"等的训释，都是通过词义训释破解疑案，对解读《庄子》提供了直接的帮助。

三、分析并掌握古汉语词义的若干方法

要掌握古汉语词义，首先要学会如何分析词义。古文中出现的每个词都有各自的意义，词义是客观存在的，我们当然可以通过工具书和前人时贤的注释了解词义，但是，工具书往往是概括的释义，具体到某个句子中一个词的词义是什么，未必能够正好对上，特别是那些多义词；前人时贤的注释又往往只解释某个词在具体的句子中的意义，且只是一家之言，至于这个词为什么是这个意义，未必都讲得清清楚楚。因此，要掌握古汉语词义，利用工具书，利用已有的古文注释，积累一定的词汇量，当然是必不可少的，但更为重要的是，要学会通过自己的分析来掌握词义，这样就能做到不仅知其然，还能知其所以然，不仅能够知道一个词在这个句子里是这个词义，还能知道为什么必须如此解释。另外，对于多义词，只有通过分析才能够

明白多个词义之间的联系。

本书通过大量实例，为读者提供了许多可资借鉴的分析和掌握词义的方法。当然，这是大学者的研究成果，专家的研究，会参考历代工具书和前人的训诂成果，会通过文字学知识、音韵学知识、语法知识、历史文化、古代典章制度等证成某个词义训释，那需要大量的专门的考证。这种研究性的工作，一般读者很难做到，但若要达到提高阅读古文能力的目的，还是应该学会正确的分析方法从而真正掌握古汉语词义。所以，阅读本书，我们不能仅仅看到作者对词义考释的结论，更要体会学习作者所运用的考求词义的方法。

下面，我们结合本书，归纳几种常用的词义分析方法。

1. 本义探求法

古汉语以单音节词为主，而许多单音节词都是多义词。一般来说，一词多义，往往有一个本义，其他意义则多为本义引申发展而来，这就是说，以本义为核心，可以将多义之间的联系建立起来，抓住了本义，就比较容易理解引申义，还可以明白为什么有这样的引申义。就如蒋绍愚在《古汉语词汇纲要》中所说："一个词的引申义，不管多么纷繁，都是从本义引申出来的，所以，抓住了一个词的本义，就是抓住了这个词的诸多意义的纲。"[1]学习古汉语，如果能够了解一些常用词的本义，这对提高掌握古汉语词义的能力是有巨大帮助的。

探求本义，最常用的方法是根据字形分析。汉语是用汉字记录的，而汉字是表意文字，通过字形分析可以探求文字所记录的词的本义。当然，文字和词不是一回事，但是古汉语里，一个汉字通常就是一个词，而很多汉字记录的往往是词的本义。如本书考辨的"诬"，现代汉语虽然有"诬蔑"一词，但在古汉语里，"诬"的意义更接近于"说大话"。《说文解字》："诬，加言也。从言，巫声。"[2]，所谓"加言"就是话说过了头，超过了事实。段玉裁《说文解字注》："'加'与'诬'兼毁誉言之，毁誉不以实皆曰诬也。"可知"诬"的本义是言过其实，所以字形从"言"。这样我们就可以明白，古文中的"诬善"（《周易·系辞下》）、"诬能""诬贤"（《荀子》）都不能解释为"诬蔑"，而是自夸其善、自夸其能、自夸其贤的意思，也可以明白，现代汉语的"诬"的意义（捏造事实冤枉人）是怎么来的——捏造事实就是说的话与事实不符。再如"监"，在古

---

[1] 蒋绍愚：《古汉语词汇纲要》，北京大学出版社1989年版，第62页。
[2] 段玉裁《说文解字注》认为应为"诬，加也。"

汉语中是个多义词，《古汉语常用字字典》列了五个义项：①照影；②镜子（又写作"鑑""鉴"）；③借鉴；④自上视下（读阴平）；⑤古代主管检察的官名（读阴平）。从字形分析看（《说文解字》对"监"的字形分析不对），🈷的形体由两部分组成，古文字的上部象一个人朝下看之形，下部是皿，皿中有一点表示水（或曰象所照见的人影），整个字表示人弯腰从器皿的水里照看自己的影子[①]。这是字形显示的本义。从上举"监"的五个义项看，本义应该是照影，因为其他四个义项都是来自这个意义。镜子是用于照影的物体（后来有了铜镜，故字又从金），借鉴是通过和别的人、事物进行对照以获得经验、知识等，是由具体的照影引申到抽象的对照。"自上视下"，就是监察，也是由照影的从上往下看的具体意义引申来的。义项⑤由义项④引申而来。也就是说，通过多个义项之间相互联系，我们也可以推测义项①是"监"这个汉字记录的词的本义。如本书第一篇文章所说，多义词实际上就是个别词内部的词义系统，所以，通过探求本义来掌握一个词的多个义项，不仅能够讲清楚理据，也更容易把握词义的系统性。

[①] 参看王力、林焘校订本《古代汉语》（上册），北京出版社1981年版，第364—365页。

当然，通过分析字形构造探求词的本义有前提条件，那就是要熟悉古文字，最好能够利用甲骨文、金文来分析，至少也要利用《说文解字》的小篆来分析。同时，也要知道，汉字的产生时代远远晚于汉语，汉语的词义是发展变化的，汉字本身也是发展变化的，所以并不是每个汉字记录的都是词的本义。如《说文解字》中的"启""啟"分别释义为"开也""教也"，"启"从户从口，释为"开"没有理据，"啟"释为"教"，与口有关，但为什么会有"教"的意义呢？实际上，这两个字都来自于甲骨文中的"启"，本是从"户（单扇的门）"，从"攴"，会以手开门意，本义是开门，这个意义在先秦文献中很常见，而"教"［开知识、心智之门，如《论语》"不愤不启（啟）"］是引申义。所以晚出的汉字，一般不宜用来分析词的本义。

2.因声求义法

其实，与词义的"形"相对应的，应该是词的语音形式，而不是汉字的书写形式。词的语音形式也是我们分析词义的重要依据，传统训诂学叫作"因声求义"。这涉及词义与语音的关系，需要有音韵学和古音学的知识背景，本书第一篇文章已经讲到了。这里举两个例子。本书考辨的"构"，为什么有"结（怨/仇）"的意思？"构"的繁体是"構"，"冓"既标示"構"的读音，也表示"構"的意义来源，许慎甚至认为"冓"就是"構"的本字。在甲骨文里，"冓"象上下两鱼嘴对嘴之形，表示的词义是遭遇，相遇。相遇就是交结在一起，从"冓"得声的字多有相遇、交结义，如"遘"（遇，遭遇）、"媾"（结为婚姻；会合，交合）、"篝"（竹片交织的熏笼；篝火是将木材交架起来点起的火）、"覯"（遇见，看见）等。"构"在先秦时有"构怨""构仇""构兵（使两国交战）""构难（使两国为敌）"等用法，或单用"构"（后面的宾语不出现）表示"构怨"等意思，其词义来源都是声符"冓"的"交结"义。《说文解字》中有许多"亦声"字，就是一个字的某个构成部件，既表示读音，也表示意义，如"句（勾）"作为构字部件在"拘""笱""鉤（钩）"中就是如此。《说文解字》："句，曲也。""拘，止也，从句从手，句亦声。""笱，曲竹捕鱼笱也，从竹从句，句亦声。""鉤，曲也，从金从句，句亦声。"[①]这就是说，一些语音形式为"句"的字，都含有"曲"义，这也是传统"右文说"的依据，也是同源字（词）的主要内容。另外，我们常说的"通假字"，也必须因声求义。如本书所论"报"假借为"赴（疾速义）"。

---

① 可参见蒋绍愚：《古汉语词汇纲要》，北京大学出版社1989年版，第165页。

3.古今差异比较法

词义的古今差异是历时演变的结果。有些词，古今词义差异较大，如"集"，先秦时期的意义是鸟停下来，这也是"集"的本义，如"黄鸟于飞，集于灌木"（《诗经·周南·葛覃》）、"沙鸥翔集，锦鳞游泳"（《岳阳楼记》），后代的常用意义"集合，聚集"，本是从本义引申来的，但因与本义差异比较大，一般人也不会觉得二者之间有联系。再如"策"，现代的常用义是"计策，谋略"，古代的常用义包括"马鞭，鞭打（马匹），计数或卜筮用的蓍草"，用来书写的简策，如"无棰策而御駻马"（《韩非子·五蠹》），"孟之侧后入以为殿，抽矢策其马"（《左传·哀公十一年》），"襄主错龟，数策占兆，以视利害"（《战国策·秦策一》），"虽及灭国，灭不告败，胜不告克，不书于策"（《左传·隐公十一年》）。对于这种古今词义差异大的，能够知道差异是如何形成的当然好，不知道，查查工具书记住就行了。最需要在学习中留意的是那些古今词义不同而容易被忽视其差异的词。王力先生在《汉语词汇史》中列举了三十二个例子，如"眼"古代是眼珠子的意思，如"子胥抉眼"（《庄子·盗跖》），"坏"古代是建筑物倒塌毁坏或使之倒塌毁坏的意思，如"大室屋坏"（《春秋·文公十三年》），"天雨墙坏"（《韩非子·说难》），也比喻抽象事物的崩坏，如"三年不为礼，礼必坏"（《论语·阳货》），王力先生说："这是以房屋的崩坏比喻礼乐的败坏。"又说："好坏的'坏'，是上古、中古汉语所没有的。"[①]这里再举一个《古代汉语》"词义分析举例（一）"讲过的例子"写"[②]。人们很熟悉的"叶公好龙"（出自刘向《新序·杂事五》）里有这样的句子："叶公子高好龙，钩以写龙，凿以写龙，屋室雕文以写龙。"这个"写"跟今天的"写"意思并不一样，是铸刻、刻画的意思。《国语·越语下》："王命工以良金写范蠡之状而朝礼之。""工以良金写"，肯定不同于今天的书写，这里的"写"也是"铸"的意思。因为铸刻、刻画都要依据一定的样子或模子，所以"写"也可以表示模拟、模仿，如"雷震之声，可以钟鼓写也"（《淮南子·本经》），引申为描绘、描画义，如"秦每破诸侯，写放（仿）其宫室，作之咸阳北阪上"（《史记·秦始皇本纪》）。现代汉语里的双音节词"写真""写生"都是描绘义。大约到汉代，"写"有了誊写、抄写义，但与现代的书写义还是不同，如"为官写书，受直以养老母"（《后汉书·班超传》）。

[①] 王力：《汉语词汇史》，见《王力文集》第十一卷，山东教育出版社1990年版，第605页。
[②] 见王力、林焘校订本《古代汉语》（上册），北京出版社1981年版，第120页。

"写书"是抄写、誊抄的意思,跟今天说的"写一本书"意思不一样。要到唐宋时期,"写"才有今天的书写的意思。

可见,古今词义的差异,是词义不断演变造成的,而这些演变有一定的规律性,理解词义演变的基本规律,从而通过古今词义比较正确认识其差异,对于掌握古汉语词义,可以起到事半功倍的效果。据蒋绍愚先生《古汉语词汇纲要》,词义演变的途径主要是词义引申,引申导致的结果主要有四种[①]:①词义扩大,即词义的限定性义素减少,词义的外延扩大了。如"唱"古代表示"领唱",与"和"相对,现在表示一般的"歌唱";"响"古代表示回声,今表示各种声响。②词义缩小,即词义的限定性义素增加,词义的外延缩小了。如"宫",古代指人居住的房屋,后指帝王居住的房屋;"臭"古代表示气味,包括各种气味,今表示臭气;"金"古代指各种金属,后指黄金。③词义转移,即词义由一个语义场转入到了另一个语义场,通俗地说,就是词义表示的概念类别发生了变化。如"官",古代表示官府,后代表示官职、官员;"汤"古代表示热水,后代指佐餐喝的带汁的菜品;"眼"古代指眼珠,是今天所说

---

① 参见蒋绍愚:《古汉语词汇纲要》第三章第三节,北京大学出版社1989年版。

的眼睛的构成部分，今天的"眼（睛）"则是和鼻子、嘴巴同一层级的身体构成部分。④词义易位，即词义的限定性义素改变，导致词义在同类词中的位置发生了变化。如"涕"由目液（眼泪）变为鼻液（鼻涕）；"走"古代的意义相当于现代的"（快）跑"，现代的"走"相当于古代的"行"；"贼"在古代是害人的人或杀人者，现代是偷东西的人。蒋绍愚先生认为，这四种都是词义引申产生的结果。我们今天学习古汉语词义，就可以通过这种结果来了解古今词义的差异。当然，除了引申，"词义的发展变化还有其他几种途径"[①]，不过其他途径涉及的词比较少，这里就不介绍了。

总之，我们可以通过了解词义演变的途径来分析词义的古今差异，再通过比较词义的古今差异，来准确理解古汉语的词义。

4.例句排列法

我们说某个词有某个意义，都是从实际用例中归纳分析出来的，例句排列法，也就是归纳分析的方法。如本书在考释"诬"的意义时，就列举了大量的例句，通过排列这些例句，归纳出了"诬"的意义是"虚夸，妄言"，而

[①] 蒋绍愚：《古汉语词汇纲要》，北京大学出版社1989年版，第82页。

不是"诬蔑,诬告"。拿虚夸、妄言义对照大批的例句,都可以讲得通,说明这样归纳出的释义是可信的。我们这里再补充一个例子。"诛",《现代汉语词典》(第7版):"杀(有罪的人)。"但我们看《左传》,共有13例"诛",多数显然是不能理解为"杀"的,如:

> 得志于诸侯,而诛无礼,曹其首也。(《左传·僖公二十五年》)
> 诛而荐贿,则无及也。(《左传·宣公十四年》)

前一例是说晋公子重耳在流亡过程中,经过曹国时,曹共公欲对其无礼,僖负羁之妻进谏说,重耳如果得以回国成为晋国国君,惩罚对他无礼的诸侯,曹国就会是第一个。"诛"的对象是一个诸侯国,显然不能理解为"杀"。后一例是孟献子向鲁宣公建议要主动去讨好楚国,若是等到被责罚再进贡,就来不及了。"诛"的对象也是国家。排列《左传》所有"诛"的用例,只有一例似乎可以理解为"诛杀",沈玉成《左传译文》也翻译为"诛杀"[①]:

---

① 沈玉成:《左传译文》,中华书局1983年版,第277页。

> 子孔当国，为载书，以位序、听政辟。大夫、诸司、门子弗顺，将诛之。子产止之，请为之焚书。子孔不可，曰："为书以定国，众怒而焚之，是众为政也，国不亦难乎？"子产曰："众怒难犯，专欲难成，合二难以安国，危之道也。不如焚书以安众，子得所欲，众亦得安，不亦可乎？专欲无成，犯众兴祸，子必从之！"乃焚书于仓门之外，众而后定。（《左传·襄公十年》）

其实，从上下文根本看不出子孔因为众人的反对就要杀掉那些人，"诛"理解为"责罚"更好。其他各例虽然在具体的语境中意义稍有不同，但都可以用"责罚"来概括，也没有一例是可以理解为"杀（掉）"的。当然到了战国以后的文献里，有些"诛"就确实可以直接训释为"杀戮"义了。

任何词义都是概括的，一个词在不同句子里的意义，因为上下文语境的关系，可能需要作不同的理解，但那不一定就是一个概括的词义。传统训诂讲究"求之本句则通，验之他卷亦安"，就是说读古书，要避免随文释义，对一个词的词义训释，不能只求在一个句子里说得过去，还要力求这个训释在别的句子里也讲得通。

5.以今证古法

现代汉语是从古汉语发展来的,如前所述,在这一发展历程中,词汇词义发生了很大的变化,以致我们读古书时遇到的最大困难就是对一些词的意义不能准确把握。其实,既然现代汉语和古汉语是一脉相承,我们就一定能够从现代汉语里找到一些分析掌握古汉语词义的线索。事实上,一些古汉语常用词的常用义,在现代汉语里虽然不单独使用,但往往保存在一些双音词或成语里,我们可以根据今天某个双音词或成语证明古代某个词的词义,这样也很容易记住。比如"走",古代是(快)跑,现代是行走,但是现代汉语里有"走马观花""奔走相告",其中的"走"就保留了古代的"(快)跑"义。又如"城门失火殃及池鱼","城"是城墙的意思,"池"是护城河的意思。"就"在古代有靠拢的意思,如《孟子·告子上》"犹水之就下也"。现代汉语有"半推半就""各就各位",都保留了靠拢的词义。"慢",现代汉语常用义是与"快"相对,但古代"慢"的常用义是懒惰,不用心。其实这个意义,在现代汉语里也保留了,如"怠慢""简慢"的"慢"。

所以,如果我们在使用现代汉语时,用心追求每个字的意义,也可以帮助我们很快地记住许多古代常用词的常用义。

需要强调的是，掌握古汉语词义，是一个长期积累的过程，运用词义分析的理论和借鉴前辈时贤总结的掌握古汉语词义的方法，固然很有必要，更重要的还是平时在阅读古书、学习古文时，要养成求甚解、求字词句落实的习惯。只有日积月累，用心观察古今词义的差异，对一些常见的古汉语词义能够做到"知其所以然"，慢慢就会感到，掌握古汉语词义也不是特别困难的事情了。

目 录

第一辑　古汉语词义理论

要重视古汉语词义的学习 ……………………………………… 3
　一　问题往往出在词义上 ……………………………………… 3
　二　词义的系统性 ……………………………………………… 6
　三　词义与语音、语法 ……………………………………… 24
词义的时代性 …………………………………………………… 27
古汉语的特殊词汇 ……………………………………………… 40
　一　反训词 …………………………………………………… 40
　二　偏义复词 ………………………………………………… 43
　三　联绵词 …………………………………………………… 45
　四　重言词 …………………………………………………… 47
　五　外来词 …………………………………………………… 48

第二辑　古汉语词义考辨

词义答问 ………………………………………………………… 51
　"庙堂" ………………………………………………………… 51

《巫峡》的"沿洄阻绝" ································· *54*
《鞌之战》的"自今无有代其君任患者"的"自今" ··········· *57*

词义札记三则 ································· *60*
　　加　情　入

古汉语词义札记四则 ···························· *71*
　　果　枭雄　坤维　庙堂

古汉语词义札记二则 ···························· *86*
　　神游　参乘

词义辨惑 ····································· *90*
　　乍　平居　隐然　爪牙

词义商榷 ····································· *99*
　　赤子　幽人　商旅　恶　自今

词义杂辨 ···································· *109*
　　构　诬　乘　堕　苛　屏　鼓之　比数（数）

词义质疑 ···································· *140*
　　场圃　败绩　猖狂　熊经　鸿鹄　计失　彼观其意

词义琐谈之一 ································ *168*
　　报　俭　分　控　三尺　塞责　猖獗（蹶）

词义琐谈之二 ································ *185*
　　厉　逢　突　斸　已诺　徒行　取容

词义琐谈之三 ································ *201*
　　承　鈞（钩）　入日　拱

词义琐谈之四 ·· 212
  徐趋 重足 累足 比邻
词义拾零 ·· 221
  檿桑 药石 州部 想 屈 校勘
从"叔远甫"谈起 ·· 237
"亭午"解 ·· 241
"家人"解诂辨疑
  ——兼论女强人窦太后 ··· 243
  一 "家人"的常用义 ··· 244
  二 《周易·家人》卦及窦太后与"家人言"的风波 ········ 249
  三 主家的奴仆：家人、家人子 ······························ 271

第三辑 词义分析与古文阅读理解

要提高古诗文今注的质量 ··· 293
古文今译中的一些问题 ·· 297
  一 译文不准确 ··· 298
  二 衍译和漏译 ··· 306
  三 文字表达方面的问题 ·· 310
十七篇自学课文答疑（上） ··· 313
  一 《愚公移山》 ··· 314
  二 《李寄斩蛇》 ··· 316
  三 《桃花源记》 ··· 316

四　《王子坊》 ... *321*

五　《游天都》 ... *324*

六　《曹刿论战》 ... *325*

十七篇自学课文答疑（中） ... *328*

七　《邹忌讽齐王纳谏》 ... *328*

八　《西门豹治邺》 ... *329*

九　《华佗传》 ... *330*

十　《神灭论》 ... *333*

十一　《戊午上高宗封事》 ... *338*

十七篇自学课文答疑（下） ... *341*

十二　《师说》 ... *341*

十三　《封建论》 ... *342*

十四　《谋攻》 ... *345*

十五　《公输》 ... *346*

十六　《逍遥游》 ... *348*

十七　《齐桓晋文之事》 ... *350*

古代汉语词义答问 ... *352*

《出师表》的"不宜偏私" ... *352*

《郑伯克段于鄢》的"阙地及泉" ... *353*

《齐桓公伐楚》的"无以缩酒" ... *353*

《鞌之战》的"奉觞加璧" ... *354*

《晏婴论季世》"其爱之如父母,而归之入流水"
  "齐其为陈氏矣""胙又无子"·····························355
《张骞传》大宛国名的来源·································357
《张骞传》"西击塞王"的塞国·······························358
《张中丞传后叙》"辞服于贼"的"辞"·······················358
  "淫辞"···359
  "巡起旋"的"旋"····································359
《谏逐客书》的"裹足"·····································360
《论积贮疏》"岁恶不入"的"入"····························361
《钴鉧潭西小丘记》的"贵游之士"··························361

《庄子》札记(一)···363
去以六月息者也(《逍遥游》)······························363
野马也,尘埃也,生物之以息相吹也(《逍遥游》)············364
犹然笑之(《逍遥游》)····································366
肌肤若冰雪(《逍遥游》)··································367
宋人资章甫而适诸越(《逍遥游》)··························369
而独不见之调调之刁刁乎(《齐物论》)······················370
謋然已解(《养生主》)····································370
无门无毒(《人间世》)····································371
其脰肩肩(《德充符》)····································373
穿池而养给(《大宗师》)··································374
造适不及笑,献笑不及排(《大宗师》)······················374

犹涉海凿河而使蚊负山也(《应帝王》)·····375
块然独以其形立(《应帝王》)·····376
使天下簧鼓以奉不及之法(《骈拇》)·····376
无所去忧也(《骈拇》)·····377
呴俞仁义(《骈拇》)·····379
人大喜邪,毗于阳(《在宥》)·····380
子不闻夫越之流人乎(《徐无鬼》)·····382
眦𪾢可以休老(《外物》)·····384
今者阙然数日不见(《盗跖》)·····386
内周楼疏(《盗跖》)·····387
好经大事,变更易常,以挂功名,谓之叨(《渔父》)·····387

《庄子》札记(二)·····389

以言其老洫也(《齐物论》)·····389
蚊虻仆缘(《人间世》)·····394
其人之葬也不以翣资(《德充符》)·····397
用志不分,乃凝于神(《达生》)·····399
十日戒,三日斋(《达生》)·····400
饰小说以干县令(《外物》)·····402
宋元君夜半而梦人被发窥阿门(《外物》)·····405

编后记·····408

第一辑 古汉语词义理论

要重视古汉语词义的学习

在古汉语的教授和学习中,我们总是把词义问题放在头等重要的位置来加以强调。在这里,我从三个方面谈谈有关词义的学习问题。

一 问题往往出在词义上

语言是一个完整的体系,它包括语音、语法、词汇三个方面的内容,从阅读古书的角度来看,这三个方面的知识都应该具备才好,但重点是词汇。因为,阅读古书的困难主要在于词义,问题也就往往出在词义上。我们举例谈一谈。

例一,杜甫《石壕吏》:

> 暮投石壕村,有吏夜捉人。老翁逾墙走,老妇

出门看。

"出门看"的"看"是什么意思？有的同志说：看，不就是看一看、瞅一瞅、瞧一瞧吗！读音就不确，"看"在此只能读平声（kān），而不能读去声，读去声就与"村""人"不押韵了。还有的同志根据另一种版本如浦起龙《读杜心解》认为："出门看"应作"出看门"。"看门"就是"守门"。老头子跳墙跑了，老太太去"守门"，这恐怕不是杜甫的本意，于情理上也说不过去。这个"看"字应作"照看""照应"解。在唐宋时期，"看"作"照应"解，乃是常用义。如：

①贼来须打，客来须看。(《敦煌变文集》)
②野老来看客，河鱼不取钱。(杜甫《陪郑广文游何将军山林》)
③木臼新春雪花白，急炊香饭来看客。(范成大《田家留客行》《范石湖集》卷三)

这些"看"字都是"照应"的意思，都读kān。《说文》："看，睎也。""睎，望也。"由"睎""望"引申为"照看""照应"。"看"与"应"在这个意义上是同义关系，它们所反映的概念是一致的。《辞源》"看"字的第四个义项就是"照料，招待"，并引范成大诗为证。蒋礼鸿先生的《敦煌变文字义通释》释"看"为"接待"，意思一样。"看客"就是"接待客人"，也就是照应客人。来石壕村捉人的小吏，虽非客人，却也是官府的公差。老翁既已逃跑，老妇自然就要出门来照应了。下文的"听妇前致词"，就是"看"的具体描写，即老妇的"照应"之词。

人们对"出门看"的"看"之所以会发生误解，就是因为"看"在中古的这一常用意义，在现代汉语中已经不常用了。

例二，《诗经·豳风·七月》：

七月流火，九月授衣。

这个"衣"字有人解释为"棉衣"。这就有问题。因为《七月》时代并没有棉花。即使当时已经有了棉花，农奴主（或者是奴隶主）能分给农奴们棉衣吗？当时有丝绵制的衣服，这种衣服农奴们是没有资格穿的。湖北云梦出土的秦墓竹简证明，秦王朝还存在受（授）衣制度。"受（授）衣者，夏衣以四月尽六月禀（发放）之，冬衣以九月尽十一月禀之。"（《睡虎地秦墓竹简》）这种衣是"褐衣"，用粗麻编制而成。余冠英先生译为"寒衣"(《诗经选译》),或者译为"冬衣",都是可以的,总之不能译为"棉衣"。

例三,《说苑·建本》:

> 晋平公问于师旷曰:"吾年七十,欲学,恐已暮矣。"师旷曰:"何不炳烛乎?"

有一个注本说:"炳烛,点燃蜡烛。"把"烛"释为"蜡烛",也是不恰当的。《说苑》一书虽然为西汉刘向所作,但晋平公、师旷是春秋时候的晋国人,春秋时候有蜡烛吗?《礼记·曲礼上》:"烛不见跋(本也)。"注云:"古者未有蜡烛,唯呼火炬为烛也。"(《十三经注疏》上册)可见,先秦时候所谓的"烛",相当于今之火把。

对词义理解不准确、错误,原因是多方面的,若从基本观点进行考察,主要有两点:一是不了解词义的时代性,二是不了解词义的系统性。如前几例,都是以今义解古义,时代观点不明确。下面再谈谈词义的系统性问题。

二 词义的系统性

词义这种东西乍一看来,就好比一盘散沙,无系统可言。实际上并非如此。就个别词而言,每一个词都有自己的意义系统，都有自己发生、演变的历史，我们所说的本义和引申义的问题，就是一种系统性的表现。就词与词之间的关系而言，也存在各种不同的系统性。如：同源词反映了词族亲属关系的系统性，同类词反映了同一偏旁（形符）的字在意义范畴上的系统性，同义词有自己的系统性，反义词也有自己的系统性。我们要承认：词义的系统性是一种客观存在。

我们考察个别词义的系统性，最重要的是抓住本义。只有抓住了本义，才能弄清引申义的关系；才能有效地区别假借义。如"隳突乎南北"的"突"，如果我们知道了它的本义，就不难理解它有"奔突""突破"的意思。《说文》："突，犬从穴中暂出也。"这是"突"的本义。所谓"从穴中暂出"就是突然从穴中跑出来。"暂"在汉以前是突然、一下子的意思。《广雅·释诂》："暂，猝也。"这是"暂"的本义，"暂"和"突"是同义关系。由犬突然跑出，引申为"奔突""唐突""突破"这样一些意思，并虚化为副词"突然"，它的意义系统是很清楚的。我们知道了"突"的固有意义系统，也就懂得了作为"灶上的烟囱"这个意思与"突"的本义毫无联系，只不过音同、形同而已。

有的同志问：怎样才能抓住词的本义呢？我们结合字

例①分析一下求证本义的方法。

1. 据字形以求本义

如"及"、"监"（364页）、"临"（366页）、"天"（370页）、"行"（372页）、"旨"（374页）、"主"（376页）等。对这些字本义的求证都运用了甲骨文、金文的资料。甲骨文、金文距造字时代比较近一些，字形和字义之间的关系比较明显。但许慎并不知道甲骨文的材料，我们今天运用这方面的材料，能够克服《说文》的局限性，如"行""天"。有的对《说文》的说解做了补充，如"主""旨"等。

【及】

及，甲骨文作🖐，金文作🖐。它的形体由两部分组成。𠂉表示一个人。㔾表示"手"，象一只手把人抓住。《左传·成公二年》："故不能推车而～。""及"就是被追上抓住。《左传·定公四年》："楚人为食，吴人～之。""及之"就是追上了楚军。

---

① 下文例字本义分析均出自郭锡良、唐作藩、何九盈、蒋绍愚、田瑞娟编，王力、林焘校订的《古代汉语》（上册、中册、下册）教材，北京出版社1981、1982、1983年版。该教材修订本由商务印书馆1999年再版。以下除特殊情况不再注明。括注为页码。——编者注

"追赶上"就是"及"的本义。由"追赶上"引申为"跟着"。《楚辞·离骚》:"~前王之踵武。"还引申为"够得上","比得上"。《战国策·邹忌讽齐王纳谏》:"君美甚,徐公何能~君也。"

【临】

"临"字金文作☒、☒,象一个人往下俯视的样子,☒是声符,即落细雨的零(霝)。《诗经·小雅·小旻》:"如~深渊。"《庄子·田子方》:"~百仞之渊。"由俯视引申为"照临"。《诗经·邶风·日月》:"日居月诸,照~下土。"《左传·昭公三年》:"徼福于大公丁公,~照敝邑。"又引申为上级面对下级。《墨子·尚贤下》:"以其唯毋~众发政而治民。"《论语·为政》:"~之以庄,则敬。""临"还有"遇见、碰到"的意思,也是由上述意义引申来的。《礼记·曲礼上》:"~财毋苟得,~难毋苟免。"

"临"在古代还有哭的意思。《左传·宣公十二年》:"卜~于大宫。"杜预注:"临,哭也。"《汉书·高帝纪》:"袒而大哭,哀~三日。"颜师古注:"众哭曰临。"这一意义的"临"读去声lìn。

【监】

监，甲骨文作🦴，金文作🦴。它的形体由两部分组成。🦴表示一个人睁着眼往下看，🦴是一个器皿，金文中器皿上有一点，表示水。古人以水为镜，"监"就是一个人弯着腰，睁大眼，从器皿的水里照看自己的面影。《尚书·酒诰》："古人有言曰：人无于水～，当于民～。""水监"，正是"监"字的本义。随着青铜器的发展，产生了铜镜，因此，"监"字又写作"鉴"。《诗经·邶风·柏舟》："我心匪鉴，不可以茹。"毛传："鉴，所以察形也。"《周礼·秋官·司烜氏》："以鉴取明水于月。"郑注："鉴，镜属。""镜"是后起字。"监"由"水监"引申为监视、监督等意思。《诗经·大雅·烝民》："天～有周。"《国语·周语》："使～谤者。""监"的这些意义在现代汉语中作为双音词的词素保存了下来。"监"的本义用了后起字"鑒（鉴）"，而原字反而只用于引申义了。

【天】

"天"字一般容易把它的本义理解为"天地"的"天"。上古的文献也大多是用的这个意义。《说文》:"天,颠也,至高无上,从一大。"在这里,许慎把话说得很含混,他先用声训,似乎是解释为"头顶";但又说"至高无上",又像是指与"地"相对的"天"。至于字形,许慎毫无疑问是分析错了。"天"字甲骨文作 ,金文作 ,下面是一个正面的人形,上面是人的头(甲骨文因在龟甲兽骨上刻写圆笔困难,刻成了方形)。殷人是泛神论,宇宙的主宰是"帝"而不是"天",当时的"天"字显然没有"自然界主宰者"的意义,而是"大"或者"首","天邑商"即"大邑商"或"首邑商"的意思。可见"天"的本义并不是与"地"相对的"天"。"天"指"头顶",在上古文献里还可以找到相关的例证。《周易·睽》:"其人~且劓(yì)。"(天:一种剠凿头顶的刑罚。劓:一种割鼻的刑罚。)《山海经·海外西经》:"形(刑)~与帝至此争神,帝断其首,葬之常羊之山,乃以乳为目,以脐为口,操干戚以舞。"《山海经》这则神话,起源可能很早。敢于反抗上帝的这位英雄,因为"帝断其首",所以叫作"刑天"。"天"和"颠"古韵同部,声音很相近,二者是同源词,"天"也就是"颠"。"颠"的本义是头顶,"天"的本义也应该是头顶。由人体的最高部位引申为

"至高无上"的天地的"天",引申义被广泛使用,本义反而消失了。

【行】

"行"字在甲骨文作 ╬、㣇,象十字路口,它的本义是"道路"。《诗经·豳风·七月》:"遵彼微~。"(微行:小路。)又《诗经·周南·卷耳》:"寘彼周~。"(周行:大路。)《战国策·魏策四》:"今者臣来,见人于大~,方北面而持其驾。"《孙膑兵法·积疏》:"径胜~,疾胜徐。"(径:小路。)后来词义转移,走路的动作也可以叫"行",逐渐成为古今常用的意义,而且引申义越来越多,用得越来越广泛,它的本义"道路"反而在语言中消失了。

许慎在《说文》中说:"行,人之步趋也。从彳(chì),从亍(chù)。"他认为"彳"象人的下肢腿、胫、脚三部分相连,"亍"是反彳。"步"指慢步,"趋"指快走。他把"行"看成是会意字,并且认为"走路"是它的本义。从甲骨文和先秦文献来看,这种看法显然是不正确的。

【旨】

"旨"字的本义是"味美、好吃"。《诗经·小雅·鱼丽》:"君子有酒,~且多。"《礼记·学记》:"虽有嘉肴,弗食,不知其~也。"《孟子·离娄下》:"禹恶~酒而好善言。"也指美味的食物。《论语·阳货》:"食~不甘,闻乐不乐。"

甲骨文和金文"旨"字作 、 等,上面"匕"象匙形,下面是口,以匙入口,表示味美。《说文》:"旨,美也,从甘,匕声。"许慎的释义是正确的,但字形解释错了。"旨"并不是形声字,认为它的形旁是"甘",声旁是"匕",完全是牵强附会。

"旨"字的另一个意义是"意、意思"。《礼记·王制》:"有~无简,不听。"(简:诚。)沈约《谢灵运传论》:"妙达此~,始可言文。"特指皇帝的命令。《后汉书·蔡邕传》:"臣伏读圣~。"杜甫《入奏行》:"密奉圣~恩宜殊。"这个意义的"旨"可能是"恉"的假借字,一直沿用到现在,如"宗旨""主旨"等。

【主】

"主"字在上古常用作名词,一般是"主人"的意思。《尚书·武成》:"为天下逋逃~。"《左传·宣公二年》:"贼民之~不忠。"也常用作动词,一般是"主张""主持"的意思。《左传·隐公三年》:"使~社稷。"《孟子·万章上》:"使之~事而事治。"有时也用作"主要的""最基本的"意思。《庄子·渔父》:"忠贞以功为~,饮酒以乐为~,处丧以哀为~,事亲以适为~。"

从字形来看,以上意义都不是"主"字的本义。《说文解字》:"主,灯中火主也。从业,象形,从丶,丶亦声。"许慎在解释"主"字时,不拘泥于上古文献中的字义,能从字形来推究"主"字的本义,这是颇有见地的。但是,由于当时条件的限制,他的分析仍有不够确切的地方。因为更古的时代并没有灯,而只有火把。甲骨文"主"字作ㄨ、ㄨ、ㄨ、ㄨ,都像点着的火把。"主"就是火把,也就是"炷"的本字。由甲骨文发展成小篆时,字形要求匀圆整齐,就写成了业,看不出原来火把的形状了。

远古时期,火在人类生活中意义非常重大,夜晚一个火把往往是团聚人们的核心,由此引申为"主人、君主"等意义,又进一步引申为"主持""主要的"等意义,成为"主"字的常用义。对本义"火把"，就另造一个"炷"字来表示，"主"字也就不再有"火把"的意思了。

2.据《说文》以求本义

《说文》是一部以解释本义为主的字书，尽管它在说解本义时有缺点，甚至还有错误，但在大多数情况下，它的说解是可信的。下面举例中关于"策"（360页）、"更"（361页）、"集"（364页）、"引"（373页）等字的释义，都直接引证了《说文》的意见。

【策】

"策"的本义是马鞭。《说文》："策，马箠也。从竹，朿声"。《左传·文公十三年》："绕朝（人名）赠之以策。"贾谊《过秦论》："振长~而御宇内。"也可以用作动词。《左传·哀公十一年》："抽矢~其马。"现在"鞭策"一词还保存了这个意义。

上古"策"还指计数或卜筮用的蓍草。《老子》："善数，不用筹~。"《楚辞·卜居》："詹尹乃端~拂龟"。（端策：把蓍草摆端正，准备卜筮。）后来的"策划""策略"等意义都是从这个意义引申来的。

古代"策"还有简策的意义，与"册"通。杜预《春秋经传集解序》："大事书之于~，小事简牍而已。"孔颖达疏："单执一札谓之简，连编诸简乃名为策。"

【更】

"更"字在古代有好几种常用意义，根据字形，它的本义应该是改变、换。"更"字小篆作𩰤，金文作𩰤，《说文》："更，改也。从攴（pū），丙声。"楷书把它简化为"更"，就完全看不出它原来的形体结构了。"攴"就是"扑"字，"又"即右手；以"攴"作形旁的字常常表示和手有关的行为或动作，如"改、救、收、攻、牧"，只是楷书把"攴"简化为"攵"了。古书中"更"指"改变""换"的例子是很多的。《左传·昭公三年》："景公欲~晏子之宅。"《庄子·养生主》："良庖岁~刀，割也。"《吕氏春秋·仲春纪》："用圭璧，~皮币。"《论语·子张》："君子之过也，如日月之食焉。过也，人皆见之；~也，人皆仰之。"现代汉语"更改""更换""变更"等词仍保存这一意义。

"更"字用作"经历"的意思，最早见于西汉。《史记·大宛列传》："因欲通使，道必~匈奴中。"《索隐》注:"更,经也。"朱骏声认为这是假借"更"为"经"。"更"还有"续"的意思。《国语·晋语四》:"姓利相~。"注:"更,续也。"朱骏声认为这是假借"更"为"庚"("庚"有"续"的意思)。《左传·僖公五年》:"在此行也,晋不~举矣。""更举"有继续举兵的意思,这里"更"字用作状语,已经向副词"再、又"的意义虚化了。至于"五更"的"更"则是"改变"一义的引申。汉代宫中派人值夜,分五个班次,按时更换,因此叫"五更"。

"更"字在中古以后分成了平、去两声,但声调和意义的配合,与今天并不一致。《玉篇》:"更:古猛切,历也;又古衡切,代也,改也,复也。"可见"复也"(再,又)一义当时还是读平声,今天则读成去声了。

【集】

"集"字古今都有一个常用的意义,即"聚合"。《孟子·梁惠王上》:"海内之地方千里者九,齐~有其一。"贾谊《过秦论上》:"天下云~响应。"但这不是它的本义。"集"字本作"雧",它的本义是"鸟群停在树上。"《说文解字》:"雧,群鸟在木上也,从雥（cà），从木。"这是个会意字，"雥"指鸟群，由三个隹（zhuī，短尾巴的鸟）组成。古书中"集"字用作本义的不多。《诗经·唐风·鸨羽》："肃肃鸨羽，~于苞栩。"（鸨：鸟名。苞：丛生的。栩：木名。）一只鸟停在树上有时也可以用"集"。《庄子·山木》："睹一异鹊自南方来者，翼广七尺，目大运寸，感周之颡而~于栗林。"（运：径。感：触。周：庄子名。颡：sǎng，额头。）由一群鸟聚合在树上引申为一般事物的聚合，又引申为诗文的汇集。曹丕《与吴质书》："顷撰其遗文，都为一~。"引申义广泛使用，本义反而湮没不用了。

【引】

《说文》："引，开弓也，从弓、丨。""引"字由"弓"和"丨"组合而成，"丨"就是箭，"开弓"正是它的本义。朱骏声说："矢括骤弦，开之由渐而满曰引。"这就是说，把箭搭上弦，慢慢把弓向后拉开叫作"引"。《孟子·尽心上》："君子~而不发。"（发：把箭射出。）《庄子·田子方》："列御寇为伯昏无人射，~之盈贯，措杯水其肘上，发之。"（盈贯：满弦。）这都是用的本义。

"引"字在古代还有一些常用意义。《诗经·大雅·行苇》："黄耇台背，以~以翼。"这是"引导"的意思。《诗经·小雅·楚茨》："子子孙孙，勿替（不废）~之。"这是"延长"的意思。《战国策·赵策》："秦军~而去。"这是"后退"的意思。这些意义都是从本义"开弓"发展出来的。

3. 据引申规律以求本义

"由具体到抽象，由个别到一般，是本义发展为各种引申义的基本方式。"按照这个原则，我们可以推断，许慎有时说的本义实际上是引申义。如"端"《说文》的释义是"直也"。我们认为"直"不可能是"端"的本义。"端"的本义应该是"站得直"，即"立正"。因为"端"字从"立"，很显然与"站"有关。而且古文献资料也可以为证。如《庄子·山木》说："颜回端拱……"这个"端"字就是笔直地站着的意思。清代的朱骏声也认为"端"的本义是"立容直也"（《说文通训定声》），"立容直"就是站的姿势笔直。由"站得直"引申为一般意义的"直"，完全符合词义引申具体到抽象的规律。

有一点要加以强调，就是不论用何种方式，都要有语言资料为证才好。

下面我们再分析一下词与词之间的系统性问题。

1. 关于同源词的系统性

王力先生说"通过同源字的研究，我们知道，有许多词是互相联系着的"。(《同源字典》)"互相联系"就是系统性的表现。"互相联系"的条件就是音与义都相近或者音近义同，义近音同。就是说，凡音义有紧密关系的词，就一定有共同的语源。如"改"和"革"是同源词，二者声母相同（都属见母），"改"属之部，"革"属职部，之职对转，音近义同。"基"与"根"也是同源词，二者声母相同（都属见母），"基"属之部，"根"属文部，音义俱近。"解"与"懈"也是同源词，"解"的本义是分解牛，后来引申为松懈，又造出了分别字"懈"。"解"与"懈"在古代都属见母字，大徐本《说文》（卷十下）"懈"音古益切，《广韵》(《去声·卦韵》)也音古隘切，到后来才变为匣母字，在上古，"解""懈"都属支部，是音同义近。

要获得同源词方面的知识，不仅要了解词的本义与引申义的演变过程，而且要了解上古语音系统。判断"音同""音近"，不是以现代汉语为根据，而是以上古音为根据。另外，同源词原则上都是同义词（宽泛一点就是近义词），但同义词并不都是同源词，同源词必须音同或音近，而同义词并不一定同音，有的同义词在语音上可以毫不相干。如"疾""病"是同义词,"疾"属从母质部,"病"属并母阳部,"负""担"也是同义词,"负"属并母之部,"担"属定母元部,在语音上都没有什么联系。

2.关于同义词的系统性

我只想谈三点意见。

①要掌握同义词的系统性,必须具有时代观点。不仅要区别古今同义词,就古汉语范围来说,也还有一个时代问题。如"爱""吝""啬"这三个词,在古代汉语中是同义词,到后来,"爱"与"吝""啬"就不是同义关系了,"后"与"君"在先秦时代有一度是同义词,后来也不是同义词了。如果根本不论时代,把不同时代的意义有关的词都拉扯在一起,这种同义关系是难以说清的。

②要确立同义词群必须要确立同义词群的中心义,即共同义,如果没有一个共同义,就很难说它是同义词群。如有一本辨析近义词的书,把"邦、国、都、邑、城、郭"等六个词算作一组近义词,这就很不恰当。说"邦""国"同义,"都""邑"同义,"城""郭"同义是可以的,但"城""郭"与"邦""国"同义吗?"都""邑"与"城""郭"同义吗?连近义也够不上嘛!怎么可以拉扯在一起呢?这六个词并没有一个共同的中心义,也没有一个共同的近似义,把它们列为一组就失去了起码的根据。

③辨析同义词的困难不在于求其同,而在于析其异。《尔雅》《说文》只讲某字与某字同义(互训、同义词组),而不讲同中有异。如下面对"之、适、如、赴、往、去"的辨析,重点在于析异:

"之""适""如"都是到某地去的意思,它们是同义词,可能只是方言的不同。

"赴"的本义是奔向,特指奔向凶险的地方。也有泛指奔向的。

"往"也是到某地去的意思,和"之""适""如"同义,但在语法作用上有差别。在上古,"之""适""如"带宾语,"往"不带宾语。到了中古以后,"往"才可以带宾语。

"去"的本义是离开某地,在上古它的意思同"往""之""适""如"正好相反。中古以后,"去"字有了到某地去的意思,与"之""适""如""往"成了同义词。

(摘自王力、林焘校订《古代汉语》(下册),北京出版社1983年版,第870—871页)

就这个条目来看,主要内容是析异。析异的方法也是多样的。如指出有的是方言的不同；有的是本义不同，而经过引申阶段变得相同了；有的意义相同，而语法作用不同；有的在上古不同义，而中古以后变得同义了。只有经过这样的辨析，这组同义词的内部系统才算比较明确了。

3. 关于反义词的系统性

掌握反义词的系统性，也要有时代观点。如"敬"和"慢"在古代是反义关系，而在现代并非反义关系，现在"慢"的反义词是"快"，而在上古汉语中，"快""慢"根本不是反义词，"慢"是"怠慢""做事不认真"的意思。"敬"是办事认真的意思，如"执事敬""敬业"。

掌握反义词的系统性，对提高阅读古书的能力也大有好处。如《左传·昭公二十八年》记载了这么一个故事：

> 昔贾大夫（贾国之大夫）恶，娶妻而美，（其妻）三年不言不笑。

一般人很容易误以为这个"恶"是"凶恶""凶狠"的意思，因为这个大夫太凶狠了，吓得他的老婆多年不言不笑。这样理解"恶"字就错了。可是如果仔细想一想，"美"在这里是指貌美，是"漂亮"的意思，而且"恶"在这里是作为"美"的反义词出现的，就不难理解"恶"是指貌丑，是不漂亮的意思，老婆嫌他长得丑，所以不和他说话，也不给他好颜色看。

古人在使用反义词时一般都是比较严密的，往往以对子的形式出现。所谓"对子"就是系统性的表现。如《左传·昭公二十年》有一句话就出现了十对反义词：

清浊、大小、短长、疾徐、哀乐、刚柔、迟速、高下、出入、周疏，以相济也。

这些反义词的搭配都是很严密的，只要我们了解对子的一面，就能掌握其相对的另一面。如知道"疏"是稀疏，也就可以知道"周"一定是"周密"，知道了"徐"是"徐缓"，也就知道"疾"一定是"疾速"。

语言是有社会性的，何者为同义关系，何者为反义关系，都要受社会的制约，所以在某种特定的语言环境中，按照同义关系或反义关系去掌握词义，这是一个科学的行之有效的办法。

三　词义与语音、语法

我们提倡重视古汉语词义的学习，不等于说可以忽视语音、语法的学习。

不论任何一种语言，都具有内部的系统性。语音、语法、词义三者之间有着密不可分的关系，词义的系统性不能不受语言的整个系统性的制约。

1. 词义与语音的关系

这个问题，古人已经注意到了。传统训诂学所谓的"声训""因声求义""右文说"，都是企图通过词的语音形式以了解词的意义。

先秦两汉时代的声训大多是不可靠的。到了清代，由于古音学的发达，"因声求义"就有了可靠的依据。王念孙说："训诂之旨，本于声音。"（《广雅疏证·自序》）乾嘉时代的训诂学家就是在这个指导思想下，在词义研究方面取得了一系列重大的成果。这些成果可以归结为三个方面：

①探求语源，即同源字的研究。戴震的《转语》（今只存序言一篇），王念孙的《释大》，王筠所说的"分别字"，都是同源词问题。

②明假借。从词义的系统性来说，同源就是同系统，而借假是本义系统以外的，但二者都离不开古音。

③正确地解释双声叠韵词，不搞望文生义。什么是望文生义，如至今还有人误信"狐疑"是"狐性多疑"。王念孙说："嫌疑""狐疑""犹豫""踟蹰"，都是双声字，"狐疑"与"嫌疑"不过一声之转耳（"狐"和"嫌"都是匣

母字）。他有一个理论："夫双声之字，本因声以见义，不求诸声而求诸字，固宜其说之多凿也。"（《广雅疏证》卷六上）

2. 词义与语法的关系

词的储备意义与环境意义是有区别的。一个词在词典中可以有许多储备义，而进入具体的语言环境之后，则只能有一个意义，因为任何一个词，一进入具体语言环境，即进入句子、段落之后，它就毫无例外地要受到某种语法规则的制约。在这方面值得留意的有以下四点：

①辨虚实。不要将实词误认为虚词，也不可将虚词误认为实词。在通常情况下，是容易把虚词误解作实词。

②别词性。上古汉语词类的划分比较困难，但在具体的句子中，每一个词的词性还是可以确定的。

③辨别词与词组。不要把词误认为词组，也防止把词组当成词，后者尤应注意。

④弄清词的语法意义。如词类活用等。

原载《语文学刊》1983年第2期，北京电大编。又收入《怎样学好古代汉语》，语文出版社1986年版。收入本书略有修订。

词义的时代性

古书难读,难在词义。

词义有什么难的呢?因为它在漫长的演变过程中,旧义不断地积累,新义不断地产生,致使大部分词的意义都有相当强的时代特点。古代汉语和现代汉语的词义差别很大,这是人所共知的,就古代汉语范围之内而言,各个时代的词义也有很多的差别。我们学习、研究古汉语词义,就是要认识这些差别,揭示这些差别。有的差别已经被人们认识,有的还有待于进一步研究。即使已经被认识了的差别,也不是人人都掌握了它,因为前人的认识不等于今人的认识,别人的认识不等于自己的认识。我们学习古代汉语词义,要认识人们已经认识了的东西,也得经过一番刻苦的努力才行呢。

对初学古汉语的同志来说,大量的、经常碰到的难题是词义的古今差别。如我们听一门课或看一本书，开头往往有个"绪论"。所谓"绪论"就是发端的言论，开头话，其内容以介绍本课或本书的性质、目的为主。而古人所谓的"绪论"就与此不同了。如：

  1. 始玉裁闻先生之绪论矣。（段玉裁《戴东原集序》）
  2. 锡庚生也晚，年二十而孤，其得闻先子之绪论。（朱锡庚《笥河①文集》卷首）
  3. 据此，则凡汉学家所持以谤程朱者，皆窃朱子之绪论，而反以诬之。（方东树《汉学商兑》卷中）
  4. 盖一坏于三国之分鼎，再坏于五胡之乱华，虽绪论略佳，而宗风已坠矣。（皮锡瑞《经学历史》）

这些"绪论"都是"余论"的意思。例1、例2表示前人博大精深，自己所得到的只不过其余论而已。例3"窃朱子之绪论"，意为"拾朱子的牙慧"。可见"绪论"的古今义

---

  ① 笥河为朱筠之号。朱氏乃乾隆进士，对当时文化学术发展贡献良多，锡庚为朱筠之子。

相差颇远。

古义与古义有别的例子也不少。如一提起"史记"这个词，我们很自然就会想到司马迁，但"史记"还另有古义。《史记·周本纪》说："周太史伯阳读史记。"《史记·十二诸侯年表》："孔子……论史记旧闻。"又："鲁君子左丘明……因孔子史记具论其语，成《左氏春秋》。"《史记·六国年表》："秦既得意，烧天下《诗》《书》，诸侯史记尤甚，为其有所刺讥也。《诗》《书》所以复见者，多藏人家，而史记独藏周室，以故灭。"这些"史记"都是泛指历史记载，是史籍的通称。荀悦《汉纪》说："司马子长既遭李陵之祸，喟然而叹，幽而发愤，遂著史记。始自黄帝，以及秦、汉，为《太史公记》。"这里所说的"史记"已接近专称，可正式书名还是《太史公记》。

还有的词不仅古今义有别，而且古义亦有别。如"售"字在现代汉语中只有"卖"这个义项，在唐宋时期刚好相反，是"买"的意思，而在上古既无"卖"义，又无"买"义。请先看唐宋时期的例子：

1.诏度支市牛，召工就诸屯缮完器具。至者家给一牛，耕耨（nòu）水火之器毕具，一岁给二口粮，赐种子，劝之播莳。须一年则使自给，有余粟

者,县官倍价以售。(《新唐书·陆贽传》)

2.藏书画者多取空名,偶传为钟、王、顾、陆之笔,见者争售。(《梦溪笔谈》卷十七)

3.会市肆有刊武夷先生集者,迺(徐)常所为文,文肃之子(纡)适相国寺,偶售得之。(岳珂《桯史》卷十三)

这些"售"字都是"购买"的意思,不能解为"卖"。但一般字典都没有这个义项,倒是《诗韵合璧》在平去两声兼收"售"字。平声尤韵指出:"售,义兼买卖。"

我们懂得了"售,义兼买卖",是否就掌握了"售"在唐以前的古义呢?没有。"售"字从上古一直到汉魏六朝根本就不能解为"买",也不能解为"卖"。《广韵》、《说文》新附、《韵会》都不把"售"字解为"买"或"卖"。《说文》新附说:"售,卖去手也。""卖去手"是把东西卖掉了的意思。没有卖出去,就叫"不售"。如:

> 宋人有酤酒者,……为酒甚美,县帜甚高,然而不售,酒酸。怪其故,问其所知闾长者杨倩,倩曰:"汝狗猛邪?"曰:"狗猛则酒何故不售?"曰:"人畏焉。或令孺子怀钱挈壶瓮而往酤,而狗迓而

龁之，此酒所以酸而不售也。"(《韩非子·外储说右上》)

这个先秦古义在唐代还保存。如《唐律》："若和同相卖为奴婢者，皆流二千里，卖未售者，减一等。""卖未售"即卖而没有卖出去。

上述材料说明："售"字的今义不同于古义，而中古义又不同于上古义，中古义产生之后，上古义并未消失。我们只有弄通了这些意义的时代特点，才不至于发生错误的理解。所以，我和蒋绍愚在《古汉语词汇讲话》中说："我们在阅读古书时，对词义的辨别，要培养时代观点。对各个词的意义的时代特点了解得越多，越丰富，确定句中词义的能力就会越高。"[①]反之，就有可能对原义发生误解。归纳起来，大概有三种情况。一、以今义解古义；二、以后起义解古义；三、以古义解后起义。

大量的问题是以今义解古义。不仅对古汉语接触少的人会出这种问题，就是在古汉语方面有一定修养的人也容易出这方面的问题。如"谢"字在现代汉语有四个常用意

---

① 何九盈，蒋绍愚：《古汉语词汇讲话》，北京出版社1980年版，第133页。

义:感谢;谢绝;谢罪;凋谢。这些意思在古代都已出现,但下列例句中的"谢"字属于哪一义项呢?

1. 广汉尝记召湖都亭长。湖都亭长西至界上,界上亭长戏曰:"至府为我多谢问赵君。"亭长既至,广汉与语,问事毕,谓曰:"界上亭长寄声(捎话的意思)谢我,何以不为致问?"亭长叩头服实有之。广汉因曰:"还,为吾谢界上亭长,勉思职事,有以自效。"(《汉书·赵广汉传》)

2. 路若经商山,为我少踌躇;多谢绮与甪(绮,指绮里季;甪,一写作"角",指角里。秦末汉初人,隐于商山,与东园公、夏黄公合称"商山四皓"),精爽今何如?(陶渊明《赠羊长史》)

3. 多谢金吾子,私爱徒区区。(辛延年《羽林郎》)

4. 多谢后世人,戒之慎勿忘!(《古诗为焦仲卿妻作》)

5. 多谢诸少年,相知不忠厚。(陶渊明《拟古九首》)

这些"谢"字很容易误以为是"感谢"的意思,例

5有人解为"谢绝",也不对。其实例1、例2的"谢"是"问讯""问候"的意思。"多谢"就是"多多问候"。颜师古说:"多,厚也。若今人言千万问讯矣。"(《汉书·赵广汉传》注)例3、例4、例5的"谢"都是"告诉"的意思。"多谢"就是"郑重告诉"。这两个意思在现代汉语中都已不存在,所以容易产生误解。如苏轼《自普照游二庵》诗:"作诗寄谢采薇翁,本不避人那避世!"陈迩冬《苏轼诗选》注:"谢,辞谢不去。"①陈注误。此"谢"亦"告诉"之义。"采薇翁"指伯夷、叔齐,做"寄谢"的宾语。

又如"狐狸",现代汉语是一个词,是"狐"的通称,"狸"应当读轻声。有人就误以为"取彼狐狸"(《诗经·豳风·七月》)的"狐狸"也是一个词,而不知道《七月》的"狐"与"狸"是同类而有别的两种动物。这一点,《淮南子·缪称》讲得很清楚:"今谓狐狸,则必不知狐,又不知狸。非未尝见狐者,必未尝见狸也。狐狸非异,同类也。而谓狐狸,则不知狐狸。"正因为"狐"与"狸"是两种不同动物,所以古代不仅有"狐裘",也有"狸裘"。这里说的"古代"主要是指上古。后来,"狐"与"狸"虽然可以单用,然所指实为一物。如王度(隋末唐初)《古镜记》:

---

① 人民文学出版社1957年版,第73页。

"婢再拜自陈云：'某是华山府君庙前长松下千岁老狸，大行变惑，罪合至死……'度又谓曰：'汝本老狐，[①]变形为人，岂不害人也？'"

又如"告诉"这个词，古今义也很不相同。司马迁《报任安书》说："身非木石，独与法吏为伍，深幽囹圄之中，谁可告愬（诉）者。"我在讲课时，特意指出：告愬（诉），是告白、诉说的意思。就因为有人误以为这个"告诉"与今义一样，是"说给人听"的意思。其实，司马迁说的"告愬"，比今义重得多。《玉篇》："诉，讼也。告诉冤枉也。"可证古人所说的"告诉"，有申诉之意。我们还可以举出两个例子来证实这一点。

1. 龟来见梦于宋元王曰："我为江（指长江）使于河（指黄河），而幕网当吾路。泉阳豫且得我，我不能去。身在患中，莫可告语。王有德义，故来告诉。"（《史记·龟策列传》）

2. 凡人之情，冤则呼天，穷则叩心。今呼天不闻，叩心无益，诚自伤痛。俱生圣世，独为匪人。

---

① 此据徐士年《唐代小说选》，中州书画社1982年版，第2页。而中华书局丛书集成初编2704种据龙威秘书本《古镜记》不作"狐"，仍作"狸"，有可能"狐"乃错字。

孤微之人，无所告诉。如不哀怜，便为鱼肉。(《后汉书·张奂传》)

以后起义解古义是指以晚出的古义解先出的古义，虽均属古义，但时代有先后，具体意思有别。如"愤"的"愤怒"义是后起义，常见于唐宋时候的作品中，但它的上古义是"愤懑""愤恨"。《水经注》(卷三十四)有一段文字很有启发性：

刘备为陆逊所破，走迳此门，追者甚急，备乃烧铠断道。孙桓为逊前驱，奋不顾命，斩上夔道，截其要径。备踰山越险，仅乃得免，忿恚而叹曰："吾昔至京，桓尚小儿，而今迫孤乃至于此！"遂发愤而薨矣。

"奋"是"奋勇"的意思；"忿"是"忿怒""生气"的意思，与"怒"义相近；而"愤"用的是上古义，与"怒"义相差甚远，是"愤恨""满腹忧愤"的意思。可是，新编《辞海》"愤"字的第一个义项就是"忿怒"，这就失当了。新编《辞源》对"愤"的释义要谨严一些，它注意了时代性的问题，它列的第一个义项是"忿懑，怨恨"，第二个义项是"憋闷，郁积"，"憋闷"就是"懑"。如果把"憋闷"列为第一个义项，"忿懑"列为第二义项，其本义与引申义的关系就很明确了。另外，两书都收了"愤毒"这个词语，所举的书证也都是《后汉书·袁绍传》："每念灵帝，令人愤毒。"《辞海》的释义是："愤怒痛恨。"《辞源》的释义是："犹言愤恨。"后者注意了词义的时代性，比前者确切。

"绳结""缠束"是"约"的古义，"简约""约集"等都是"约"的后起义，但人们往往用后起义解古义。《荀子·非十二子》："幽隐而无说，闭约而无解。"这个"约"字本是"绳结"的意思。有一个注本释为"简陋"。《史记·信陵君列传》："约车骑百余乘。"这个"约"是"缠束"，即"捆缚"的意思。"约车骑"就是把马系在车辕下，也就是"套车""准备车"。《战国策·赵策》："于是为长安约车百乘。"《史记·魏世家》："魏王再拜，遂约车而遣之。"这些"约"字意思都一样。有的本子把这类"约"字注为"凑集""约集"，也是用后起义解古义。

后起义不等于常用义，或虽属常用义而有的人对它很生疏，因此，就会出现用古义解后义的问题。如"止"在上古的常用义是"站住，停下来"的意思，汉魏以后又常有"住宿"的意思。《三国志·魏书·武文世王公传》："明帝少与（曹）宇同止，常爱异之。"曹植《赠白马王彪》：

"道路宜异宿止。"向子期《思旧赋》："余与嵇康、吕安居止接近，其人并有不羁之才。""同止"是同住在一起，"异宿止"是分住。"居止接近"是住处接近。根据这些材料我们可以判断《三国志·魏书·华佗传》的"府吏儿（倪ní）寻、李延共止"的"止"也是"住宿"的意思。"共止"是指一同在华佗家住宿。有的注本将这个"止"字释为"站住"，这就是以古义解后起义了。所谓"后起义"是相对而言，并不是说"止"的"居住"义是汉魏以后才有的。《诗经·商颂·玄鸟》："邦畿千里，维民所止。"这个"止"就是"居住"的意思，但与"站住"的意思相比而言，它是后起的引申义。

了解词义的时代特点，不仅对于阅读古书有好处，就是对注释古书、编写字典也都有好处，上面举的一些例证已足以说明这一点。除此之外，我们还可以根据词义的时代特点判断古书的真伪。如"洋"字在诸葛亮时代根本还没有出现"大海"的意思，可是，后人编的《诸葛亮集》有一篇《将苑》，其中有这样的话："亦如鱼龙脱于江湖，欲求游洋之势。""西至昆仑，东至洋海。"《将苑》在宋元以前未见著录，到明代才有人将它编入《诸葛亮集》，显然是伪作。作伪者不懂得"洋"字意义的发展情况，不觉露出了破绽。

词义的时代性，也就是词义的历史发展问题。语音、语法都有自己发展的历史，词义也不例外，但语音、语法的发展史比较好掌握，它们的分期也比较明确，一般都分为上古、中古、近代、现代四个时期，或许还可以分得再细一些，只要掌握了各个时期的一些基本特点，分析起来就能以简驭繁。而词义问题则复杂得多，尽管也有人把词汇的发展史分成了若干个时期，概括了某些特点，但一本词汇发展史不可能将各个词的演变历史都描写出来，而不了解个别词义演变的历史，词义的时代性问题就很难解决。

1965年我曾在一篇文章中提出过一个设想："假若我们有一部好的词典，能反映每一个词的时代意义，这对于研究古籍的人就要方便得多了。然而，这样大的工程，一定需要时间，需要很多人的努力才可办到。"（见《中国语文》1965年第1期）十八年过去了，我所希望的"好的词典"还未能成为现实。

然而，我们并不灰心，在一部"好的词典"问世之前，正需要我们对词义的时代性进行努力探索。这些年来，有不少同志对唐宋时期的词义进行了大量研究，打破了前人"非先秦两汉之书不敢观"的框框，这是一种可喜的进步。可以说，不分历史阶段、不分专题、不对专书进行研究，词义的时代性问题就不可能彻底解决。

掌握词义的时代特点，当然要充分利用现有的研究成果，如各种各样的辞书，比如《辞源》《辞海》《诗词曲语辞汇释》《敦煌变文字义通释》《诗词曲语辞例释》等，但也要靠自己扩大阅读面，要有计划地精读一些先秦、两汉、魏晋南北朝、唐宋这四个时期的作品，在阅读过程中，要细心，要做比较研究。时间一久，我们就能积累丰富的感性知识，有了丰富的感性知识，我们对待词义就会变得敏感起来，就有可能发人之所未发。如果不多读，不多做比较，满足于一知半解，我们辨别词义的能力就很难有较大的提高。

原载《文科月刊》1983年第9期，上海电大编。又收入《怎样学好古代汉语》，语文出版社1986年版。

古汉语的特殊词汇

古汉语中有几种特殊词汇，是在阅读古书时会经常碰得到的，有必要专门提出来谈一谈。所谓"特殊"，是指这类词的意义系统与结构方式跟一般词汇有所不同。我们掌握它们的基本特点，有利于透彻地了解这些词的意义。

一　反训词

我在讲《钴鉧潭西小丘记》时，曾经谈到"售"在唐宋时代是"反训字"。什么叫作"反训字"（词）呢？一个词的意义系统是由两个完全对立的意义构成的，这就是"反训"。可见，反训词并不等于通常所说的反义词，反义词是指两个或两个以上的词在意义上构成相对立的关系，而反训词的意义对立是包含在一个词的意义系统之内的。

关于反训词的研究已有很长的历史，晋朝人郭璞就已经指出:"以徂为存,犹以乱为治,以曩为曏,以故为今,此皆诂训。义有反覆旁通,美恶不嫌同名。"(《尔雅·释诂》郭注)"徂"训"往也",又训"存也";"乱"有"治"的意思;"曩"训"久也",又训"曏也"(不久);"故"又训"今",都是反训。

今人徐世荣先生曾经搜集了五百个反训字,这个数字是很可观的。在我们编的《古代汉语》(王力、林焘校订本)中也有一些反训词,下面举一些例子来说明。

1.观。段玉裁说:"凡以我谛视物曰观,使人得以谛视我亦曰观。"(段注《说文》)司马迁《报任安书》"彼观其意",就是"使人得以谛视我"的意思,即"显示给人看"。有些注家因为不了解"观"是反训词,以为只有"我谛视物"这一层意思,于是连"观"字前边的"彼"字也不知道作何解释了。

2.落。《尔雅·释诂》:"落,始也",又训"死也"。"落"有"始""终"两训。正因为"落"是个反训词,所以"夕餐秋菊之落英"(《离骚》)"落英缤纷"(《桃花源记》)的"落"字应作何理解,意见完全相反,一说"落英"是刚开的花,一说是落下来的花(别的还有一些说法),现在尚无一致的看法。

3.略。有"少略"(略微)和"全""皆"两个相反的意思。"略无阙处"用的是后一个义项。

4.臭。作气味（盈按："气味"与"味道"本是有明显区别的两个词。闻主气味，舌主味道。今有不少人用"味道"取代"气味"，"气味"一词似乎要消失。）讲的时候，包括香气和臭气两个对立的意义。如《周易·系辞上》："同心之言，其臭如兰。"

5.衅。有"裂缝"和"涂上裂缝"的反训。《孟子·齐桓晋文之事》："将以衅钟。"就是杀牲以血涂上裂缝（详说可参阅徐世荣《反训探原》，见《中国语文》1980年第4期）。

6.敢。有"敢"和"不敢"两个相反的意思。"敢告不敏"《左传·鞌之战》用的是后一个义项。

7.入。有"收入"和"交纳"两个相反的意思。"尔贡包茅不入""贡之不入"（《左传·齐桓公伐楚》），"岁恶不入"（同上）用的是后一个义项。"入"用作"交纳"，通常是指交纳贡品、租税等，所以"入"又可用作名词，与"租税"同义。

古汉语中还有一些常见的反训词，如："逆"有"迎"义；"乞"有"乞求"和"给予"二义；"受"有"接受"和"授予"二义；"子"有"男孩"和"女孩"二义；"览"有"观览"与"给人看"二义。在现代汉语中也有反训词，像"借"就兼有"借出""借入"二义，但这样的词为数不多。关于"反训"至今仍然有不同看法，我在其他文章中也有论述。学术问题有不同看法很正常，不必强求一律。

二 偏义复词

由两个反义或近义语素构成的复词，其中一个语素有意义，另一个语素只起陪衬作用，这样的词叫作偏义复词。

偏义复词在先秦就已经产生了。如《墨子·大取》："今人非道（指道路）无所行，唯（虽）有强股肱而不明于道，其困也可立而待也。""股"指大腿，"肱"指手臂。行路用腿不用臂。在这里"肱"字无义，义偏在"股"。到了两汉，偏义复词的数量大为增加。赵壹《刺世疾邪赋》："德政不能救世溷乱，赏罚岂足惩时清浊？"中，"赏罚"，"赏"字无义，"清浊"，"清"字无义，都用作偏义复词。诸葛亮的《出师表》："陟罚臧否，不宜异同"，"异同"用作偏义复词，重在"异"，即不一致。

关于偏义复词的辨别，在多数情况下不会有什么问题。但何者为偏义复词，何者非偏义复词，有时也难以判断。如"陵迟"（陵夷、陵替）这个词在教材中出现了多次。

1. 以稍陵迟。（司马迁《报任安书》）

注:"陵迟:衰颓,指受挫折。"

2.国势陵夷。(胡铨《戊午上高宗封事》)

注:"陵夷:联绵字,衰微。"

3.陵夷迄于幽厉。(柳宗元《封建论》)

注:"陵夷:联绵字,日渐衰落。"

4.陵迟不救者三代。(同3)

注:"陵迟:即陵夷。"

5.而二姓陵替。(同3)

说"陵迟"即陵夷,是"衰微"的意思,这都不错。但认为它是联绵字,这是采用传统说法。我在讲《报任安书》的"以稍陵迟"这句话时,采取了张世禄先生的意见,将"陵迟"当作偏义复词处理,实际上就是不同意"联绵字"的说法。

把非偏义复词说成是偏义复词的例子也有。如"宠辱偕忘"(《岳阳楼记》),有人说"宠辱"是偏义复词,"宠"字无义,义偏于"辱"。我们不赞同这个意见。如果"登斯楼也"的迁客骚人们,"忘"的只是"辱","偕忘"的"偕"(有的本子作"皆")字就没有着落了。所谓"偕忘",当然是指"宠"和"辱"二者而言。还有,"无所短长之效"(《报任安书》),也有人把"短长"当作偏义复词看待,我们没有采纳。

三 联绵词

联绵词就是联绵字,也写作"连绵字",指的是双音节的单纯词。教材中的联绵词为数不少,有的已注明,有的未注明。

从语音结构特点分析,联绵词可分为四类:(一)双声的;(二)叠韵的;(三)既双声又叠韵的;(四)非双声非叠韵的。下面我们来说明这四种情况[①]。

(一)双声联绵词

髣髴(仿佛):滂母。蒲伏(匍匐):并母。靡曼:明母。倜傥:透母。陆梁:来母。壹郁(抑郁):影母。

(二)叠韵联绵词

被离:歌部。徘徊:微部。愠惀:文部。偃蹇:元部。颟顸:侵部。龌龊:屋部。

(三)双声叠韵联绵词

间关:见母元部。澹淡:定母谈部。

(四)非双声叠韵联绵词

狐疑:狐,匣母鱼部;疑,疑母之部。

---

① 以下例证均选自王力、林焘校订《古代汉语》教材,北京出版社1981、1982、1983年版。——编者注

郁陶：郁，影母职部；陶，定母幽部。

在分析双声叠韵字的时候，我们应注意这样一些问题。

1.所谓"声"和"韵"是指上古音系的声与韵，我们用的"帮、滂、并、明……"等声母，"歌、微、文、元……"等韵部，都是一些代表上古声韵的名称。为什么我们要用上古声韵来分析双声叠韵呢？因为这里分析的双声叠韵字都产生于上古时代。

2.探求双声叠韵词乃至于整个联绵词的方法在于"因声求义"，即通过声音探求意义，而不能为字形所束缚。如"怳忽""恍惚""荒忽"，字形不同，而语音一样。"怳""恍""荒"都是晓母阳部，"忽""惚"都是晓母物部。"怳忽"是双声联绵词，它的三种不同写法，意思一样（在具体语言环境中的临时义有所不同）。

3.我们说联绵词是不能拆开的，它的凝固性的特点很突出，这是指的一般规律；也有某些联绵词，中间可以插进虚词。如《七发》中就有这样的情形：

怳兮忽兮，聊兮慄兮……，忽兮慌兮，俶兮傥兮。

"怳忽""聊慄""俶傥"（即倜傥）都是双声联绵词，中间都插入了"兮"字，意思不变。"怳忽"还可以说成"忽慌"，正如"壹郁"也可以说成"郁邑"（郁悒）一样。

四　重言词

重言词就是叠字。这类词在古书中也可经常碰到。我大致上统计了一下，我们编的《古代汉语》中就有一百多个重言词。重言词基本上可以分为两类。一类是象声词，如：

潺潺　泠泠：表示水声。

混混　庉庉（túntún）：表示涛声。

关关　嘤嘤：表示鸟声。

呜呜：表示乐声。

隐隐　甸甸：表示车声。

另一类是形容词，即古人所谓的"貌状之辞"。如：

浩浩　汤汤（shāngshāng）　滔滔　漫漫　澹澹：貌水之状。

嫋嫋　飘飘　霏霏　纷纷：貌风雨雪之状。

郁郁　青青　萋萋　采采：貌草木之状。

融融　泄泄（yìyì）　洋洋　阳阳　惘惘　戚戚：貌人物情态之状。

我们应当注意的是，有的重言词包含好几个意思，如：

泠泠：①表示水声；②表示清爽的样子。

郁郁：①形容芳香；②形容忧郁；③形容茂盛。

区区：①名词，谦称；②形容词，小小的；③形容词，诚挚。

五　外来词

教材中出现的外来词不算多，主要有汉代产生的一些译音词和一些与佛教有关的译音词。要留心的是，有个别译音包含好几个不同的意思。如"浮图"（浮屠）就有三个意义：①指和尚；②指佛教；③指塔。

又，古人也有称"身毒国"（今印度）为"浮屠胡"的，如《汉书·张骞传》"身毒国"注引李奇曰："一名天笃，则浮屠胡是也。"，但不常见。

对这类词的注释都比较明白，这里就不细谈了。

原载《电大教学》（文科版）1983年第5期，浙江电大编。收入本书略有修订。

第二辑 古汉语词义考辨

词义答问

一、"庙堂"是指宰相或副宰相，有何根据？

关于"庙堂"的释义，这里举一些例证：[1]

1.《邵氏闻见录》卷七：

范鲁公质举进士，和凝（898—955）为主文，爱其文赋。凝自以第十三登第，谓鲁公曰："君之文宜冠多士，屈居第十三者，欲君传老夫衣钵耳。"鲁公以为荣至。先后为相。有献诗者云：从此庙堂添故事，登庸衣钵亦相传。

---

[1] 在收入本书的《古汉语词义札记四则》一文中也有关于"庙堂"的详细论述，可参见。——编者注

例中的"庙堂"就是指宰相这个职称。和凝与范质"先后为相",所以说"衣钵相传","庙堂添故事"。

2.《铁围山丛谈》卷一:
国朝(指宋朝)之制,立后,建储,命相,于是天子亲御内东门小殿,召见翰林学士,面谕旨意。乃锁院草制,付外施行。其他除拜,但庙堂佥议进呈。

例中的"庙堂",显然是指宰相。意思是其他官员的任命,只要宰相"佥议进呈"就可以了。

3.《桯史》卷十二:
(王卢溪)后告老终于家,寿九十三。其再召也,庙堂欲予一子官,既而不果。

"庙堂欲予一子官",就是宰相打算任命王卢溪的一个儿子做官。

4.《桯史》卷十四:
今钦圣纳忠之美未白于天下,而谏官不二之心得罪于庙堂。

"得罪庙堂",既不是指得罪天子,也不是泛指得罪朝廷,而是指得罪当朝宰相。

　　5.《项氏家说》卷十:
　　使李林甫不妒贤嫉能,亦须十九年作宰相,秦太师死四十年矣,竟未有坐庙堂而为太师者。

这个"庙堂"是指宰相办公的政事堂,可以说宰相坐庙堂,而不能说宰相坐朝廷。"朝廷"与"庙堂",在唐宋时期及以后,都不能视为同义词。

　　6.《江湖纪闻·一剪梅》:
　　宰相巍巍坐庙堂,说着经量,便要经量。(转引自游国恩等主编的《中国文学史》)
　　7.刘基《卖柑者言》:
　　峨大冠,拖长绅者,昂昂乎庙堂之器也。

例6的"庙堂"也是指宰相办公的政事堂。例7的"庙堂器"就是廊庙器,指具有宰相的才干。好几种《古文观止》

都把"庙堂"释为"朝廷",这是错误的。

8.《剧说》卷三:

《萤瓮闲话》云:《琥珀匙》,吴门叶稚裴(斐)作。……中有句云:"庙堂中有衣冠禽兽,绿林内有救世菩萨。"为有司所恚,下狱几死。

今所见抄本,这两句话改为:"怪盗跖衣冠,沐猴廊庙;幸官评海岛存公道。"用"廊庙"代替"庙堂",可证二者义同。

二、《巫峡》的"沿泝阻绝",教材注为"上行和下行的船都被阻绝了",而下文有"虽乘奔御风,(和行船比起来)不以疾也"。"船都被阻绝"和"行船比起来",不自相矛盾吗?

这个问题提得好。这里涉及对"沿""溯"这两个词的理解问题。古书中谈到"沿""溯"的有下面这样一些例子。

1.《诗经·秦风·蒹葭》:

溯洄从之,道阻且长;溯游从之,宛在水中央。

2.《尔雅·释水》:

逆流而上曰泝洄,顺流而下曰泝游。

3.《左传·文公十年》:

沿汉泝江,将入郢。

4.《国语·吴语》:

率师沿海泝淮以绝吴路。

韦昭注:沿,顺也。逆流而上曰泝。循海而逆入于淮,以绝吴王之归路。

5.《国语·吴语》:

余沿江泝淮,阙沟深水,出于商鲁之间,以彻于兄弟之国。

6.《说文》十一篇上:

沿,缘水而下也。《春秋传》曰:王沿夏。

泝,逆流而上曰溯洄,溯,向也。

水欲下,违之而上也。

泝,作溯,亦作遡,是"向"的意思。向着水前进,即逆着水前进。"沿"就是顺流而下。但"沿""泝"的方式是什么呢?是乘船,是涉水,还是步行?说法不一。

《诗经》毛传认为是涉水。"顺流而涉曰溯游",陈奂疏:"其实逆流而上,亦是涉也。"《毛诗正义》引孙炎曰:"逆渡者,逆流也;顺渡者,顺流也。然则逆顺流,皆谓渡,水有逆顺。故下传曰:顺流而涉。"见其是人渡水也。

余冠英《诗经选译》注:"作者沿直流走向上流,见他三面是水,好像身在洲岛。如沿曲水向上游走去,绕过水源可达到他的身边,但是路太长了而且难走。"按这个注释,"溯洄""溯游"都是步行。此说也有根据。《方言》十二:"溯,行也。"行,理当是步行。

王筠说:"许(慎)意以'逆流'解'洄'字,以'而上'解'溯'字,无论乘舟、徒涉皆有之,言'溯游'则是泅于水中,不用舟楫。"(《说文句读》)

我认为"沿""泝"的方式,应依具体上下文而定。《诗经》的"溯洄"与"溯游",应以余冠英的解释为优。至于《吴语》的"沿江泝淮"应是舟行,因为是舟行,所以要"阙(掘)沟深水"。

《巫峡》的"沿泝阻绝"主要是指两岸的人行道被水淹没,以致交通阻绝。当然,两岸人行道阻绝,不只是沿江而下和泝江而上成了问题,就是两岸的彼此横渡(舟行)也成了问题。我在讲解这句话时,只说"往来交通断绝",不说"上行和下行的船都被阻绝",也就是基于这样的理解,按照这个理解,与下文的"王命急宣(有人主张'或王命急宣有时'为一句,这是错误的。木华《海赋》也有'王命急宣'一语),……虽乘奔御风,不以疾也",并不矛盾。也就是说,在特定条件下,下水行船还是可以的。

三、《殽之战》的"自今无有代其君任患者"的"自今"注为："'自今以往'的省略。即从今以后的意思。"中华书局出版的《古代汉语》注："直到目前为止，没有能代替自己国君承担患难的人。自今，从现在追溯到以前。"两说相反，孰是孰非？

把"自今"释为"自今以往"的省略，这是完全正确的。"自今"和"自今以往"意思完全一样，就是"从今以后"的意思。请看下列各例：

1.《尚书·盘庚》："自今至于后日，各恭尔事。"
2.《尚书·立政》："继自今，我其立政、立事。"
  屈万里《尚书今注今译》："继自今，谓从今以后。"
3.《左传·僖公二十八年》："自今日以往，既盟之后，行者无保其力。"
4.《左传·襄公九年》："自今日既盟之后，……"
5.《左传·襄公二十五年》："自今以往，兵其少弭矣。"
6.《左传·襄公三十一年》："自今请，虽吾家，听子而行。"

7.《左传·襄公八年》:"晋楚伐郑,自今郑国不四五年弗得宁矣。"

8.《国语·晋语四》:"(叔詹伯)乃就烹,据鼎耳而疾号曰:'自今以往,知忠以事君者,与詹同。'乃命弗杀,厚为之礼而归之。郑人以詹伯为将军。"

按:例中的"自今以往"可省略为"自今"。在《吕氏春秋》里作"自今以来"。

9.《吕氏春秋·上德》:"被瞻(即晋语的叔詹伯)据镬而呼曰:'三军之士皆听瞻也;自今以来,无有忠于其君,忠于其君者将烹。'文公谢焉,罢师,归之于郑。"

10.《吕氏春秋·具备》:"自今以来,亶父非寡人之有也,子之有也。"

11.《侯马盟书》:"自今以往,敢不率从。"

按:《侯马盟书》注:盟辞中把"自今以往"作为前词,这是当时的习惯,在盟辞中是常见的。

"自今以往"也可以省略"自"字,如:

12.《韩诗外传》卷五：

季孙悟，告宰通曰：今以往，君有取谓之"取"，无曰"假"。

按："今以往"，即从今以后。

王念孙《读书杂志·晏子春秋第一》有"自今已后"条，指出"本作自今已来"，后人"改'来'为'后'也，不知自今已来犹言自今已往也。'来'与'往'意相反，而谓'往'为'来'者，亦犹'乱'之为'治'、'故'之为'今'……"。钱锺书也指出："'前''后''往''来'等字，每可互训。……'往''去'皆谓未来或向后。"(《管锥编·周易正义》)（按：本书《词义商榷》一文中也有"自今"条，可参阅。）

原载《电大教学》1987年第1期，浙江电大编。

词义札记三则

加 情 入

《曹刿论战》和《捕蛇者说》都是脍炙人口的名篇，《古文观止》和其他一些古文选本以及中学语文课本[①]都选了这两篇文章。目前，对这两篇文章中的个别词义还存在一些不同的解释。如："牺牲玉帛，弗敢加也"的"加"，"小大之狱，虽不能察，必以情"的"情"，"募有能捕之者，当其租入"的"入"。这三个词应当怎么讲呢？××同志在《谈〈曹刿论战〉的几条注释》一文中对"加""情"进行了解释，×××同志在《从"入"字谈

[①] 本书所言"中学语文课本""高中《语文》"等均指人民教育出版社出版的1978年版语文教材。——编者注

起》和《也谈"施受同辞"》两文中对"入"字进行了解释。由于《谈〈曹刿论战〉的几条注释》和《也谈"施受同辞"》都发表在《中学语文教学》上（分别见于1979年第5期和1981年第8期），所以，我也想占用《中学语文教学》一点篇幅，就"加""情""入"三词的意义谈一些看法，就正于二位同志和广大读者。

加

××同志说："加"，各注本解释为："增加"，"夸大"，或"以小为大，以恶为善"等，中央人民广播电台《阅读与欣赏》节目解释为："'移动'，这里作'改变'讲。"这些解释有的不确切，有的似是而非，都是因为没有从"加"的本义进行分析。

"加"，《说文解字》："语譄相加也"。段玉裁注："诬人曰譄，亦曰加。""诬"，《说文解字》："加也。"可见"譄""加""诬"三字义同。"加"的本义就是诬陷的意思。《左传·僖公十年》："欲加之罪，其无辞乎？""加"即为"诬"之义。

"弗敢加也，必以信。"这句话的意思是：（在祭神时所献的牺牲玉帛等物）不敢随意捏造，一定以真实数目告神。（以上三段全引自××文）

××同志批评有的注本把"加"解释为"增加"或解释为"'移动',这里作'改变'讲"。这个批评是正确的,这样的注释不只是"不确切"的问题,简直是谬误。

遗憾的是××同志批评别人没有从"加"的本义进行分析时,他自己对"加"的"本义"也完全解释错了。他把段玉裁说的"诬人曰譖,亦曰加"的"诬"字理解为"诬陷"的意思,从而认为"加"的本义就是诬陷。这说明,他既没有弄清"加"的意思,连"诬"字的意思也理解错了。《说文解字系传》:"诬,加也。臣错曰:以无为有也。"《逸周书·官人解》:"华废而诬,巧言令色,皆以无为有者也。"朱右曾云:"诬,无实也。"在先秦的文献中,"诬"是欺骗,说假话,与事实不符的意思,一般不能理解为"诬陷"。《韩非子·显学》说:"故明据先王,必定尧舜者,非愚则诬也。"这个"诬"就是欺骗之义。有一位哲学家把这个"诬"字译为"诬陷",那也是错误的。"诬""加""譖"这三个词只是在"欺骗""说话不真实"这个意义上才可视为同义词。这一点,段玉裁已经说得很清楚:"加与诬皆兼毁誉言之,毁誉不以实,皆曰诬也。""加言者,谓凭空构架,听者所当审慎也。"今人钱锺书先生也说:"古人每曰'加诬',或曰'加譖',皆言虚夸不信。"(见《管锥编》第一册)《左传》中的"弗敢加也"就是"不敢虚夸"的意思。而"虚夸"与"随意捏造"还是有区别的。杜注没有直接对"加"字进行释义，只说："祝辞不敢以小为大，以恶为美"，这条注的大意并没有什么错误，而且有助于我们对"加"的具体内容的理解。因为，如果"以小为大，以恶为美"，那就是"加"（虚夸）了。

还应指出的是，××同志说："欲加之罪，其无辞乎？"这个"加"即为"诬"之义。这也是不正确的。这个"加"是"加上"的意思，与"加诬"的"加"不是同一义项。全句的大意是：想要给一个人加上罪名，难道还没有借口吗！

情

××同志说："情"，在这里有其特殊意义。《周礼·小宰》："以叙听其情。"郑玄注："情，争讼之辞。"可见"情"在这里应作为古代政法名词解释。讼诉案件，本人可以叙述事实真相，答辩申诉理由，叫作"情"。

"小大之狱，虽不能察，必以情。"这句话的意思是：我（庄公）对大大小小的案件，虽不能做到明察清彻，但一定根据讼诉之辞去判案。此外，《国语·鲁语》也记载了这次战役，叙述鲁庄公之言："余听狱虽不能察，必以情断之"，也是同样的意思。（以上两段全引自××文）

××同志仅仅根据郑玄对《周礼》的一条注释，就断定：这个"情"字"有其特殊意义"，"应作为古代政法名词解释"。而且给"情"下了一个定义："讼诉案件，本人可以叙述事实真相，答辩申诉理由，叫作'情'。"这里，我们应当注意一个问题：考察词义，究竟是应该从大量的原始语言材料出发呢，还是只相信个别旧注？旧注当然有重要的参考价值，但是，如果能从大量的原始语言材料出发。我们就能正确地解释词义，甚至还可以纠正某些旧注的谬误。拿"情"字来说，就《春秋经传引得》做了一个统计，一共出现了十六次，都是"实情""真情"的意思，怎么可能"必以情"的"情"字就"有其特殊意义"呢？杜预把这个"情"字注释为"必尽己情"，刘文淇在《春秋左氏传旧注疏证》中已经批评这条注解不正确。郑玄把《周礼》"以叙听其情"的"情"字注解为"争讼之辞"，也是错误的。所以贾公彦就没有采取他的说法。贾疏："情，谓情实。"贾公彦的"疏"无疑是正确的。

古人在谈到审理案件的问题时，的确经常说到一个"情"字，就依××同志所言：这个"情"字"应作为古代政法名词解释"，也只能解释为"实情""真情"，而不能释为"争讼之辞"。下面我们举三个例子来证明：

（1）《论语·子张》："孟氏使阳肤为士师（古代司法官

名），问于曾子。曾子曰：上失其道，民散久矣。如得其情，则哀矜而勿喜！"这里所说的"得其情"，就是"掌握了罪犯的真情"，杨伯峻先生译为"……审出罪犯的真情"（见《论语译注》），也是对的。

（2）《周礼·秋官·小司寇》："以五声听狱讼，求民情。"这里的"求民情"也就是了解诉讼者的真情，不是"讼诉之辞"。

（3）《史记·吕不韦列传》："于是秦王下吏治，具得情实，事连相国吕不韦。"例中"情实"二字连用，更足以说明"情"就是"实情""真情"的意思，不能理解为"讼诉之辞"。

××同志在文章中还引用了《国语·鲁语》的一段文字，认为其中的"情"字也应作"讼诉之辞"解。下面我们把这段话摘录出来，略加分析，就更可以帮助我们理解《左传》的原文。《鲁语》说：

公曰："余听狱虽不能察，必以情断之。"

对曰："是则可以。知（有的本子没有'知'字）夫！苟中心图民，智虽弗及，必将至焉。"（《左传》的原文是：对曰："忠之属也，可以一战。"）

《左传》和《鲁语》的文字有些不同，正可以互相发明、补充。如果我们仔细研究一下，就不难得出两点结论：

(一)"以情断之"是"忠"的问题;(二)能不能"察"是"智"的问题。《左传》中的"忠之属也"是对"以情断之"而言的,《鲁语》中的"智虽弗及"是对"虽不能察"而言的。

为什么"以情断之"就是"忠"呢?童书业先生在《春秋左传研究》中说:"'忠'之道德(似起于春秋时)最原始之义似为尽力公家之事。……无私为'忠',……至春秋后期,'忠'之意义渐狭隘化,……仍为积极诚恳待人之意。"宋朝人胡铨在《忠辨》一文中说:"古之言忠者多矣,未有以情为忠者,余尝事斯语矣。……语曰:'上好信,则民莫敢不用情。'(见《论语·子路》)大哉,情乎!君臣父子兄弟无所不用其情,情苟至焉,不欺于君,不欺于亲,……一有不情,而欺罔无所不至矣。……夫欺为不忠,则不欺者为忠矣!"(《胡澹庵先生文集》卷三)可见,"以情断之"就是努力按照实情来断案,没有私心,不欺骗人,所以,曹刿说这是"忠"。如果像××同志所说的那样:"情"就是"根据讼诉之辞去判案",跟"忠"有什么关系呢?而且,仅仅根据讼诉之辞是难以把案件判好的,这应该是常识范围以内的事情。

为什么说"智虽弗及"是对"不能察"而言呢?因为能不能"察"是个水平问题,智能问题,跟"忠"不一样,"忠"是为人的道德问题,是办事的态度问题。这里的"察"也不能泛泛地理解为"明察清彻"。"察"的内容是指"狱讼之辞"。《周礼·秋官·士师》:"察狱讼之辞。"又:"听其狱讼,察其辞。"但是,不能"察其辞",又怎么能做到按实情去断案呢?这是因为判案子不是仅仅根据狱讼者之"辞"。《周礼·秋官·小司寇》说,要了解案件的真实情况,应做到"五听"。这"五听"的内容是:"一曰辞听,二曰色听,三曰气听,四曰耳听,五曰目听。"可见"察其辞"(即"辞听"),仅仅是判案的手段之一,要弄清案件的真情还要采取多种手段、多种方式。

《左传》说的"以情"断案,和《周礼》所说的"五听",在后来的帝制社会中还有影响。如《陈书·儒林传》(卷三十三)说:"(周)弘正议曰:'凡小大之狱必应以情,正言依准五听,验其虚实。岂可全资考掠,以判刑罪!'"然而,在剥削阶级占统治地位的帝制社会中,司法机关是为维护少数人的利益服务的,要做到"以情断之",并不那么容易。

入

×××同志在《也谈"施受同辞"》一文中认为"入"有"出"的意思。举的例子就是柳宗元的《捕蛇者说》中的"募有能捕之者，当其租入"。他说：此"入"字正是"出"的意思。"租入"就是要缴出的课税。根据他在文章中的介绍，我又从图书馆借阅了1979年第1期的《陕西教育》，那上面登载了他的大作《从"入"字谈起》。这篇文章说："遍查各家注本，皆释'租入'为'赋税'，笼统看去，不假思索，也就如浮云过目，不会引起什么质疑。然而，只要仔细去想，就会发现，注家对那个'入'字，注得并不明白。"为什么"不明白"呢？×××同志说："'入'是收入。这是一般的理解。这一动词所表示的行为方向，是自外而内的。以这种平常之见去理解'入'字，就无法解释柳文的意思。因为柳文此处的意思显然是自内而外。也即，不是捕蛇者的收入，而是捕蛇者的付出。

查阅古籍，偶得《孟子·尽心章句下》第二十六章中'既入其苙'一句。此处'入'同'纳'（据杨伯峻注）。而'纳'有二义：一是收入，一是缴出。正反二义兼于一字。由是可知：'当其租入'的'入'，正是'缴出'的意思。"

从以上引文可以看出，×××同志求证"入"字意义的方法是：先证明"入"同"纳"，"纳"有"出"义，因此"入"也有"出"义，而"出"又等于"缴出"。结论："租入"就是要缴出的课税。这种推论的方法是不严密的。古书中，在"缴纳"和"纳入"这两个意义上，"入"和

"纳"是同义关系，但并不能由此推论"入"有"出"的意思。

另外，"当其租入"的"入"并不是"缴出"的意思。人民文学出版社1976年出版的《柳宗元诗文选》把"租入"注为"缴纳的赋税"，《中文大辞典》把"租入"释为"租税之纳入"，这两家的解释也是不准确的。

从语法上看，《捕蛇者说》的"租入"是并列结构，都是名词。如果把"入"字理解为动词，作"缴出"解，这就成了"租税缴出"，不成话。

"入"字用作名词，在古汉语中并不乏其例。如：

（1）《左传·襄公三十年》："子产请其田里，三年而复之，反其田里及其入焉。"杜注："田里所收入。"

（2）《史记·孟尝君列传》："孟尝君相齐，其舍人魏子为孟尝君收邑入，三反而不致一入。孟尝君问之，对曰：'有贤者，窃假与之，以故不致入。'"什么叫"收邑入"？司马贞《索隐》："收其国之租税也。"

（3）《韩非子·难二》："李兑（克）治中山，苦陉令上计而入多。……李兑曰：'无山林泽谷之利而入多者,谓之窕货。'……入多者,穰也,虽倍入,将奈何!"

(4)《淮南子·人间》:"解扁为东封,上计而入三倍,有司请赏之。(魏)文侯曰:'吾土地非益广也,人民非益众也,入何以三倍?'"

(5)《后汉书·成武孝侯顺传》:"邑户最大,租入倍宗室诸家。"

(6)蔡邕《独断》:"其他功臣及乡亭他姓公侯,各以其户数租入为限。"

以上六例说明,"入"字用作名词时,有"收入""租税"的意思。例(2)中的"入"字,司马贞注为"租税",是完全正确的。例(5)、例(6)"租入"连用,证明"租""入"二字在这个意义上是同义词。因此,把"当其租入"的"租入"释为"租税"或"赋税"并没有什么错。

原载《中学语文教学》1982年第8期。

古汉语词义札记四则

果　枭雄　坤维　庙堂

　　准确地、透彻地解释古汉语词义，是古籍整理的基础工作。很难设想，于词义昏昏然，而思想、理论分析能昭昭然。解决古汉语词义方面的疑难，在通常情况下，要靠查字典，利用注本。但有的词义，注家不注，辞书失收；有的词义，众说纷纭，莫衷一是；有的词义，辞书或注本提供的释义，根本就是不可信的。因此，从事古籍整理、研究工作的同志，仍然要花费很多时间，亲自动手去查找有关的原始语言资料，以探求古词义的本来面貌，力求用现代汉语给以科学的解释。尤其是对古汉语常用词语的释义，更应给以充分注意。

果

《论语·子路》:"言必信,行必果。"这里的"果"字,1980年版《辞源》释为"有决断",1979年版《辞海》释为"果敢",还有的注本解为"果断"。大致意思都差不多。

把"行必果"的"果"字释为"果敢",在这一语言环境中似乎讲"通"了。但在另外的语言环境中就不一定通。如:

> 《墨子·兼爱下》:"言必信,行必果,使言行之合,犹合符节也,无言而不行也。"
> 《墨子·修身》:"志不强者智不达,言不信者行不果。"又:"行不信者名必耗。"
> 《史记·游侠传》:"然其言必信,其行必果,己诺必诚。"

上述三例告诉我们:信、果、诚,在上古汉语中原是近义词。说话兑现叫作"信",行事能做到底叫作"果",拒绝或应诺都要讲真心话叫作"诚"。这三个词有时是可以互换的。如例二"行不果"可以说成"行不信"。"己诺必诚"的否定句,可以说成"己若(诺)不信"(马王堆汉墓帛书《经法》，文物出版社1976年版，第42页）。贾谊《新书·道术》篇："期果言当谓之信。"《广雅·释诂》："信，诚也。"又："果，信也。"可见，"行必果"，并不是"行事一定要果敢"，而是"行事一定要做到底"，即《墨子》所说的"无言而不行也"，言行要像符和节一样相合。《史记·孟子列传》："适梁，梁惠王不果所言。"就是言行不符。"言必信，行必果"这两句话，与现代汉语的"说到做到"相当。在孔子看来，这种主张是不对的，是不知权变（义）的表现。所以孔子批评这种人是识见浅陋而固执的小人（"硁硁然小人哉！"）。那么，与小人相反的大人应该怎么做呢？孟子说："大人者，言不必信，行不必果，惟义所在。"（《孟子·离娄下》）朱熹在《四书集注》里对这几句话的意译是："大人言行，不先期于信果，但义之所在，则必从之，卒亦未尝不信果也。"他把"信果"二字连起来解释，心目中无疑是将这两个词当作近义词来处理的。郭沫若在《沁园春·祝中日恢复邦交》这首词中写道："从今后，望言行信果，和睦万邦。"也是将"信果"二字当作近义词并列连用的。

为什么很多注本和辞书都把这一"果"字释为"果敢""果断"呢？其主要原因，盖由于袭旧注而传谬。东汉时的郑玄对"行必果"一语的注释是："所欲行必果敢为之。"(转引自《论语义疏》卷十三)郑玄是大学问家,一般人都相信他的话。宋代的朱熹没有依从郑注,他在《四书集注》里注这句话的时候,把"果"字释为"必行也"。"必行"也就是"一定要做到"的意思。朱熹的意见是对的,但宋儒说经的威信远不如汉儒高,所以朱熹的意见不受后人重视。

在古代汉语中,"果敢"的"果"与"果信"的"果",根本就是没有意义联系的两个不同的词,它们只不过语音相同才共用了一个书写形式。这一点,清代的段玉裁、朱骏声都已经注意到了。

枭雄

《资治通鉴》卷六十五:"刘备天下枭雄,与(曹)操有隙,寄寓于(刘)表,表恶其能而不能用也。"何谓"枭雄"?《古代散文选》(中册):"枭雄,豪杰。枭,本来是一种凶猛的鸟,这里含有不屈居人下的意思。"(1979年出版的高中《语文》第一册对"枭雄"的注释基本上采用此说)我参加编著的、由北京出版社出版的《古代汉语》(上册)对此词的注释是:"枭雄:强横而有野心的人物。枭,本是一种凶猛的鸟。"现在看来,这两种注释都有可议之处,与《资治通鉴》胡注也不一样。胡注:"《前书》张良

曰：'九江王布，楚枭将。'师古曰：'枭，言最勇健也。'"（中华书局）

首先，把"枭雄"解为"强横而有野心的人物"，可能与《昭明文选》张铣那条注文有关。《昭明文选·陈琳〈为袁绍檄豫州〉》："除灭忠正，专为枭雄。"铣注："枭，恶鸟也。雄，强也。言操如恶鸟之强也。"但我以为铣对"枭雄"的解释与这个词的原意相距甚远。《资治通鉴》中的"枭雄"不是贬义词，鲁肃称刘备为"天下枭雄"，似乎无贬义，"强横""野心"云云，实在是我们添上去的。《古代散文选》释为"豪杰"，基本上是不错的。

但是，问题出在对"枭"字的解释上。不少人（包括张铣）对"枭"字的理解只停留在"是一种凶猛的鸟"上面。这不能说错，但也不能说正确，因为这是一种模糊的、不透彻的理解。原来，从枭鸟到"枭雄"之间，还有一层引申、过渡的意思没有被揭示出来。直接拿枭鸟来释"枭雄"的"枭"，就给人造成一种生硬、勉强的感觉。"枭雄"一词的产生与古代广为流行的"六博"棋艺活动有关。由棋中之"枭"，引申为人中之"枭"，这就是"枭雄"之"枭"的由来。这也符合颜师古、胡三省的理解。下面列举一些例证以说明"枭"的演变过程。

（1）博者贵枭，胜者必杀枭，杀枭者，是杀所贵也。(《韩非子·外储说左下》)

（2）夫枭棋之所以能为者，以散棋佐之也。夫一枭之不胜五散亦明矣。今君何不为天下枭，而令臣等为散乎？(《战国策·楚策三》)

（3）湫漻寂寞，为天下枭。(《淮南子·原道训》)高诱注："枭，雄也。"

（4）王独不见夫博之所以贵枭者，便则食，不便则止矣。(《史记·魏世家》)

（5）八月，……北貉燕人来致枭骑助汉。(《汉书·高帝纪》)应劭注："枭，健也。"张晏注："枭，勇也。若六博之枭也。"

（6）夫战国交争……。咸以得人为枭。(《后汉书·张衡传》)注："枭犹胜也。犹六博得枭则胜。"

（7）刘备有枭名。(《后汉书·刘焉传》)李贤注："枭，即骁也。"

（8）灭迹扫尘，斩其枭帅。(伪作李陵《答苏武书》)

上述例证可以说明，从战国时候开始，"枭"就已有"雄长""人杰"的意思。例（2）是唐且劝楚相春申君的话，唐且劝他"为天下枭",这决不能理解为劝他做天下"强横而有野心的人物"。例(5)张晏注明确肯定"枭勇"与"六博之枭"的语义联系。

在古代,"枭"与"散"是反义关系,与"雄"是同义关系。"雄"的引申义也是"雄长""人杰"之义,故"枭雄"为并列结构。如果把"枭"理解为"一种凶猛的鸟",不仅词义模糊,连"枭雄"的结构也变为偏正式了。那就是:"枭中之雄"或"像枭一样的英雄",这无疑是不正确的。

盈按:关于"枭雄"的释义,至今仍有分歧。这次看校样,我又查阅了四种影响最大的辞书。它们对"枭雄"的释义都不一样。《现代汉语词典》云:"枭雄:强横而有野心的人物;智勇杰出的人物;魁首。"《辞海》"枭雄"条:"犹言雄长,魁首。陈琳《檄吴将校部曲文》:'争为枭雄者,不可胜数。'亦以称骁悍杰出的人物。《三国志·吴书·鲁肃传》:'刘备天下枭雄。'"《辞源》(第二版)"枭雄"条:㊀凶狠专横。㊁雄杰。(例省略)《汉语大词典》"枭雄"条有四个义项。①凶狠专横。②指强横之徒。③骁勇雄豪。④雄豪杰出人物。(例省略)限于篇幅,在此不能细论。我只提出两个问题供读者思考:一、同一个陈琳,在两篇檄文中用了"枭雄",

这两个"枭雄"难道不是一个意思吗？为何要强生分别？二、建安年间被人称为"枭雄"的有两个人物，一是曹操，二是刘备，这两个"枭雄"的语义难道不一样吗？他们凶狠与否是由"枭雄"这个词来定性的吗？我以为《辞海》的释义值得重视。

2015年12月

坤维

李纲《喜迁莺·真宗幸澶渊》："庙堂折冲无策，欲幸坤维江表。"唐圭璋等编著的《唐宋词选注》注："坤，地。江表：长江以南的地方。这句说，他们想去的地方是长江以南，也就是准备逃避。"

这条注不仅昧于字义，且不明史实。据史书载：宋真宗景德元年，契丹攻宋，大臣王钦若、陈尧叟等人，主张皇帝出京逃跑。王是江南临江人，故请帝幸金陵；陈是四川阆州人，故请帝幸成都。李纲这两句词就是这一历史事实的写真。其中的"坤维"是一个词，在此实指成都，"江表"在此实指金陵，并非泛指长江以南。

"坤维"为何可以代称成都呢？《周易·坤》说："利西南得朋。"后来就以"坤"代表西南方。古人又以四方加四隅为"八维"，西南隅属于八维之一。故"坤维"连用，代表西南方。成都在祖国的西南方,"坤维"在这里就成了成都的代称。唐朝人写的《玉泉子》说:"路岩出镇坤维也,开远中衢,恣为瓦石所击。"(中华书局1958年版,第5页)路岩,唐懿宗时宰相,罢相后,以检校左仆射出为成都尹、剑南西川节度使。"出镇坤维",即指为成都尹事。《中朝故事》:"路岩出为益帅。"(中华书局1958年版,第38页)益,指益州,即剑南道。成都属于益州。两书所记实为一事,"坤维"也是成都的代称。

庙堂

范仲淹《岳阳楼记》:"居庙堂之高,则忧其民。""庙堂"一词,各注本和辞书都释为"朝廷",从未有人提出疑义。近读刘崇远著的《金华子》,其中有云:"杜审权以庙堂出镇淮西。"(中华书局1958年版,第44页)"以庙堂出镇淮西"自然不能解为"以朝廷出镇淮西"。足见用"朝廷"来释"庙堂",未必正确。下面举一些用到"庙堂"的例句:

(1)故贤者伏处大山嵁岩之下,而万乘之君忧慄乎庙堂之上。(《庄子·在宥》)

(2)吾闻楚有神龟,死已三千岁矣,王巾笥而

藏之庙堂之上。(《庄子·秋水》)

（3）孔子闻之曰：夫修之庙堂之上，而折冲乎千里之外者，其司城子罕之谓乎！(《吕氏春秋·召类》，又见《新序·刺奢》)

（4）始结言于庙堂兮，信中途而叛之。(刘向《九叹》)

（5）肉食者失计于庙堂，藿食得不肝脑涂地！(刘向《说苑》)

（6）故贤主独观万化之原，明于安危之机，修之庙堂之上，而销未形之患也。(《汉书·徐乐传》)

（7）庙堂之议，非草茅所当言也。(《汉书·梅福传》)

（8）故自汉兴，忠言嘉谋之臣，曷尝不运筹策，争于庙堂之上乎！(《汉书·匈奴传赞》)

（9）则将军养志和神，优游庙堂，光名宣于当世，遗烈著于无穷。(《后汉书·班固传》)

（10）寝议庙堂，借听舆皂。(任彦升《为萧扬州荐士表》)

（11）老臣帷幄算，元宰庙堂机。(苏颋《送朔方大总管张仁亶》)

（12）庙堂知至理，风俗尽还淳。（杜甫《上韦左相二十韵》）

（13）上（指唐德宗）执公辅（翰林学士姜公辅）手曰："先见之明可谓神略矣。卢杞，朕擢自郡守，坐于庙堂，自陈百口之说，何独惎我也？"（苏鹗《杜阳杂编》卷上）

（14）乾符中，有宰相自中书还第，使人以布囊盛钱数千，沿路以施丐者。……时有朝士，投笺谏之。其略云：……不宜专政庙堂，方行小惠。（康骈《剧谈录》）

（15）庙堂折冲无策，欲幸坤维江表。（李纲《喜迁莺·真宗幸澶渊》）

（16）（陈）东坐诛。（许）翰曰：吾与（陈）东皆争李纲者，东戮都市，吾在庙堂，可乎？遂求去。（《宋史·李纲传》）

（17）赵卫公方为左史，闻之，不俟车，亟往白庙堂曰……当国者问其繇，告以故，相与大笑。（岳珂《桯史》卷八）

（18）今钦圣纳忠之美未白于天下，而谏官不二之心得罪于庙堂。（岳珂《桯史》卷十四）

（19）使其衔恩，则他日执事入坐庙堂，出拥旄

钺，遂大勋于时……（《李觏集》卷二十七）

上述诸例，已足以说明"庙堂"一词演变的轨迹。第一，唐宋时期的"庙堂"决非"朝廷"的意思。如例（19）"坐庙堂"，若以为原意是说："坐朝廷"，岂不反了！唐宋时"庙堂"是指宰相、副相议事的地方，故用来作宰相、副相的代称，既可代称其位，又可代称其人。按照这样的释义，则无例而不可解。例（12）的"庙堂"代宰相，指韦左相。旧注："此言其宰相之能事毕矣。"注者正是以宰相释庙堂。例（15）的"庙堂"是指当时担任参知政事（即副相）的王钦若。例（17）（18）的"庙堂"，都是指当权的宰执之臣。《岳阳楼记》的"居庙堂之高"，意思是处在宰相（或副相）这样的高位。《金华子》"杜审权以庙堂出镇淮西"，这个"庙堂"是指以宰相的身份。杜审权出镇淮西之前，是唐懿宗朝的门下侍郎，相当于宰相一级的大臣。例（11）（13）（14）（16）都是指宰相议事之处，有的可灵活译为宰相这个职位。例（11）明确说出了"元宰庙堂"，例（13）中提到的卢杞，其人为德宗朝的权相，例（14）也明确提到宰相不宜专政庙堂，例（16）中的许翰当时担任尚书右丞兼权门下侍郎（相当于参知政事），为副相。总而言之，唐宋时候，"庙堂"这个词是与宰辅之臣连在一块的，与"朝廷"这个词在意义上相差甚远，二者不可混用。"朝廷"是中央王朝的代称，有时指政府，有时指国家，有时指皇上，而"庙堂"不具有这些意思。

在古代，"廊庙"这个词有时倒是可以与"庙堂"构成同义关系。如《孙子兵法·九地篇》："厉于廊庙之上，以诛其事。"这里的"廊庙之上"就是"庙堂之上"。张预注："兵者大事，不可轻议，当惕厉于庙堂之上，密治其事，贵谋不外泄也。"（《十一家注孙子》，中华书局1962年版，第212页）又如《战国策·秦策一》："式于廊庙之内，不式于四境之外。"南宋鲍彪注："人君之居，谓之岩廊庙堂，尊严之称。"元人吴师道在这条注文下加了一条按语："此言宫与庙也。……刘向《九叹》王逸注：'人君为政，举事告宗庙，议于明堂。'今人称宰相为庙堂，盖误。"（《战国策校注》卷三，商务印书馆《四部丛刊》本）吴师道的按语无意中为我的论证增添了有力的论据。原来元朝人也称宰相为"庙堂"。但是，吴氏不懂得词义是发展的，他用汉以前的上古义来释"庙堂"的后起义，得出了"盖误"的错误结论。我们说，"廊庙"与"庙堂"可以构成同义关系，还有两条确证。一条是"廊庙器"与"庙堂器"，也是同义关系，这两个词语都是指具有宰相才干的人。可是，古书中却从不见有"朝廷器"的说法。另外，明朝诗人李东阳《登岳阳新楼》："吴楚乾坤天下句，江湖廊庙古人情。"《怀麓堂稿杂记·南行稿》"江湖""廊庙"正是用的范仲淹《岳阳楼记》的典故。李东阳用"廊庙"一词代"庙堂"，他无疑是将二者当作同义词看待的。

第二，那么，唐以前的"庙堂"是否可释为"朝廷"呢？我认为也不能。先秦到六朝，"庙堂"有三义：a.宗庙之堂。如例（2）。这个"庙堂"，不少注本都释为"朝廷"，不妥。王力先生主编的《古代汉语》（修订本）第二册第392页注："庙堂，即宗庙。"意思较好。这一义项在唐宋时代已经消失。b.古宗庙不只是祭祀祖先的地方，又是出征前卜算吉凶之所，于是"庙堂"引申为国君与大臣议事之处。人们常说的"庙算"一词即由此而来。《孙子兵法·计篇》："夫未战而庙算胜者，得算多也。"杜牧注："庙算者，计算于庙堂之上也。"上文所列举的例（1）（3）（4）（5）（6）（8）（9）都是此义。在这一意义上，有时着重指宰相议事之处。如例（3），司城（即司空）子罕，乃宋之相国。例（9）那位"优游庙堂"的将军为汉明帝时的东平王苍，他"以至戚为骠骑将军辅政"，位与宰相等。c.指代权臣。如例（7）（10）都是。例（7）用"庙堂"代国之重臣，用"草茅"自喻。例（10）的原文见于《昭明文选》卷三十八。李周翰注："庙堂，谓贵臣。……言寝息卿相之议。"这条注是正确的。唐宋时"庙堂"的常用义，即由 b、c 两项发展而来。

原载《中国语文》1983年第1期。

古汉语词义札记二则

神游　参乘

神游

苏轼《念奴娇·赤壁怀古》:"故国神游,多情应笑我,早生华发。"

高中《语文》课本第四册注⑪:"故国神游,神游于故国。这是想象当年周瑜破曹操的情况。"

唐圭璋等编著的《唐宋词选注》注⑫:"这句说周瑜神游于三国时的战场。"

什么叫"神游"?两条注都没有从字面上加以训释。是谁在神游?两家的说法不一致,谁对谁错?

"神游"是对"形游"或"身游"来说的。凡是不能亲临其境,而只是想象中的游历,就叫"神游"。如:

1.《列子·周穆王》:"化人曰:'吾与王神游也,形奚动哉!'"

2.《列子·黄帝》:"华胥氏之国,在弇州之西,台州之北,不知斯(距离)齐国几千万里,盖非舟车足力之所及,神游而已。"

3.《淮南子·俶真》:"是故身处江海之上,而神游魏阙之下。"

4.《水经注·睢水》:"是用追芳昔娱,神游千古。"

5.苏轼《初入庐山》:"自昔怀清赏,神游杳霭间。"

6.苏轼《予以事系御史台狱……作二诗授狱卒梁成,以遗子由,二首》之二:"百岁神游定何处,桐乡知葬浙江西。"注引《列子·黄帝篇》:"神游而已。"

这些"神游"都是指人的一种精神活动,是"神往",而不是"形往"。在苏轼时代,周郎早已"神""形"俱逝,怎么还"游于三国时的战场"呢?唐圭璋等先生的注释显然是大大地误解了原意。在这里,"神游于故国"的无疑是苏轼,苏轼不可能身处三国时代,只能作"神游"了,这和《水经注》说的"神游千古"意思一样,中学语文课本的注释比唐注要好。

参乘

"参乘"是古代汉语中的一个常用词，它的意义并不难懂，但解释起来也有不尽恰当的。请看下例：

1.《鸿门宴》："沛公之参乘樊哙者也。"某注本说："古时乘车，坐在车右担任警卫的人。"
2.《报任安书》："同子参乘，袁丝变色。"有一本言文对照《古文观止》译为："赵谈坐在车右，袁丝惊异得变色。"

古代担任车右的人都是站在车上的（车左和御者也是立乘），二书都释为"坐在……"，这就昧于古制了。

《礼记·曲礼上》："妇人不立乘。"注："异于男子。"说明男子乘车都是立乘，只有妇女才例外。《左传·鞌之战》的一条材料也可以为证："綦毋张丧车，从韩厥曰：'请寓乘。'从左右，皆肘之，使立于后。韩厥俛定其右。"綦毋张"从左右"都是立着的，"立于后"当然是站立在韩厥的身后了；韩厥也是立乘，所以"定其右"时才要"俛"。原文紧接着的一句是："逢（páng）丑父与公易位",有人译为"逢丑父与齐侯调换座位"。"易位"应译为"调换位置",不当译为"调换座位",因为是立乘,"座"从何来?

《吕氏春秋·贵因》:"如秦者立而至,有车也;适越者坐而至,有舟也。"也可证车是立乘。

原载《中学语文教学》1984年第5期。

词义辨惑

乍　平居　隐然　爪牙

乍

"乍"的最普通的意义是"初也""暂也""忽也",这是无须讨论而尽人皆知的。我们发现它在汉魏六朝时还有一个常用意义,可是一般辞书上都没有加以必要的注意。

从许多材料可以证明,"乍"这个词能够作为指示代词用,在这种情况下,总是两个"乍"字连用,构成"乍×乍×"式,分指两种相反的情形,其具体意义与文言虚字中的"或"字是相同的。例如:

1.乌浴也者,飞乍高乍下也。(《大戴礼记·夏小正》)

2.军乍利乍不利，终无离上心。(《史记·蒯成侯周緤列传》)

3.一尊之身，三期之间，乍贤乍佞，岂不甚哉！(《汉书·王尊传》)

4.天大风，建使郎二人乘小船入波中，船覆，两郎溺，攀船，乍见乍没，建临观，大笑，令皆死。(《汉书·景十三王传》)

5.先王之道，乍存乍亡。(《史记·日者列传》)

6.则一俯一仰，乍进乍退。(荀悦《申鉴·杂言下》)

7.内独怖急，乍冰乍火。(《后汉书·赵壹传》)

这些"乍"字的用法都与"或"字同，从逻辑意义上看都有自己的先行词，可以翻译成"有时""有的"。有人将这些"乍"字也当作"忽然"解，致使文气扞格，语意模糊，这是不对的。

到六朝时，这种搭配关系稍微起了一点变化，"乍"字与"或"字直接组成了固定格式，成一并列复合句，这更进一步证明"乍"与"或"在词义上的关联了。

8.乍回迹以心染，或先贞而后黩。(孔稚珪《北

山移文》)

9.或飞柯以折轮，乍低枝而扫迹。（同上）

10.或春苔兮始生，乍秋风兮暂起。（江淹《别赋》）

11.乍风惊而射火，或箭重而回舟。（庾信《哀江南赋》）

12.乍九光（《汉武内传》"然九光之灯"）而连采，或双花而并明。（庾信《灯赋》）

13.鸟道乍穷，羊肠或断。（庾信《秦州天水郡麦积崖佛龛并序》）

但是，一些注家对这些"乍"字的注解也是不准确的，如《魏晋南北朝文学史参考资料》将例7注为"暂"，对例8的翻译是"忽然……"，有的书将例9的"乍"字也注解为"忽然"。这样，句子就很难讲得通顺了。这都是由于不了解"乍"字与"或"能通用而且经常搭配在一起的缘故。

若上述论证不谬的话，我们还可进一步打破一桩悬了几百年的历史疑案了。

《仓颉篇》对于这个"乍"字曾有一个语焉不详的解释："乍，两词也。"这"两词也"到底是什么意思呢？有各种猜疑。

朱骏声在他的《说文通训定声》中表示"未详其义"，但紧接着他又说："两，疑止网二字之误。"（见《说文通训定声·豫部第九》）

后来，杨树达先生在他的《词诠》中又提到这个问题，他说："按《一切经音义》引《仓颉篇》云：'乍，两词也。'两词，疑即指下例用法言。"他所引的例句与本文例1—6是大同而小异的，为了节省篇幅就不重出了。朱、杨二位对此都用持疑的态度进行了解释。我认为，朱的臆测是完全错了；杨树达所举的例证是对的，而他仍然把它归入"表态副词"，在词义的解释上还是离不开"忽也"，这就欠妥当了。

其实，所谓"两词也"，正是"乍×乍×"式，也就是"乍……，或……"式，它在语法作用上是一个不折不扣的指示代词，若当作表态副词处理，这种并举格式就很难解释得符合原意。

平居

杜甫《秋兴八首》："鱼龙寂寞秋江冷，故国平居有所思。"

这"平居"二字，在冯至先生编的《杜甫诗选》中注为"平时居处"；萧涤非先生的《杜甫研究》（下）注为

"平日所居",意思完全一样。这两家的注解都有较大的影响,但对这个词的解释是有问题的,所以我们将它提出来讨论。

我觉得,"平居"是一个词,是不能拆开来讲的,在唐宋的作品中它出现的次数是非常之多的,可以认定它是当时人的口语,如:

1. 遇寇不守,则如勿屯。平居有残人耗国之烦,临难有启敌纳侮之祸。(《陆宣公集》卷九)

2. 平居望外遭齿舌不少,独欠为人师耳。(柳宗元《答韦中立论师道书》)

3. 平居闭门,口舌无数。(柳宗元《与萧翰林俛书》)

4. 今夫平居闻一善,必询其人之姓名。(苏洵《张益州画像记》)

5. 其平居无事夷灭者,不可胜数。(苏轼《留侯论》)

6. 臣切观安石平居之间,则口笔丘、旦。(《挥麈录》)

这里要顺便提一下,《宋代散文选注》(上)在注解例

5时说:"平居无事夷灭——平白无故遭到杀戮。"这也是望文生义。

"平居"就是现代汉语中所说的"平时""平常",它既不是指"平时居处",也无"平白无故"之意。它相当于先秦的一个"居"字,《论语·先进》说:"居则曰:不吾知也。"朱熹的注解是:"言女平居则言人不知我。"这就可以为证。

隐然

对于"隐然"这个词的解释也有点混乱,这是在注解曾巩那篇《墨池记》时所出现的。"临川之城东,有地隐然而高,以临于溪,曰新城。"

《宋代散文选注》说:"隐然:隐约地。"
《中华活页文选》说:"隐然而高:微微高起。"
《古代散文选》(中册)说:"隐然,形容牢固高起的样子。"

这三个注本,前面两家的解释是完全错了,第三个说法也只有一部分是正确的。

"隐然"这个词在宋代也是常见的。我们打开《挥麈录》就可经常见到它。

1. 累历战功，声名隐然。
2. ……窜伏沺河中。觉有物隐然，抱持而出，乃木匣一，启视之，铜印一颗……。
3. 前此以言得罪者众矣，閤下之名（指邹浩，字志完。哲宗朝遭章惇排挤，羁管新州，《宋史》有传）独隐然特出，不知何以致此？

另外，《宋史·张浚传》云："时浚起废复用，风采隐然，军民皆倚以为重。"

从上例可以证明，隐然者，突出也。也就是高起的意思。"隐"，当然有安稳、牢固的意思，但"隐然而高"，并无牢固之义。《古代散文选》说"牢固高起"，所以只能是部分正确。"隐"有高起之义，在《西征赋》中也有一例："裁岐岮以隐嶙。"《文选》中的注是"绝起貌"。《挥麈录》中有云："石自壁隐出，崭岩峻立"，这个"隐"字也是"绝起貌"。

爪牙

在现代汉语中，"爪牙"是个贬义词，可是，在古汉语中则完全相反，我们若拿贬义去解释它，也要出毛病的。

杜甫《壮游》诗中说："爪牙一不中，胡兵更陆梁。"冯至先生编的《杜甫诗选》说："全句说击其爪牙，可惜一击不中。"这也是差之毫厘，谬以千里了！因为这个"爪牙"本是指唐王朝的将领，并非指敌人的"爪牙"，它与下句的"胡兵"是对举成文。起句与对句是"因为"与"所以"的关系：因为唐朝的将领没有击中敌人，吃了败仗，所以胡兵就更加猖獗了。

《诗经·小雅·祈父》："祈父，予王之爪牙。"

《汉书·叙传》："股肱萧、曹，社稷是经；爪牙信、布，腹心良平。"

《汉书·王尊传》："诚国家爪牙之吏，折冲之臣。"

韩愈《与凤翔邢尚书书》："今阁下为王爪牙，为国藩垣。"

《挥麈录·后录余话》卷一："（宋太祖）班太原之师，则谓将士曰：尔辈皆吾腹心爪牙。"

可见，从先秦到汉、唐、宋，"爪牙"这个词都还有褒义。

以上所辨，未必正确，特提出来，请大家指教。不过，从这四条"辨惑"中也可以看出一点问题：我们的词义研究，在从前是偏重于先秦的古籍，所以汉以后一些词义的解释，反而困难更多，人们往往直接拿现代汉语去硬套，结果就弄得望文生义。假若我们有一部好的词典，能反映每一个词的时代意义，这对于研究古籍的人就要方便得多了。然而，这样大的工程，一定需要时间，需要很多人的努力才可办到。所以，我写这篇短文决不是消极地指摘毛病，倒是有心要引起人们在词义研究方面，适当的关心一下汉以后的情况。

此文作于北大燕园19斋128号
原载《中国语文》1965年第1期。

2015年12月校记：此文发表之后，是年秋我就下放到北京郊区（小红门公社龙爪树大队）参加"四清"运动（清政治，清经济，清组织，清思想），第二年六月就遭遇了"史无前例"，六月三日深夜两点全体北大下放人员乘大卡车回校，听市委吴德讲话。气氛之紧张，势头之猛烈，可想而知，这以后的十余年间，沉沦于劳动，运动之中，心身备受摧残，最美好的年华就这样荒废了，可记也。

词义商榷

赤子 幽人 商旅 恶 自今

赤子

"赤子"的本义是初生的婴儿，这是不成问题的。但"初生的婴儿"为什么叫"赤子"呢？颜师古说："赤子，言其新生，未有眉发，其色赤。"孔颖达说："子生赤色，故言赤子。"新编的《辞源》《辞海》都取孔说。

几年前，曹先擢同志对我说："赤子"的"赤"应是"尺"的假借。我以为他的看法很正确，但语焉不详。近读清人陈作霖的《养和轩随笔》，这个问题才获得彻底解决。陈作霖说：

《建康实录》中"尺"字皆作"赤"，或疑之。

今案《说文系传》沟洫字下广若干、深若干，"尺"皆作"赤"。苏州有八尺湖，陆放翁、杨诚斋皆有《过八赤遇雨》绝句[①]。"八赤"即"八尺"也。程鼎臣孝廉（先甲）云：古注赤子以其长仅及尺耳。可见"尺""赤"相通，由来已久，亦假借之音也。

"赤""尺"在上古都是昌母铎部，"赤"假借为"尺"是完全可以的。在陈作霖以前，明代的焦竑在《俗书刊误》第五卷也已指出：赤通尺。其实，《辞源》在第七个义项中已经谈到"赤"通"尺"（chǐ），而且列举了《齐民要术》、汉《西岳石阙铭》等多种材料为证。但在释"赤子"时仍取孔说，真是未达一间。

在上古时代，用长度来说明年龄的大小，这是很普遍的。"尺子"就是一尺之子，"尺儿"（见《三国志·魏书·阎温传》注文："捕诸赵尺儿以上，及仲台皆杀之。"）就是一尺之儿，均指初生的婴儿；"丈夫"就是一丈之夫，指成年人。《管子·乘马》有"童五尺一犁"，《孟子·滕文公上》有"五尺之童"，《论语·泰伯》有"六尺之孤"。身

---

① 《杨万里集笺校》卷二八。陆游《入蜀记》卷一："过平望，遇大雨暴风，舟中尽湿。少顷，霁，止宿八尺。"

长五六尺的人还算是童子，这是因为古尺比今尺要短，六尺相当于今之138公分，按年龄来说，一般指十五岁以下的人（可参阅杨伯峻《论语译注》）。

盈按：写这条札记时，我还没有见到杭世骏（1696—1772）的《订讹类编》。其实，"赤子"问题，杭氏早已解决，我真是孤陋寡闻。《订讹类编》卷一"义讹"第八十五条"赤子"云："古字尺、赤通用。《文献通考》云：深赤者，十寸之赤也，成人曰丈夫。六尺之躯、七尺之躯、三尺之童、五尺之童，皆以尺数论长短。故《曲礼》曰：'问天子之年。曰：闻之，始服衣若干尺矣。'谓赤子以初生赤色者，非也。或云：古者二岁半为一尺。愚案：二岁半为一尺之说，于《孟子》赤子匍匐入井句，其义尤通。否则，初生色赤及仅盈尺小儿能匍匐乎。"（《订讹类编》卷一，中华书局1997年版，第29—30页）

幽人

谁见幽人独往来？缥缈孤鸿影。（苏轼《卜算子》）

胡云翼《宋词选》注："幽人，指下句的孤鸿。"唐圭璋《宋词三百首笺注》引鲖阳居士云："幽人，不得志也。"

若按胡注，就成了"谁见孤鸿独往来，缥缈孤鸿影"。孤鸿的影子看见孤鸿独自往来，显然不通。"孤鸿影"是回答问句中的"谁"的，"幽人"是指作者本人。鲷阳居士释为"不得志"，也不恰当。

苏轼为什么要自称为"幽人"呢？"幽人"这个词，最早见于《易经》。《周易·履》："九二，履道坦坦，幽人贞吉。"又《归妹》："九二，眇能视，利幽人之贞。"关于《易经》中的"幽人"，旧注有两种不同的解释。一解为"幽隐之人"、隐士、高士（见孔疏及《周易姚氏学》）；一说"在狱中，故称幽人"（见《集解》引虞翻说）。

在后代的作品中，也有把"幽人"当作"隐士"的。如孔稚珪《北山移文》："或叹幽人长往，或怨王孙不游。"《昭明文选》刘良注："幽人，隐者之称。"把"幽人"作为"囚人"解的例子也有。如《易林·剥》云："执囚束缚，拘制于吏，幽人有喜。"（幽囚被赦故喜）

苏轼词中的"幽人"不能释为"隐士"，这是肯定的。这首词写于黄州，乌台诗案后，苏轼出狱，贬为黄州团练副使，名义上他还是政府的官员，实际上无权过问政事，政治上没有自由，如同囚人一样。所以在这一时期，他在作品中常称自己为"幽人"，寓意是深刻的。"幽人"一词确切地说明了他当时的处境，也说明了政敌对他的无情迫害。下面略举数例：

《定惠院寓居，月夜偶出》："幽人无事不出门，偶逐东风转良夜。"（《苏轼诗集》）

《石芝》："空堂明月清且新，幽人睡息来初匀。"（《苏轼诗集》）

《红梅三首》之三："幽人自恨探春迟，不见檀心未吐时。"（《苏轼诗集》）

《寄周安孺茶》："幽人无一事，午饭饱蔬菽。"（《苏轼诗集》）

《过江夜行武昌山上，闻黄州鼓角》："清风弄水月衔山，幽人夜度吴王岘。"（《苏轼诗集》）

哲宗绍圣元年（1094），苏轼贬官英州，尚未到任，又贬为宁远军节度副使，惠州安置。在《十月二日初到惠州》这首诗中，苏轼又自称为"幽人"：

岭南万户皆春色，会有幽人客寓公。

在帝王专制制度的统治下，一个臣子被贬官，"罪过"总是在臣子这一边，因为皇帝总是"圣明"的。苏轼自称为"幽人",跟柳宗元贬官永州后自称为"僇人"一样,都是"罪人"的意思。

商旅

《岳阳楼记》:"商旅不行,樯倾楫摧。"解者谓"商"为"商人","旅"为"旅客",以为"商旅"是联合结构,指两种不同的人。

"商旅不行"一语出自《周易·复》。郑注:"资货而行曰商;旅,客也。"有人以为郑玄这条注是把"商人"和"旅客"当作两种人。其实这是误会了郑玄的意思。按郑玄的意思,"商旅"应是偏正结构,意为在外做生意的旅客。《周礼·冬官·考工记》的郑注可以为证。《考工记》:"通四方之珍异以资之,谓之商旅。"郑注:"商旅,贩卖之客也。"可见郑玄认为"商旅"就是指行商,而不是商人和旅客。

但是,"商旅"到底是偏正结构还是联合结构呢?《左传·襄公十四年》:"商旅于市。"杨伯峻先生注:"商旅同义词连用。"(《春秋左传注》)杨先生还列举了一些例子。如《礼记·月令》:"易关市,来商旅。"《汉书·贾山传》:"庶人谤于道,商旅议于市。"我还补充两个例子,《汉书·货殖传》:"商旅之民多,谷不足而货有余。"《酉阳俎》前集卷一："永贞年，东市百姓王布，知书，藏镪千万，商旅多宾之。"我以为这些"商旅"都应当作偏正结构来理解，郑玄释为"贩卖之客"是对的。因为"旅"并无"商"义，把它们看成"同义连用"，似乎欠妥。

恶（wù）

《赤壁之战》："（刘）表恶其能而不能用也。"中学语文课本注："恶其能，嫉妒他的才能。恶，厌恶。"这条注把"恶"解为"嫉妒""厌恶"，欠妥。

"恶"在这里是担心、害怕的意思。

《三国志·魏书·郭嘉传》："表，坐谈客耳。自知才不足以御备，重任之则恐不能制，轻任之则备不为用。"又《先主传》裴注引《世说》："备屯樊城，刘表礼焉，惮其为人，不甚信用。""恐不能制""惮其为人"与"恶其能"，意思差不多。"恐""惮"也是担心的意思，与"嫉妒""厌恶"义不相涉。

在《三国志》中，"恶"为担心、害怕的意思，并不乏其例。如：

　　（韩）遂果救长离，与渊军对陈。诸将见遂众，恶之，欲结营作堑乃与战。（《三国志·魏书·夏侯

渊传》)

郑度说璋曰:"左将军县军袭我,兵不满万,士众未附,野谷是资,军无辎重。……彼至,请战,勿许,久无所资,不过百日,必将自走。走而击之,则必禽耳。"先主闻而恶之,以问(法)正。正曰:"终不能用,无可忧也。"(《三国志·蜀书·法正传》)

自今

《左传·成公二年》:"自今无有代其君任患者,有一于此,将为戮乎?"王力先生主编的《古代汉语》(修订本)注:"直到目前为止,没有能代替自己国君承担患难的人。自今,从现在追溯到以前。"

"自今"并不是"从现在追溯到以前",而是"从今以后"。如《左传·襄公八年》:"晋楚伐郑,自今郑国不四五年弗得宁矣。"杨伯峻注:"言郑国自此至少四五年内不得安宁。"(《春秋左传注》)又《襄公三十一年》:"自今请,虽吾家,听子而行。"这个"自今"也是从今以后的意思。《资治通鉴·唐纪六十》文宗太和七年:"八月,庚寅,册命太子,因下制:诸王自今以次出阁,授紧望州刺史、上佐。"(卷二百四十四)句中的"自今"无疑只能释为从今以后，不可能有其他解释。

"自今"是"自今以往""自今以来"等句式的省略。如：

（1）自今日以往，既盟之后，行者无保其力，居者无惧其罪。(《左传·僖公二十八年》)

（2）自今日既盟之后，郑国而不唯晋命是听，而或有异志者，有如此盟！(《左传·襄公九年》)

（3）自今以往，兵其少弭矣。(《左传·襄公二十五年》)

（4）自今以往，敢不率从。(《侯马盟书》)

《侯马盟书丛考》指出："盟辞中把'自今以往'作为前词，这是当时的习惯，在盟辞中是常见的。"

（5）（郑卿叔詹伯）乃就烹，据鼎耳而疾号曰："自今以往，知忠以事君者，与詹同。"乃命弗杀，厚为之礼而归之。郑人以詹伯为将军。(《国语·晋语四》)

（6）自今以来，亶父（即单父，鲁邑名）非寡人之有也，子之有也。(《吕氏春秋·具备》)

（7）被瞻据镬而呼曰："三军之士皆听瞻也，自今以来，无有忠于其君，忠于其君者将烹。"（晋）文公谢焉，罢师，归之于郑。（《吕氏春秋·上德》）

按：此例与例（5）说的是同一故事。例（5）作"自今以往"，这里作"自今以来"，意思完全相同。

"自今"这种用法，唐宋时亦不乏其例。如《资治通鉴·唐纪二十七》玄宗开元二年云："五月，己丑，以岁饥，悉罢员外、试、检校官，自今非有战功及别敕，毋得注拟。"胡三省注："此三项官，今后非有战功及别敕特行录用，吏、兵部毋得注拟。"（盈按：关于"自今"，我在《词义答问》中也有讨论，观点一样，材料有所不同，可参阅。）

此文作于北大中关园44楼109号
原载《中国语文》1987年第2期。

词义杂辨

构　诬　乘　堕　苟　屏　鼓之　比数（数）

准确地解释古汉语词义，是提高古籍今注质量的关键所在，但这的确不是一件容易的事，有些词义的解释似乎没有什么问题了，若仔细推敲一番，觉得还有商量的必要，下面仅举八例，略陈管见，以就正于海内通人。

构

《左传·僖公三十三年》："彼实构吾二君。"句中的"构"字，现在的注本一般都释为"挑拨离间"。如：

> 《先秦文学史参考资料》："他们实在是挑拨离间秦、晋二君的人。"

朱东润主编《中国历代文学作品选》:"构,挑拨离间。"

徐中舒《左传选》:"构,挑拨。"

杨伯峻《春秋左传注》:"构谓进谗言以挑拨离间,与《桓公十六年传》'宣姜与公子朔构急子'之构同义。构吾二君又与《诗经·小雅·青蝇》'构我二人'句法同,谓挑拨秦、晋二君之关系也。"

1979年版《辞源》"构"字的第七义项:"挑拨,离间。"举"彼实构吾二君"为书证。(新《辞海》无此义项)

把"构"字释为"挑拨离间",在这个句子中似乎是讲通了。但读者若问:构字怎么会有"挑拨离间"之义呢?这就难以回答了。因为不论是从本义、引申义来看,还是从古义、今义来看,构字都没有"挑拨离间"的意思,相反,它倒是有"结""合""交""会"等意思。

《说文》:"构,盖也。"高诱《淮南子·氾论训》注:"构,架也。谓材木相乘构。"原来"构"的本义就是架屋,架屋要"材木相乘构",所以"构"具有"结构"的意思,由"结构房屋"引申为一般意义上的结、合等义。如《孟子·梁惠王上》:"构怨于诸侯。"《荀子·劝学》:"邪秽在身，怨之所构。""构怨"就是"结怨"。今语"构仇""构和"之"构"也是"结"的意思。"怨之所构"的"构"是会合、会集的意思。

"彼实构吾二君"的"构"也是"结"的意思。古人称两国交战为"构兵""构难"，也可只用一"构"字。如：

《孟子·告子下》："吾闻秦楚构兵。"
《战国策·楚策》："楚尝与秦构难，战于汉中。"
《战国策·秦策》："秦楚之构而不离，魏氏将出兵而攻留。"

"构兵"就是交战，"构难"就是结难，最后一例的"构"也是"构兵""构难"之义。"构吾二君"就是"使吾二君构难"，"构"用作使动，其具体内容为"交兵结难"。宋人林尧叟将这句话译为："言彼三帅实交构我秦晋二君。"[1]林氏所说的"交构"也是"结难"的意思。

杨先生说，这个"构"字"与《桓公十六年传》'宣姜与公子朔构急子'之构同义"，此说亦可商榷。"构急子"应理解为"构陷急子"。杜注："构会其过恶"，即罗织罪名

---

[1] 《精校左传杜林合注》卷十四，扫叶山房本。

进行陷害之意。"构陷"与"挑拨"是有区别的。卫宣公强占急子之妻，与急子关系本来就很坏，无须宣姜与公子朔去搞什么"挑拨"。

至于《诗经》中的"构我二人"，其句法确实与"构吾二君"同，意思应是"使我二人结怨"。郑笺："构，合也。合，犹交乱也。"朱熹也用此说。所谓"交乱"就是"结仇""结怨"的意思。这个"构"字也可以解为"构陷"。"构我二人"，即罗织罪名构陷我二人。《左传·昭十二年》："叔仲子欲构二家。"杨先生也解为"离间"义，而杜注为"欲构使相憎。"即"结仇""结怨"之义。总之，无"挑拨离间"之义。先秦时关于"挑拨""离间"这样的概念，一般用"谗""间"来表示，用"构"字来表示的例子，可以说没有。"构"与"搆"与"篝"为同源关系。《淮南子·人间》"两人搆怨"，意为"构怨""结怨"。《史记·陈涉世家》"夜篝火"，《索隐》云：《汉书》作"搆"，而今本《汉书·陈胜传》作"夜构火"，师古曰："构谓结起也。"即将木柴架构在一起燃烧。王力先生《同源字典》"构、篝"条说："构火应即今所谓篝火，是在空旷的地方或野外架木柴燃烧的火堆。"

古书中常有"构祸"，此"构"亦为本义引申而来。《诗经·小雅·四月》："我曰构祸。"毛传："构，成。"

郑《笺》:"构,犹合集也。"朱熹:"构,合也。"陈奂:"合集即构成之义。"朱熹译为"而我乃日日遭害"。陈子展《诗经直解》也译为"我在天天遭祸"。"遭"即"合""成""结"的意思。今湖南安仁方言有"构仇"这个词,此"构"即保存古义。

诬

《周易·系辞下》:"诬善之人其辞游。"高亨《周易大传今注》:"诬蔑善人之人,捏造事实,不敢坚定言之,故其辞游移。"新《辞海》,"诬"字的第一个义项"诬蔑",也引"诬善之人其辞游"作为书证。

我认为把这个"诬"字解为"诬蔑",是不恰当的,这个"诬"是妄言、夸口的意思。"诬善"就是妄言自己善,而事实上并不善,所以他的言辞虚夸而无根据。

在上古汉语中,"诬"仅仅指这样一种言论活动,即:"不能行而言之,诬也。"[①]"有一言,无一行,谓之诬。"[②]可见,"诬"是说了根本做不到的意思。《说文》:"诬,加言也。""加言"也是虚夸、妄言的意思。

---

① 《大戴礼记·曾子立事》。
② 《十大经·行守》。

"诬善"的结构与"诬能"一样。"诬能"是战国时的常用词语,如:

>《荀子·君道》:"臣不能而诬能,则是臣诈也。"
>《管子·乘马》:"臣不敢诬其所不能。"
>《管子·法法》:"今以诬能之臣事私国之君,而能济功名者,古今无之。诬能之人易知也。"
>帛书《伊尹·九主》:"为官者不以妄予人,故知(智)臣者不敢诬能。"
>《韩非子·二柄》:"君见(xiàn)好,则群臣诬能。"
>《韩非子·八奸》:"是以贤者不诬能以事其主。"
>《韩非子·外储说左下》:"上不过任,臣不诬能。"

最后一例,梁启雄《韩子浅解》解为:"人臣也不冤枉有才能的人。"大误。例一,王先谦《荀子集解》注:"诬能,自以为能。"王注比梁启雄的解释要好得多,但也不能算是的诂。因为"诬能"不只是主观上"自以为"有能耐,而是向国君夸口、妄言自己有才能,比"自以为"在性质上要严重,在政治上也更为恶劣,故法家都很反对"诬能"

之臣。

"诬贤""诬情"的"诬"也是妄言、虚夸的意思。《荀子·儒效》:"身不肖而诬贤,是犹伛伸(身)而好升高也,指其顶者愈众。"(原注:"则头顶尤低屈,故指而笑之者愈众。")"诬贤"就是妄言自己贤,不能解为"诬蔑贤人"。《韩非子·说疑》:"文言多、实行寡而不当法者,不敢诬情以谈说。"梁启雄引《左传·昭公二十六年》注:"诬,欺也。"不妥。"诬"在古汉语中有"欺"的意思,但"诬情"不能解为"欺情"。"不敢诬情"应解为"不敢虚夸事实真情",即不敢违背真情而妄言。

"诬"有时也写作"巫"。《法言·君子》:"不果则不果矣,人以巫鼓。"注:"巫鼓,犹妄说也。""巫鼓"与"诬瞽"通。在这里,"诬"和"瞽"是同义词,都是妄言、瞎说一气的意思。

查考先秦文献,"诬"还没有"诬蔑"的意思。《睡虎地秦墓竹简》的"诬"字也只有"诬告"之义。如:

诬人盗千钱,问盗六百七十,诬者何论?毋论。
甲告乙盗牛若(或)贼伤人,今乙不盗牛、不伤人,问甲何论?端为,为诬人;不端,为告不审。

"端为"是有意诬告,"不端"是主观上无诬告之意,只是所告的罪情与事实不符。这两种情况都叫"诬人",但前者构成了诬告罪,要"反坐";后者可以"毋论"。

这里的"诬"是法律术语。在非法律性质的作品中,"诬人"就不一定有诬告人的意思。如《韩诗外传》卷五:"知之为知之,不知为不知。内不自诬,外不诬人。"这个"诬"乃"欺骗"之意,与"诬告"无关。《荀子·儒效》正作"内不自以诬,外不自以欺"。"诬"与"欺"在这里是同义词。"诬"的欺骗义是由言语不真实、虚夸、妄言引申出来的。

乘

《荀子·儒效》:"鼓之,而纣卒易乡(向),遂乘殷人而诛纣。"

> 吉林人民出版社出版的《荀子选注》:"乘,因,依靠。"翻译:"开始鸣鼓进攻,纣王的兵就倒戈了,于是就借殷人的力量讨伐了纣王。"
> 北京大学《荀子》注释组的《荀子新注》:"于是凭借殷人的力量杀掉了纣王。"

由于一个"乘"字解释失当，使整个句子文意大误。周人借殷人力量杀掉纣王的事，于史无征。我这样说，肯定会有人反对。他们的证据是，《尚书·武成》云："会于牧野，罔有敌于我师，前徒倒戈，攻于后，以北，血流漂杵。"宋蔡沈《集传》云："纣众虽有如林之盛，然皆无有肯敌我师之志，纣之前徒倒戈，反攻其在后之众以走，自相屠戮，遂至血流漂杵。史臣指其实而言之。盖纣众离心离德，特劫于势而未敢动耳，一旦因武王吊伐之师，始乘机投隙，奋其怨怒，反戈相戮，其酷烈遂至如此，亦足以见纣积怨于民，若是其甚，而武王之兵，则盖不待血刃也。"这不是"凭借殷人的力量杀掉了纣王"吗？

据郑玄云：《武成》"建武之际亡"。今所见《武成》乃晚出之古文。此文对牧野之战的描述已乖历史事实，战国时代的孟子就说："吾于《武成》取二三策而已矣。仁人无敌于天下，以至仁伐至不仁，而何其血之流杵也。"赵岐注："经有所美，言事或过。……《武成》，逸《书》之篇名，言武王诛纣，战斗杀人，血流舂杵。孟子言武王以至仁伐至不仁，殷人箪食壶浆而迎其师，何乃至于血流漂杵乎？"而《集传》所谓"自相屠戮"云云，更是任意发挥。对此，明之梅鷟，清初阎若璩以及后来的朱骏声都有驳议。但他们对《荀子》"乘殷人"之"乘"都未得其正解。朱骏声的说法见《经史答问》卷三,与梅、阎所论大体一样。阎若璩的《尚书古文疏证》卷八,在介绍梅说的基础上,也讲了他自己的看法:

> 鹜曰:"(赵)岐之言云尔,平正无碍,甚得《孟子》口气。而晚出《武成》则言前徒倒戈,攻于后,以北,血流漂杵。是纣众自杀之血,非武王杀之之血,其言可谓巧矣,……且均之无辜,党与什什伍伍争相屠戮,抑独何心!且真如蔡《传》言,武王之兵则盖不待血刃者,非痴语乎!"……余谓鹜说善矣,而抑未尽也。此作伪者学诚博,智诚狡,见《荀子》有:"厌旦于牧之野,鼓之,而纣卒易乡,遂乘殷人而(进)诛纣。"盖杀者非周人,因殷人也。……魏晋间视《孟子》不过诸子中之一耳,纵错会经文亦何损!而武王之为仁人,为王者师甚著,岂不可力为回护,去其虐杀,以全吾经?故曰智诚狡。

阎氏的驳议是对的,但他也解"乘殷人"为"因殷人",不妥。这里的"乘"原是一个军事术语。《说文》:"乘,覆也。从入桀。桀,黠也。《军法》入桀曰乘。"段

注："入桀者，以弱胜强。《尚书·序》云：周人乘黎。《左传》：车驰卒奔，乘晋军。"[1]王夫之《说文广义》卷三："乘，本从入从桀。桀，黠也。以黠而入，乘人于危之辞也。故伏兵以邀人之虚曰乘，其本训也。"马宗霍《说文引群书考》卷二："许君训乘曰覆，覆者从上覆之，即入桀之义也。"

"乘"作为军事术语，具体意义有三：一为"乘其不备""乘虚而入"之"乘"。《左传·宣公十二年》："士季曰：'备之善。若二子怒楚，楚人乘我，丧师无日矣，不如备之。'"《资治通鉴·唐纪一》高祖武德元年："（本）密营中惊扰，将溃；（王）世充不知，鸣角收众，密因帅敢死士乘之，世充大败。"苏轼《教战守策》："是以区区之禄山一出而乘之。"此即王夫之所说的"本训"。

二是乘胜追击，攻取之义。如段注《说文》已引用的"车驰卒奔，乘晋军"。又如《战国策·韩策二》："公战，胜楚，（秦）遂与公乘楚。"《史记·高祖本纪》："毋令楚乘胜于我。"又："楚兵不利，淮阴侯复乘之。"《荀子·儒效》的"乘殷人"的"乘"也应作此解，意为"乘胜追击殷人"。因为"纣卒"虽"易乡"，不过"辟易奔北耳，未

---

[1] 段玉裁《说文解字注》。

必倒戈相杀也"①。故周人乘之。

三是凭陵掩杀，即覆压之义。马宗霍所言与此近。如《韩非子·难二》："鼓之而士乘之，战大胜。"《吕氏春秋·贵直》："一鼓而士卒毕乘之。"《汉书·陈汤传》："吏士喜，大呼乘之，钲鼓声动地。"师古曰："乘，逐也。"至于《淮南子·人间》所说的"此独以父子盲之故，得无乘城"，此"乘城"虽为军事活动，但"乘"为常用意义"登也"，"乘城"即为守城而登上城墙。父子二人均因目盲，故不能与众人一起守城，得以保全性命。又如《汉书·高帝纪》："宛郡县连城数十，其吏民自以为降必死，故皆坚守乘城。"师古曰："乘登也，谓上城而守也。"

堕

邹阳《狱中上梁王书》："披心腹，见情素，堕肝胆，施德厚。"

吴楚材、吴调侯编的《古文观止》注："堕，落也。"②

---

① 郝懿行语，转引自《荀子集解》。
② 中华书局1963年版，第254页。

了一师主编的《古代汉语》(修订本)注:"堕肝胆:就是肝胆涂地的意思。"①

这两家的"注"似乎都没有把"堕"字解释清楚。所谓"肝胆涂地",大概是以为"堕"有"落"义而产生的联想。但"堕肝胆"决不可解释为"肝胆涂地"。《史记·淮阴侯列传》:"使天下无罪之人肝胆涂地",《古代汉语》注:"肝胆涂地,喻惨死。"与"堕肝胆"全不相干。

其实,"堕"在这里是"输"的意思。《史记·淮阴侯列传》:"臣愿披腹心,输肝胆,效愚计。"《古代汉语》注:"输,等于说献出。"这条注是正确的。《汉书·赵广汉传》:"吏见者皆输写心腹,无所隐匿。"二例中的"输"与"堕"同义。在古汉语中,输、堕互训的例子并不难找。

《左传·昭公四年》:"寡君将堕币焉。"服虔注:"堕,输也。"《经典释文·春秋左氏音义》:"堕,许规(huī)反,布也。"孔颖达《正义》:"杜(预)唯云将因诸侯会,布币乃相见,不解'堕'之义。按隐六年《公羊传》:郑人来输平。输平者何?输平犹堕成也。然则

---

① 中华书局1981年版,第893页。

'堕'是'输'之义也。朝聘之礼，客必致币于主，据主则为受，据客则为输。襄三十一年传子产论币云：其输之，则君之府实也，非荐陈之，不敢输也。是谓布币为输币也。言将待输币之时乃相见，见既在后，故遣我来敢谢后见也。"[1]

训"输"为"堕"的例子还有，如《诗经·小雅·正月》："载输尔载，将伯助予。"郑笺："输，堕也。"

输、堕为什么可以互训呢？段玉裁说："以车迁贿曰委输，亦单言曰输。引申之，凡倾写皆曰输。输于彼，则彼赢而此不足，故胜负曰赢输。不足，则如堕坏然。故《春秋》郑人来输平，《公羊》《穀梁》皆曰：输者，堕也。"[2] 段玉裁也跟陆德明一样，认为这个"堕"字应读为"隳"。其本字为"隓"，其本义为"倾坏"，与"堕落"之"堕"音义都不同。

《王力古汉语字典》丑集土部"堕"字条也指出："徒果切的堕《说文》作陊，云：'落也。'许规切的堕《说文》作隓，重文墮……《说文》无堕字。"（此条为了一师亲手撰写）

---

① 《春秋左传正义》第五册，卷四十二。
② 段玉裁《说文解字注》。

苛

《荀子·富国》:"苛关市之征。"杨倞注:"苛,暴也。"[1]柳宗元《捕蛇者说》:"孔子曰:苛政猛于虎也。"冯其庸等编注的《历代文选》下册注:"苛酷的政令……"

将二例中的"苛"字解为"暴""苛酷",具有相当的普遍性,但我认为这个解释不妥当。

在古汉语中,"苛"可以作名词、形容词、动词。《说文》:"苛,小草也。"这是名词,也是"苛"的本义。由小草"引申为凡琐碎之称"[2]。这是用作形容词。如:

> 《史记·孝文本纪》:"汉兴,除秦苛法,约法令。"
> 《史记·郦生陆贾列传》:"郦生闻其将皆握龊,好苛礼自用。"
> 《汉书·武帝纪》:"奸猾为害,野荒治苛者,举奏。"师古曰:"治苛,为政尚细刻。"
> 《汉书·宣帝纪》:"今郡国二千石,或擅为苛

---

[1] 王引之亦赞成此说,见《经义述闻》第十四"无苛政"条。
[2] 段玉裁《说文解字注》。

禁，禁民嫁娶不得具酒食相贺召。"

上面四例中的"苛"都是繁多的意思。"苛法"意为繁多的法令，即法如牛毛，所以要"约法令"。"苛礼"是礼仪琐碎繁缛。"苛禁"指禁令繁多，连老百姓嫁女娶亲办酒席之事都加以禁止。《捕蛇者说》的"苛政"引自《礼记·檀弓下》，是"赋税繁重"之意，柳宗元引用孔子的话意在批判当时的"赋敛之毒"。"政"通"征"，指赋敛，非"政令"之谓。在金文和先秦古籍中，征、政通用是常见的事，无须举例。"苛政"指"烦琐政令"的例子也有，如《汉书·宣帝纪》："勿行苛政。"《后汉书·光武帝纪》："辄平遣囚徒，除王莽苛政。"注："《说文》曰：'苛，小草也。'言政令繁细。《礼记》曰：'苛政猛于虎。'此注将'王莽苛政'与《礼记》之'苛政'混而为一，欠妥。"

"苛"由形容词转化为动词。上面所举《荀子·富国》"苛关市之征"的"苛"，即用作动词，义为"增多""加重"，若解为"暴"字，语法上也说不通。《国语·晋语一》："骊姬曰：以皋落狄之朝夕苛我边鄙，使无日以牧田野。"句中的"苛"也是动词，意为"繁扰"，即频繁骚扰。

当然，我不是说"苛"在任何语言环境中都不能释为

"暴"。《楚辞·大招》:"发政献行,禁苛暴只。"《汉书·宣帝纪》:"今吏或以不禁奸邪为宽大,纵释有罪为不苛。"此"苛"字亦当作"暴"解为是。

屏

《史记·魏公子列传》:"公子再拜,因问。侯生乃屏人间语。"

> 北师大出版的《大学语文》注:"屏人间语——躲开众人,秘密交谈。屏:本义为遮蔽,引申为躲避。"
> 王伯祥《史记选》注:"遣开旁人,趁空当儿进言。"

释"屏"为"躲避",原是为了扣住本义而推求引申义。但魏公子竟然"躲开众人",于情理上讲不通。何况,还有类似的句子,又将作何解释呢?

> 《战国策·秦策三》:"秦王屏左右,宫中虚无人,秦王跪而请曰。"
> 《史记·孟子荀卿列传》:"客有见髡于梁惠王。

惠王屏左右，独坐而见之。"

又："寡人虽屏人，然私心在彼。"

例一的"屏左右"，不可能是"躲开"左右。如果是秦王"躲开"左右，那"左右（之人）"应在宫中，怎么又说"宫中虚无人（这个'人'指秦王以外的人，即'左右'）"呢？例二"惠王屏左右"之后"独坐"，可见也是左右被"屏"，而不是惠王"躲开"。例三承例二，文意同。总之，释"屏"为"躲避"，于文理不通。

王伯祥将"屏"注为"遣开"，从文意和人物身份来说，都是通的。所难通者是为何"屏"有"遣开"之义呢？《大学语文》之所以不取王注，其原因盖在于此。

《说文》："屏，蔽也。"段玉裁认为它是名词，所以举《诗经·小雅·桑扈》"万邦之屏"为证。段氏认为"屏除"是它的引申义[①]。我认为上例中的"屏人""屏左右"的"屏"又是"屏除"的引申义，乃"退避"之义，在句中用作使动，习惯上读bǐng。"屏人"意思是使人（即左右之人）退避。"屏左右"意思是使左右之人退避。《战国策·秦策三》鲍本注："《博雅》：'屏，除也。'此谓去

---

① 段玉裁《说文解字注》。

之。"（上海古籍出版社1978年版，上册，第185页）"去之"也是使动用法，即使之（左右）离开。

"屏"本是不及物动词。《礼记·曲礼上》："侍坐于君子，若有告者曰：'少间，愿有复也。'则左右屏而待。"郑玄注："屏，犹退也。""左右屏"是左右退避。"屏左右"是不及物动词"屏"带上了宾语"左右"，故用作使动。

鼓之

《左传·庄公十年》："公将鼓之。"这个"之"字怎么解释，研究文言语法的人已经争论多年了。据我所知，目前有五种说法：

①指代鲁军；

②指代齐军；

③上面"两种解释都讲得通，也都可以找到旁证"[1]；

④"之"就是指示"发动进攻"这件事；

⑤杨伯峻先生说："很难说它是指代词，因为不能说出它指什么，所以并不能算做宾语，似乎只是凑足一个音节。"[2]

---

[1]《中学语文教学》1981年第10期，第32页。
[2]《文言语法》，北京出版社1956年版，第167页。

我认为这个"之"字之所以讨论不清,主要原因有二:其一,怎么理解"鼓"这个词的意义?将"鼓"释为"进攻"对不对?其二,例句不充分,对"鼓之"这种结构没有进行系统考察。

在古代战争中,鼓具有重要作用。击鼓的人是战争中的最高指挥者。《荀子·议兵》:"将死鼓,御死辔。"《左传·成公二年·鞌之战》,晋方主帅郤克受了伤,"流血及屦,未绝鼓音"。都说明了主帅和鼓的关系。击鼓的目的是什么呢?《军法》规定:"鼓以进军,钲以退之。"[①]《荀子·议兵》也说:"闻鼓声而进,闻金声而退。"《尉缭子·勒卒令》卷四:"鼓之则进,重鼓则击;金之则止,重金则退。"《吴子·治兵》:"金之不止,鼓之不进,虽有百万,何益于用。"《左传·僖公二十二年》:"金鼓以声气也。"这些材料说明,把"鼓"字笼统地解释为"进攻"是不对的。完整准确的解释应是:指进攻的信号。这个信号的物质表现就是"鼓音",这个信号所传递的对象是己方之军,所以,"鼓"后面的"之"无疑应视为宾语,不能看成"只是凑足一个音节"。而且,这个"之"做宾语时,只能是指代信号所要传给的

---

① 《淮南子·道应训》,高诱注。

对象——己方之军；根本不可能是指代敌方之军，因为发出"鼓音"这一信号的目的并不是为了传递给敌军；当然，也不能认为这个信号既是发给己方的，又是发给敌方的；同样，也不能认为这个"之"是"指示抽象事物，意思比较空泛，所以很难说出它是称代什么"，只不过"是动词的连带成分"[①]。

我们弄清了"鼓"的含义，就可以肯定：前面列举的关于这一"之"字的五种解释，只有①是正确的，②③④⑤种解释都不能成立。为了证明我的论断，下面列举十二个例句来进行一下分析。

(1)《左传·庄公十年》："公将鼓之。"

之，代鲁军。全句意思是：庄公将对鲁军发出进攻的信号。

(2)《公羊传·僖公二十二年》："已陈，然后襄公鼓之。"

之，代宋军。全句意思是：楚军已经摆好阵势，然后宋襄

---

① 《语言学论丛》第六辑。

公对宋军发出进攻的信号。

(3)《左传·襄公二十三年》:"莒子亲鼓之。"

之,代莒军。全句意思是:莒子亲自对莒军发出进攻的信号。

(4)《战国策·秦策二》:"甘茂攻宜阳,三鼓之而卒不上……。甘茂曰:'……请明日鼓之,而不可下,固以宜阳之郭为墓。'于是出私金以益公赏。明日鼓之,宜阳拔。"

这段话有三个"鼓之"。这三个"之"无一例外都是指代秦卒。(甘茂)"三鼓之而卒不上",就是"三鼓卒而卒不上"。

(5)《战国策·齐策六》:"(田单)立于矢石之所,乃援枹鼓之,狄人乃下。"

之,代田单率领的齐军。全句意思是:田单站在能受到敌军矢石所攻击的地方,拿着鼓槌击鼓向齐军发出进攻的号令，才把狄人攻下。

(6)《韩非子·难二》:"赵简子围卫之郭郭(《吕氏春秋·贵直》作"附郭"),犀楯犀櫓,鼓之而士不起。……简子乃去楯櫓,立矢石之所及,鼓之而士乘之,战大胜。"

"鼓之而士不起",与例(4)的"鼓之而卒不上"完全一样,前面"之"所指代的就是"而"字后面的"士"。"鼓之而士乘之",就是"鼓士而士乘之",最后一个"之"才是指代敌军。

(7)《墨子·兼爱中》:"越王亲自鼓其士而进之。士闻鼓音,破碎(萃)乱行、蹈火而死者,左右百人有余,越王击金而退之。"

"越王亲自鼓其士"和例(3)的"莒子亲鼓之"意思完全一样,宾语"其士"就相当于"之"。仅此一例就非常有力地证明了:①鼓,不能释为"进攻"。若将"鼓"释为"进攻",那"越王亲自鼓其士而进之",就成了"越王亲自进攻他的士卒而使士卒进攻"了。同样,"公将鼓之",就成了"鲁庄公将要进攻鲁军"了。不成话。②"鼓"后面的"之"是不折不扣的宾语,它所指代的具体对象就是"其士"。上述各例的"鼓之",全部可以换成"鼓其士",意思丝毫不差。

在古汉语中,我们又经常看到:"鼓"后面的宾语"之"可以省略。这些省略了的"之"全都可以补出来,而且译成现代汉语时,只有补出这些"之"来,对这些句子的意思才能得到一个完整的理解。请看下列各例:

(8)《左传·庄公十年》:"齐人三鼓(之)。"

这个省略了的"之",代齐军。《战国策·秦策二》:"三鼓之而卒不上。"可证这里的"三鼓"后面同样应有一个"之"字。

(9)《左传·庄公十年》:"一鼓(之)作气,再(鼓之)而(气)衰,三(鼓之)而(气)竭。"

"一鼓"后面省略兼语"之",如果不承认这里有省略,不仅"鼓"没有了对象,而且"作气"的主语又是谁呢?"再""三"后面不仅省略谓语"鼓",连宾语"之"也省略了。

（10）《左传·宣公四年》："（楚子）鼓（其士）而进之，遂灭若敖氏。"

这个句子和例（7）的"越王亲自鼓其士而进之"基本相同，只不过省略了"其士"。

（11）《左传·僖公二十二年》："寡人虽亡国之余，不鼓不成列。"

有人由于把"鼓"理解为"进攻"，因此认为"不成列"是"鼓"的宾语，并据此得出了"鼓的宾语是指对方"也"讲得通"的结论。[①] 我认为"不鼓不成列"，应当作一种特殊句式来分析，可理解为"鼓"后面省略了宾语"之"，"不成列"前面省略了主语"敌军"。即：（寡人）不鼓（之），（敌军）不成列。意为在敌军没有排列成阵时，寡人不向士卒发出进攻的号令。

---

① 《中学语文教学》1981年第10期，第32页。

（12）《墨子·鲁问》："借设而攻不义之国，鼓而使众进战，与不鼓而使众进战而独进战者，其功孰多？"

这里的"鼓"与"不鼓"，若解为"进攻""不进攻"，根本就讲不通。两个"鼓"字后面也应理解为省略了宾语"之"。句中"而"字所连接的是一个动宾结构和一个递系结构，"鼓"后宾语"之"指代的就是后面出现的兼语"众"。

以上十二例证明："鼓之"的"之"是宾语，指代对象为己方之军。在这种语言环境中，"鼓"不能释为"进攻"。

这种用法在中古仍然保存。如《资治通鉴·唐纪一》高祖武德元年："（窦）轨自将数百骑居军后，令之曰：'闻鼓声有不进者，自后斩之！'既而鼓之，将士争先赴敌。"

比数（数）

《晏子春秋·外篇第八》："婢妾，东廓（郭）之野人也。愿得入身，比数于下陈。""比数"这个词语应作何解，似乎没有一致的意见。下面我们先介绍一下"比数"与别的词语相搭配的常见格式。

(1) 谁比数。

> 君不见富家翁,旧时贫贱谁比数?(高适《行路难》)
>
> 长安布衣谁比数?反锁衡门守环堵。(杜甫《秋雨叹》)
>
> 平生学问止流俗,众里笙竽谁比数?(苏轼《寄刘孝叔诗》)

(2) 无所(与)比数。

> 刑余之人,无所比数。(司马迁《报任安书》)
>
> 水灾无与比数。(《汉书·梅福传》)

(3) 无(不)足比数。

> 驵卒铃奴,一时倾崄,不足比数。(王明清《挥麈录》)
>
> 秦之德义,无足比数,而卒并天下。(《望溪先生文集》卷二)

审音识字，度曲家无足比数矣。(刘禧延《刘氏遗著》，丛书集成初编本)

(4) 自比数。

某罪废流落，不复自比数缙绅间。(苏轼《与袁真州》)

关于"比数"的解释，就我所知，有以下六种意见。

《汉书·梅福传》颜师古注："言其极多，不可比较而数也。"

旧《辞海》："谓彼此比较而计算其数也。"

《历代文选》上册："无法彼此相比而算计。"

了一师主编《古代汉语》(修订本)注："比，比并，放在一起。数 (shǔ)，计算。"

第二版《辞源》："比数：同列，相提并论。"

萧涤非《杜甫研究》下卷："谁比数，是说人们瞧不起，不肯关心我的死活。"

前三种意见都把"比"释为"比较"，不妥，最后一种解释很笼统。《古代汉语》的解释较为贴切，但"放在一起"的说法不够严密。我认为这个"比"与《孟子·许行章》"子比而同之"的"比"意思相同，是"平列，等于说同等看待"之意。据此，"比数"也就是"平列计算"之义，"平列计算"即"同等看待"。"比数于下陈"，意即"跟下陈的宫女平列计算"，也就是充当宫女。"长安布衣谁比数"，即"谁把（我这个）长安布衣平列计算呢？"意即不同等看待我。"刑余之人，无所比数"，直译为：受过宫刑的人，是没有人（把他们）平列计算的人。即什么人都不如，极言其地位之低。"水灾无与比数"，可以扩展为"水灾无所与之比数"，即没有什么时候的水灾能跟现在的水灾平列计算，极言水灾之多。"不足比数"，即不足以平列计算，也就是不值一提的意思。

"不足比数"这种形式，有时可不用"比"字，而意思一样。如《史记·游侠列传》："自是之后，为侠者极众，敖（倨傲）而无足数者。"又《佞幸列传》："自是之后，内宠嬖臣大底外戚之家，然不足数也。"《汉书·酷吏传》："自是以至哀平，酷吏众多，然莫足数。"

"谁比数"与"谁相数"义近。李颀《放歌行答从弟墨卿》："柏梁赋诗不及宴，长楸走马谁相数？""相"乃指代性副词，这里代李颀自己。"谁相数"意为"谁算上我啊？"

"自比数"即自己把自己与缙绅先生同等看待。

《史记》《汉书》中还有"不以为……数"的格式。如：

> 宪王雅不以长子棁为人数。(《史记·五宗世家》)
> 王、王后、太子皆不以为子兄数。(《史记·淮南衡山列传》)
> 先母之子皆奴畜之，不以为兄弟数。(《史记·卫将军骠骑列传》)
> 雅不以棁为子数。(《汉书·景十三王传》)
> 射杀山中白额虎，肯数邺下黄须儿。(王维《老将行》)

例中的"数"字都是"计算"的意思。"不以为……数"，即"不把(他)当作……计算"。"不以棁为子数"，就是不把棁当作儿子计算(看待)。又与"肯"结合，表示可与……一起计算。王维《老将行》："射杀山中白额虎，肯数邺下黄须儿。"(黄须儿指曹操之子曹彰。彰"少善射御，膂力过人，手格猛兽，不避险阻"。见《三国志》本传)"肯数……黄须儿"即可与黄须儿一起计算。

这些"数"字和"比数"之"数"，都是动词，音shǔ。《史记》"索隐"于《卫将军列传》音去声，颜师古于

《汉书·景十三王传》音所具反,《佩文韵府》上声收"比数"之外,又于去声也收"数",引司马迁"无所比数"为书证,都把"比数"当作名词,谬。《分门集注杜工部诗》卷一将"比数"之"数"音所矩切,正确。

  1982年4月于北大蔚秀园28楼412室
  原载《语海新探》第一辑,山东省语言学会编,山东教育出版社1984年版。有修订。

词义质疑

场圃　败绩　猖狂　熊经　鸿鹄　计失　彼观其意

场圃

《诗经·豳风·七月》："九月筑场圃。"毛传："春夏为圃，秋冬为场。"郑玄进一步解释说："场圃同地。自物生之时耕治之以种菜茹，至物尽成熟，筑坚以为场。"（毛郑二说均见《十三经注疏》）后代解释"场圃"的人，大多依从毛郑。都以为"场"是指"打谷场"，"圃"就是"菜圃"。甚至对孟浩然的"开轩面场圃"（《过故人庄》），注家们也照抄此说。第二版《辞源》连"场"与"圃"的区分也不讲，只笼统地说："场圃，收谷物、种蔬菜之地。"

我查考了上古时代有关"场圃"的资料，觉得毛郑的解说很可怀疑。许多材料证明："场"与"圃"是同义词连用，也可以看作是同义名词构成的复合词。也就是说："场"是种植树木的地方，"圃"也是种植树木的地方。"场圃"连言，其义就是种植园（种蔬菜、树木等）。《周礼·地官》有"场人"。场人的职责就是"掌国之场圃，而树之果瓜珍异之物"。这里的"场圃"，若依毛郑的解说，根本就讲不通。因为菜茹成熟之后，到秋冬时其地诚然可改为打谷场，而果树和珍异之物（郑注："珍异，蒲桃枇杷之属"），是不能通通挖掉的。《周礼·地官·载师》还说："以廛里任国中之地，以场圃任园地。"又说："凡任民，任农以耕事，贡九谷。任圃以树事，贡草木。""不树者无椁。"圃人贡的不只是"草"（指蔬菜），而且还要贡"木"。这里说的"木"不只是果木，也包括其他经济木材，"不树者无椁"就可以为证。另外，《孟子·告子上》说："今有场师，舍其梧槚，养其樲棘，则为贱场师焉。"又《管子·八观》说："场圃接，树木茂。"这茂盛的树木就在场圃之中。这都是场圃为种植场的确证。《诗经·小雅·白驹》："食我场苗。"朱熹注："场，圃也。"（《诗集传》）陈奂说："场圃同地。场即圃也。场圃毓草木，场有苗，非禾也。"（《诗毛氏传疏》卷四，万有文库本）除了"场圃同地"是因袭郑玄之外，其余的说解都很正确。杨树达说："《诗》云：'食我场藿'，知场为种菜之地。"（《积微翁回忆录》)所言甚是。晚于陈奂的黄以周在解释《载师》"场圃"时，也明确指出："场圃，即九职'园圃毓草木'之地，非农夫所筑纳稼之场。"(《礼书通故·井田通故》)不过，《周礼》所说的"场圃"，并非个体农户的"场圃"，这种"场圃"设有专职官员"场人"来掌管，为"国"所有。《七月》这首诗一般认为是春秋时代的作品，诗中所描写的各种生产活动具有集体的性质，这种"场圃"可能属于贵族所有。

"场圃"面积有多大？张载《经学理窟·周礼》："十亩，场圃所任园地也。《诗》'十亩之间'，此也。不独筑场纳稼，亦可毓草木也。"(《张载集》)朱熹《诗集传·魏风·十亩之间》注："十亩之间，郊外所受场圃之地也。"马瑞辰说："此诗'十亩'盖指公田十亩及庐舍二亩半，环庐舍种桑麻杂菜。"(《毛诗传笺通释》卷十)马说可从。这种"十亩"场圃，土地为公有，却在庐舍附近，与"场师"所管理之国有场圃，可能有别。国之场圃有多大，是否在"郊外"，不得而知。根据有关材料推断，"国"字号场圃之内是有建筑物的。《周礼·地官·场人》："掌国之场圃，而树之果瓜珍异之物，以时而敛藏之，凡祭祀、宾客，共其果蓏，享亦如之。"所谓"敛而藏之"，是"敛""藏"于何处呢？当然是在场圃内的建筑物中。所以《国语·周语上》说:"场协入,廪协出。"韦注:"场人掌场圃,委积珍物,敛而藏之也。"(《国语》卷一)崔寔《四民月令》:"九月,治场圃,涂囷仓,修窦窖。"(《四民月令校注》)崔寔把"场圃""囷仓"二者并提,因为二者都是敛藏之所,只是形状有别,所藏之物不同。可见,广义的"场圃"是指种植园,狭义的"场圃"是类似仓库的敛藏之所,《七月》的"筑场圃"就是修筑这种敛藏之所,与崔寔所言"修场圃"意思完全一样。"场圃"类似仓库这个意义,在唐朝还保存。陆贽说:"有藏于襟怀囊箧,物虽贵而人莫能窥;有积于场圃囷仓,直虽轻而众以为富。"(《陆宣公集》卷十四)文中"场圃""囷仓"连言,都是敛藏之所。

在先秦时代,"场圃"与"场园"是同义关系。《墨子·天志下》:"今有人于此,入人之场园,取人之桃李瓜姜者。"《荀子·大略》:"大夫不为场园。"这些"场园"就是"场圃"的意思。王念孙认为:"场园当为场圃,字之误也。"(转引自《荀子集解》)其说不可信。《韩诗外传》卷四的"大夫不为场圃",只能证明"场园"与"场圃"同义。

"园"与"圃"义近而微殊。《诗经·郑风·将仲子》:"无踰我园,无折我树檀。"朱注:"园者圃之藩,其内可种木也。"(《诗集传》)《诗经·秦风·驷铁》孔疏:"有蕃曰园。"圃的篱笆(藩)叫作"园"。《诗经·齐风·东方未明》"折柳樊圃",可证这种篱笆有的是用柳条编成的。《左传·庄公十九年》:"及惠王即位,取芮国之圃以为囿。"杨伯峻先生说:"圃种菜蔬果瓜,以篱笆围绕之。"(《春秋左传注》)"圃"既然可以用来作为苑囿,当然就不可能仅仅是指菜园子,这样的圃也不可能到秋冬时又改作打谷场。而且,《七月》时代,人少地多,人们没有必要把打谷场挖了去种菜,又把菜园子筑成打谷场。"场"作为打谷场的意思已见于《说文》。《说文》:"场,一曰治谷田也。"但这个"场"与"场圃"的"场"原本是两个不同的义项,不可混而为一。"场圃"同义之"场",可能与《说文》此字的另一个"一曰田不耕"有关。场圃共地的方法恐怕起于秦汉之际,中国北方某些农村至今仍保持这种方法。

为什么从毛传开始,人们就误认为"场圃"的"场"是指打谷场呢?这主要是由于"场"作为种植园的意思随着生产关系土地所有制的变革从汉开始逐渐湮没,农业生产中所说的"场",通常都是指打谷场,这种打谷场也可敛藏农作物。如:

> 曹操《步出夏门行》:"钱镈停置,农收积场。"
> 谢朓《和王著作八公山诗》:"春秀良已凋,秋场庶能筑。"

> 杜甫《从驿次草堂复至东屯茅屋二首》:"筑场看敛积,一学楚人为。"

另外,后人所说的"场圃"也与上古有别,不再是种植园的意思。如:

> 《后汉书·仲长统传》卷四十九:"使居有良田广宅……场圃筑前,果园树后。""果园"与"场圃"已经分家。
>
> 孟浩然《过故人庄》:"开轩面场圃,把酒话桑麻。"
>
> 杜甫《雷》:"吾衰尤计拙,失望筑场圃。"

上述三例的"场圃"都是指堆积农作物的场所,这种场地当然也用作打谷场,但并不一定就是"春夏为圃,秋冬为场"。

在中古,"场圃"还产生了一个新的义项,即泛指田园。谢玄晖《拜中军记室辞隋王笺》:"故舍耒场圃,奉笔兔园。"张铣注:"舍耒,罢耕也。场圃,田园也。"(《六臣注文选》卷四十,四部丛刊初篇集部,上海商务印书馆缩印宋刊本)

败绩

关于"败绩"的意义，已经有好几篇文章进行过讨论。其中影响较大的是陆宗达先生的说法。他认为"败绩"的"败"同"不"，"绩"同"迹"（蹟）。因此"败绩"就是"不迹"。（《训诂简论》）"绩"通"迹"，这是对的，"败"同"不"则缺乏根据。

从语音而言，"败"是並母月部字，"不"是帮母之部字，在古书中未见过"败""不"相通的例子。

《礼记·檀弓上》："鲁庄公及宋人战于乘丘，县贲父御，卜国为右。马惊败绩，公队（zhuì，坠）。佐车授绥。公曰：末之卜（指车右卜国）也。县贲父曰：他日不败绩，而今败绩，是无勇也。遂死之。"江永说："败绩谓车覆。"（转引自《礼记训纂》卷三）后来戴震在《屈原赋注》中秉承师说，一般注家也都视江说为确诂。

我觉得陆先生和江永的解说都值得商榷。首先我们看这个"败"字究竟是什么意思。《庄子·达生》："东野稷以御见庄公，进退中绳，左右旋中规。庄公以为文弗过也，使之钩百而反。颜阖遇之，入见曰：稷之马将败。公密而不应。少焉，果败而反。公曰：子何以知之？曰：其马力竭矣，而犹求焉，故曰败。"《吕氏春秋·适威》也记载了这个故事。其中"败"字出现了五次:"其马必败","将何败","少顷,东野之马败而至","子何以知其败也","臣是以知其败也"。《荀子·哀公》记载这个故事时,"败"字作"失"(读为逸,狂奔)。"其马将失","东野毕之马失"。《韩诗外传》作"马将佚"。《新序·杂事五》作"其马将失","须臾,马败闻矣"。"马失"或"马佚",是指马狂奔乱跑。"马败"是指马迹(绩)败,即进退不中绳,左右旋不中规。或如《荀子·哀公》所说的"两骖列"(杨注:"列与裂同。"俞樾说:"两骖裂者,两骖断鞅而去也。两骖在外,故得自绝而去。");《韩非子·外储说右下》"驸马败","渴马见圃池,去车走池,驾败","马惊驾败";《史记·袁盎列传》"如有马惊车败"。这些例子都说明:马败就是马的步骤失常,也就是挣脱羁绊狂奔乱跑。所以,郑注《檀弓》的"马惊败绩"为"惊奔失列",意思并不错。在这里,"败"还是"毁""坏"的意思。"绩"是"迹"的假借字,指马的步法,并不是指车辙。"败绩"即"绩败"。

马绩败可以导致翻车,也有可能不翻车。翻车是"败绩"所引起的后果之一,而不能说"败绩"就是"车覆"。《左传·襄公三十一年》:"譬如田猎,射御贯则能获禽;若未尝登车射御,则败绩厌(压)覆是惧,何暇思获!"句中的"覆"是指车覆,是败绩所引起的后果。《曹刿论战》

中的"齐师败绩",也并不是兵车都翻了的意思,还是指齐军的战车被马拉着狂奔乱跑失去了常规,所以下文说"其辙乱"。

在战争中,战马狂奔乱跑,人仰车翻,这当然是军队溃败的表现,所以《左传·庄公十一年》说:"大崩曰败绩。"但这已经是"败绩"的引申义。

这里还要附带说明一下,注《庄子》的人把"稷之马将败"的"败"释为"垮"或"疲困",也是不对的。同一个故事,《荀子》《韩诗外传》《新序》作"马将佚(失)"就可以为证。

猖狂

"猖狂"在先秦就已出现,至今还是常用词。它的古义与今义并不完全一样,但辞书的释义却古今莫辨。

《新华字典》和《现代汉语词典》都释为"狂妄而放肆"。

《汉语词典》:"谓纵恣而无检束。"

第二版《辞源》释为"肆意妄行"。

第七版《辞海》立了两个义项:"①恣意妄行。②桀骜不驯。"

《新华字典》和《现代汉语词典》以及《汉语词典》的释义无可非议,因为它们是供学习现代汉语用的工具书。《辞海》的释义比《辞源》要好一些,但也欠妥。《辞源》是一本古汉语词典,它对"猖狂"的释义与《新华字典》几乎一模一样。用这个释义来理解古书中的"猖狂",不是欠准确,就是不够用。

"猖狂"在先秦时代并非贬义词,不能释为"肆意妄行"。它的本义是漫无目标地自由自在随意行走。如:

《庄子·在宥》:"鸿蒙曰:'浮游,不知所求;猖狂,不知所往。'"

又:"朕也自以为猖狂,而民随予所往。"

《庄子·山木》:"其民愚而朴,……猖狂妄行,乃蹈乎大方(指大道)。"

成疏:"猖狂,无心。妄行,混迹也。"

《庄子·庚桑楚》:"吾闻至人尸居环堵之室,而百姓猖狂,不知所如往。"

这个意思到汉唐还保存。如:

《淮南子·俶真》:"当此之时,万民猖狂,不知东西，含哺而游，鼓腹而熙。"

王勃《滕王阁序》："阮籍猖狂，岂效穷途之哭。"有的注本把句中的"猖狂"解为"这里用来形容行为的有类疯狂"（《中华活页文选》五）。与原意相差甚远。王勃在这里选用"猖狂"一词，准确地表现了阮籍与道家的思想联系。

从构词方式来看，"猖狂"是联合式。按照朱骏声的意见，"猖"是"伥"的俗字（《说文通训定声·壮部》，万有文库本）。《说文》："伥，狂也。"王筠说："此义多作猖。"（《说文句读》卷十五）可证"猖"与"狂"原是同义词。《荀子·修身》："人无法则伥伥然。"杨倞注："伥伥，无所适貌，言不知所措履。"《礼记》曰："伥伥乎其何之。"《广韵·去声·四十三映》："䎖，䎖伥，失道貌。"又："伥，䎖伥，失道。"这些材料对我们理解"猖狂"的本义很有帮助。"随意行走"与"无所适貌""失道貌"，在意思上很接近。

先秦以后，"猖狂"由"随意行走"产生了四个引申义。

（1）形容任情奔放的样子。如：

《淮南子·诠言》："凡人之性，少则猖狂，壮则暴强，老则好利。"

陶渊明《和胡西曹示顾贼曹》："逸想不可淹，猖狂独长悲。"

王勃《黄帝八十一难经序》："无猖狂以自彰，当阴沉以自深也。"（《王子安集注》卷九）

柳宗元《答韦珩》："（扬）雄之遣言措意，颇短局滞涩，不若退之猖狂恣睢肆意有所作。"（《柳河东集》卷三十四）

《醉翁谈录·宪台王刚中花判》："只因赋性太猖狂，游遍名园切（窃）尽香，今日误投罗网里，脱身惟仗探花郎。"

《项氏家说》卷七："决藩篱，破绳墨，而放一世于猖狂恣睢之地者，必子之言夫！"

《李觏集·上余监丞书》卷二十七："伏念觏十岁知声律，十二近文章，思虑猖狂、耳目病困者既十年矣。"

还有一个例子是二十多年前记下来的，现已记不清出处，姑录于此。原文是：

　　宋处士杨朴被召。其妻送诗曰：更休落魄贪杯酒，亦莫猖狂爱咏诗。

2015年12月校记：《苏轼文集》卷六十八《题杨朴妻诗》，以及《东坡志林·书杨朴事》均记此诗。但此处所记当另有出处。

（2）瞎闯乱撞，即"无所适貌""失道貌"的意思。如：

董仲舒《春秋繁露·深察名号》："民者瞑也。以瞑言者，弗扶将则颠陷猖狂。"

《吴越春秋·夫差内传》："吴王……胸中愁忧，目视茫茫，行步猖狂。"

在敦煌变文中也写作"獐狂"。如：

《伍子胥变文》："子至吴国，入于都市，泥涂其面，披发獐狂，东西驰走，大哭三声。"（《敦煌变文集》卷一）

又："举头忽见一人，行步獐狂，精神慌惚。"（《敦煌变文集》卷一）

（3）肆意妄行。如：

《三国志·魏书·董二袁刘传》（卷六）"评曰"裴松之"注"："袁术无毫芒之功，纤介之善，而猖狂于时，妄自尊立，固义夫之所扼腕，人鬼之所同疾。"

《宋书·王僧达传》（卷七十五）："窃以无恩不可终报，尸素难可久处，故猖狂芜谬，每陈所怀。"

卢文弨《说文解字读序》："唐宋以来，如李阳冰……之流，虽未尝不遵用，而或以私意增损其间。……逮于胜国（指明朝），益猖狂灭裂，许氏之学浸微。"（段玉裁《说文解字注》）

《李觏集·常语上》（卷三十二）："董卓、李傕之猖狂，献帝虽在，无献帝矣。"

（4）形容气焰嚣张或气势猛烈的样子。如：

《汉书·赵充国传·杨雄〈赵充国颂〉》："先零昌狂，侵汉西疆。"

柳开："臣近随天兵深入贼界，虽则部领粮草，颇亦经涉阵场，见犬戎之猖狂，知边鄙之捍御。"

(《河东集》卷十,《四部丛刊初编》)

柳宗元《招海贾文》:"海若啬货号风雷,巨鳌领首丘山颓,猖狂震虩(xì)翻九垓。"(《柳河东集》卷十八)

例(1)(2)都是指敌方气焰嚣张。

熊经

熊经是古代的一种导引术,类似现在的气功。前人对于"熊经"有不同的解释:

1.《庄子·刻意》:"吹呴呼吸,吐故纳新,熊经鸟伸,为寿而已矣,此道引之士、养形之人、彭祖寿考者之所好也。"

司马彪注:"熊经,若熊之攀树而引气也。"

成玄英疏:"如熊攀树而自经。"

2.《淮南子·精神》:"熊经鸟伸,凫浴蝯躩,鸱视虎顾,是养形之人也。"

高诱注:"经:动摇也。"

3.《后汉书·华佗传》:"是以古之仙者为导引之事,熊经鸱顾,引挽腰体,动诸关节,以求难老。"

李贤等注："熊经：若熊之攀枝自悬也。"

4.《文选·高唐赋》："倾岸洋洋，立而熊经。"

张铣注："熊经，如熊攀树而立，其身偻佝。"

5.《文选·长笛赋》："熊经鸟伸，鸱视狼顾。"

吕延济注："熊经，谓以前足凭木而立。"

6. 郝懿行《晒书堂笔记·导引书》卷下："熊经者，熊罴之属冬则穴，穴者蛰也，熊将蛰，登百尺木，手抱其蔑（原注：《方言》云：'木细枝谓之蔑。'），悬而坠之，令气四周，乃入蛰。养气者效之，反交两手，引气而上，用足末为踵，植于地，如柘木橛，欻开其手，体如悬坠而下，若此者凡五度或十度，是谓熊经。"

7. 陶炜《课业余谈》卷中："熊经，身不动而回顾，导引者学其法也。"

上述说法，可以分为四类。

一是"攀树引气"；二是"攀树自经"，即"攀枝自悬"，郝懿行的说法实际上也是"攀枝自悬"；三是"攀树而立"，即"以前足凭木而立"；四是把"经"解为"动摇"，陶炜的意见与此相近。前面三种说法都与"攀树"有关。今人陈鼓应释"经"为"直立的意思"(见《庄子今注今译》),大概是从"攀树而立"推断出来的。若依"自悬""自经"的说法,则"经"是"悬挂"的意思。郝懿行说:"经者,磬也",并引《礼记·文王世子》"磬于甸人"为据,郑注:"悬缢杀之曰磬。"(见《十三经注疏》)归纳起来,对"熊经"的"经"字有三种不同的解释:动摇;直立;悬挂。诸说中以"攀树自悬"影响最大,《辞源》和我们都取此说。

20世纪70年代初,长沙马王堆三号汉墓出土了一种《导引图》,其中第四十一图为"熊经"。图像着棕灰色衣服,束腰,半侧身作转体运动状,两臂微向前。这个图像的出土,为我们研究"熊经"的具体形状提供了宝贵的资料。唐兰先生根据图像否定了司马彪、李贤的说法,对"熊经"做出了新的解释。他说:"从新发现的这个图看,它根本不像是攀枝自悬,尤其不像人的自经即上吊的样子,图中的熊经,只像熊的模仿人那样走路,那么,这个经字可能当作经过的经讲,有行走的意思,题记似从人作俓,也可作径的意义。这个图出于汉初,可见战国时人所说的'熊经'就应该是这种形式。"(《导引图论文集》)

唐先生的解释,似难成立。把"经"解为"行走的意思"，熊经就是"像熊的模仿人那样走路"，这跟导引术的特点不符。"导引者，擎手而引欠也。"(《黄帝内经素问集注》注文)"擎手"是双手运动的姿势，"引欠"是呼吸吐纳的运气活动。如果熊经只是跟走路一样，是在行走中运动，那跟熊的活动有什么必然的联系呢？另外，"像熊的模仿人那样走路"一语与"熊经"的语法结构不符。"熊经"的"熊"是名词做状语，表示比喻，正确的解释应当是人像熊那样……。

根据马王堆出土的图像和题记，再斟酌前人对"熊经"的解释，我认为"熊经"这种导引方式应是：

1.像熊那样直立。熊的直立要靠后两足着地，"前足凭木而立"，图像两臂微向前，正是模仿熊前足凭木的样子。《高唐赋》说的"立而熊经"，已明确说到"熊经"是一种"立"的姿势，而不是走路的样子。这种立式也不是挺身正立，因为两臂微向前，又半侧身作转体运动，所以张铣说"其身偻佝"。

2.唐兰先生指出：熊经的"经"题记似从人作俓，也可作径的意义。这条材料很重要。"径"或"俓"都有"直"的意思，"熊俓"就是熊直立的意思。释"俓"为"直立"，不仅与图像一致，与古代的训诂资料也大体上一致。另外，古书上即使把"熊俓"的"俓"写作"经"，但它的读音不是平声而是去声,《庄子·刻意》的"熊经",《释文》引李说,"经"音古定反。又,《三国志·魏书·华佗传》作"熊颈","颈"为"俓"之同音假借。

3."熊经"这种导引术也不是一成不变的。以上对"熊经"的解释当是战国至东汉时的方式,至于郝懿行所描述的"熊经"与马王堆出土的图像显然不合,这可能是明清时代的方式。

鸿鹄

《史记·陈涉世家》:"嗟乎!燕雀安知鸿鹄之志哉!"句中的"鸿鹄"是指一种鸟,还是"鸿"与"鹄"分指两种鸟,历来就有分歧。

颜师古认为是两种不同的鸟。他说:"鸿,大鸟,水居;鹄,黄鹄。"(《汉书·陈胜传》注)王筠《句读》认为:"鸿鹄二字为名,与黄鹄别,此鸟色白,异于黄鹄之苍黄也。"我参加编写的《古代汉语》也把"鸿"与"鹄"解释为两种鸟,即大雁与天鹅。

司马贞《史记索隐》认为是一种鸟。他说:"鸿鹄是一鸟,若凤皇然,非谓鸿雁与黄鹄也。"(《史记·陈涉世家》)宋人袁文在《瓮牖闲评》卷七也讨论了"鸿鹄"问题,未有明确结论。清代的段玉裁、朱骏声和《辞源》第二版以及中学语文课本都解释为一种鸟,但都未论证,所以分歧依然不能彻底解决。

我赞同鸿鹄是一种鸟的说法,而且认为"鸿鹄"即"黄鹄",也就是"黄鹤"。

(1)以文献资料为证。

> a. 宁与鸿鹄比翼兮,将与鸡鹜争食乎?(《楚辞·卜居》)
> 宁与燕雀翔,不随黄鹄飞。(《阮步兵咏怀诗》之八)
> b. 夫鸿鹄一举千里。(《韩诗外传》卷六)
> 夫黄鹄一举千里,……臣将去君,黄鹄举矣。(《韩诗外传》卷二)
> c. 夫鸿鹄一举千里。(《新序·杂事》卷五)
> 黄鹄白鹤,一举千里。(同上)
> d. 鸿鹄高飞,一举千里。(《史记·留侯世家》)
> 黄鹄一远别,千里顾徘徊。(《陕西通志》卷之三十二)

以上四组例子中的"黄鹄"与"鸿鹄",意思完全一样。段玉裁说:"凡经史言鸿鹄者皆谓黄鹄。"(《说文解字注》

"鹄"字注文）这个结论是完全正确的。

（2）以语音资料为证。

"鸿"与"黄"在语音上相通，"鹄"与"鹤"在语音上也相通。

"鸿""黄"都属匣母；"鸿"属东部，"黄"属阳部，二者为旁转关系。古人把"黄帝"称为"帝鸿"（见《左传·文公十八年》，又见《史记·五帝本纪》正义）。"帝鸿"即鸿帝，也就是黄帝。顾颉刚说："至称之曰'帝鸿氏'者，黄与……鸿音转变甚易。江苏无锡县有皇山，为泰伯墓所在，而一作'鸿山'，……知'皇'之可转为'鸿'，则知'帝鸿'即'帝黄'，颠倒其字耳。"（《史林杂识初编》）顾说极是。所谓"颠倒其字"，实际是个构词方式问题。"帝鸿"这种构词方式与"后稷""公刘"一样，都是以大名冠小名。

"鹄""鹤"均匣母字；"鹤"属药部，"鹄"觉部，二者旁转。《庄子·庚桑楚》："越鸡不能鹄卵。"《释文》："鹄，本亦作鹤，同。"《庄子·天运》："夫鹄不日浴而白。"疏："鹄，古鹤字。"《乐府诗集·艳歌何尝行》题解："鹄"一作"鹤"。杨慎《转注古音略》卷五："鹤，古音鹄，亦音鹄。鹄亦音鹤。"他如武昌黄鹤楼的所在地，古名黄鹄矶。袁中道《东游日记》解释说："鹄与鹤一也，鹄即鹤音之转。……鹤鹄二字，古人通用。"(《珂雪斋近集》卷一)古书中不仅有"鸿鹄""黄鹤"，也有"鸿鹤"。《拾遗记》卷三："帷有黄发老叟五人，或乘鸿鹤，或衣羽衣。"这都是"鹄""鹤"通用的确证。

（3）"鸿鹄"是一种什么鸟？

朱骏声说："形似鹤，色苍黄，亦有白者，其翔极高。一名天鹅。"(《说文通训定声·孚部》)这段描写文字大体上是正确的。只是"黄鹤"并非因"色苍黄"而得名。"黄鹤""鸿鹄"都是偏正式，"黄""鸿"都是"大"的意思。"鸿鹄"即"大鹄"，也就是"大鹤"。从古书对其生活习性和外形的描写来看，朱骏声认为它就是"天鹅"，这是可信的。

《管子·戒》："今夫鸿鹄春北而秋南，而不失其时。"可证这是一种候鸟。

《汉书·昭帝纪》注："黄鹄，大鸟也，一举千里者；非白鹄也。"可证此鸟能远距离高飞，且与白鹤不同。《新序》"黄鹄白鹤"并提，也可证"黄鹄"不等于"白鹤"，尽管黄鹄的颜色也可以是白的。

《乐府诗集》的《黄鹄曲》引《列女传》："悲夫黄鹄之早寡兮，七年不双。"旧题苏武《别诗》之二："愿为双黄鹄，送子俱远飞。"可证此鸟为雌雄结伴。

《战国策·齐策》:"黄鹄因是以游于江海。"《新序·杂事二》:"鸿鹄嬉游乎江汉,息留乎大沼。"可证此鸟常栖息于江湖及沼泽地带。

《韩诗外传》卷二:"夫黄鹄……止君园池,食君鱼鳖……"《汉书·昭帝纪》:"黄鹄飞兮下建章,羽肃肃兮行跄跄。金为衣兮菊为裳,唼喋荷荇,出入蒹葭。"可证此鸟以鱼和水生植物为食。

以上这些特点,天鹅都具备,所以我相信鸿鹄即天鹅的说法。

计失

《史记·淮阴侯列传》:"夫听者,事之候也;计者,事之机也;听过计失而能久安者,鲜矣。"

王伯祥先生的《史记选》对"计失"的注释是:"定计失算"。(人民文学出版社1973年版,第371页)

《中华活叶文选》合订本(4)的注释是:"打错了主意。"(中华书局1962年版,第289页)

《古代汉语》综合两说,注为:"定计失算,也就是打错了主意。"(中华书局1981年版,第718页)

上述三家注释只是措辞有别,意思完全一样。我以为把"计失"释为"定计失算"是不准确的。"计失"原本的意思是:"失去了好的计谋",即"没有采纳好的计谋"。《淮阴侯列传》里的"听过计失"用的是典故。《战国策·秦二·齐绝楚》:"计者,事之本也;听者,存亡之机。计失而听过,能有国者寡也。"这是楚使陈轸劝说秦王的话,与蒯通说韩信的那段话几乎完全一样,其中的"计失"也是不采纳好的计谋的意思。《秦策二》还有一个例子,意思更为明确。原文是:"计失于陈轸,过听于张仪。"所谓"计失于陈轸"当然不能解释为"陈轸打错了主意",或"陈轸定计失算"。恰恰相反,故事说的是楚怀王没有采纳陈轸的计谋。姚本注为"坐不从陈轸之计故也",准确地解释了原意。

"计失"也可以变为动宾式"失计",意思不变。如《战国纵横家书》:"故韩是(氏)之兵非弱也,其民非愚蒙也,兵为秦禽,知(智)为楚笑者,过听于陈轸,失计韩偭(俑)。"(文物出版社1976年版,第107页)《韩策一》作"失计于韩朋"。意思是韩王没有采纳韩朋的计谋。

《辞海》和《辞源》都把"失计"和"失算""失策"等同起来。《辞海》的书证有《史记·越王勾践世家》:"今王知晋之失计,而不自知越之过。"《辞源》的书证有《韩非子·六反》："赴险殉诚，死节之民，而世少之曰：失计之民也。"《大戴礼记·保傅》："故成王中立而听朝，则四圣维之，是以虑无失计，而举无过事。"《辞源》《辞海》把这些"失计"都释为"计谋错误"。从结构上看都是主谓关系，从词性看，"失"成了形容词。我认为这三个"失计"都是动宾结构，与"失算""失策"意义有别。"失计之民"是指不采用正确计虑的人，梁启雄释为"可谓失计算之人"（《韩子浅解》），意思较好；"虑无失计"是说虑事没有丢掉正确计谋，意即能采纳好的计谋；"知晋之失计"意为知道晋国失去了好的计虑。

古书中的"失计"也有"错误的计谋""失算""失策"的意思，但这是引申义。如《昭明文选·为幽州牧与彭宠书》："内听娇妇之失计。"明黄淳耀《诸葛亮论上》："今伐吴之失计，群臣皆能知之。"（《陶庵文集》卷三）这个引申义始于何时，还有待进一步查考。

彼观其意

司马迁《报任安书》："（李陵）身虽陷虏，彼观其意，且欲得其当而报汉。"何谓"彼观其意"，众说纷纭。

《昭明文选》刘良注："彼观，犹观彼也。"清初吴楚材、吴调侯的《古文观止》取此说。

《马氏文通》（上册）说："以上下文言之，'彼'当太史公自谓，不应用'彼'字。而遍查各本，皆用此字，实无他书可为比证。未敢臆断，附识于此。"

杨树达《马氏文通刊误》（中华书局1983年版）引高元《新标点之用法》云："彼""其"二字并指李陵，马氏以为"彼"当太史公自谓，不应用"彼"字，此大谬也。"彼"乃句之主词，"且欲得其当而报汉"，其谓词也。"观其意"为插注的散动，乃句之孤立部，例无主词，不得曰"吾观其意"也。此句若以破折标易读点分之，则意更晓矣。如：

彼，——观其意，——且欲得其当而报汉。

杨树达认为"高君之说甚当，足以解马氏之疑矣"。

我在《古代汉语讲授纲要》（上册）里说："彼，指李陵。观，示，显示给人看。意思是李陵表示出他的意思。"（中央广播电视大学出版社1983年版，第238页）

我的解释跟以上各家的意见都不同，但不少读者来信感到犹欠论证，故在此做些补充。

首先，各家解释之所以失误，主要是错解了"观"字。"观"在古汉语中既有"看"的意思，也有"给人看"的意思。《尔雅·释言》:"观,示也。"郝疏引《玉篇》云:"示者,语也,以事告人曰示也。"《考工记·栗氏》:"嘉量既成,以观四国。"注:"以观示四方,使放象之。"(《十三经注疏》)《庄子·大宗师》:"彼又恶能愦愦然为世俗之礼以观众人之耳目哉!"《经典释文·庄子音义》注:"观,古乱反,示也。"①《汉书·严安传》:"调五声使有节族,杂五色使有文章,重五味方丈于前,以观欲天下。"孟康曰:"观,犹显也。"师古曰:"显示之使其慕欲也。"朱骏声说:"以此视彼曰观,故使彼视此亦曰观。"(《说文通训定声·乾部》,万有文库本)都足以证明我把"观"释为"显示给人看"是有充分根据的。

其次,把"观其意"当作插入成分,认为"观其意"的逻辑主语是司马迁,即司马迁观李陵之意。此说在情理上很难讲通。司马迁与李陵天各一方,不通音问,凭什么"观其意"?很显然,"欲得其当而报汉"的意图,是李陵本人表现出来的。他在投降前,命令残部"各鸟兽散,犹有得脱归报天子者"(《汉书·李陵传》)。归报的内容是什么,史书未详言。但那逃回来的人中,一定有人谈起过

---

① 古注"观瞻、观示,有平去之分"。钱大昕说:"人之观我,与我之观于人,义本相因,而魏晋以后经师强立两音。"(《潜研堂文集》卷十五)

李陵有意假投降。司马迁应是据此而说"彼观其意"云云。《汉书·李陵传》更直截了当地说："彼之不死，宜欲得当以报汉也。"旧题李陵《答苏武书》也说："子卿视陵岂偷生之士而惜死之人哉！宁有背君亲、捐妻子而反为利者乎？然陵不死有所为也，故欲如前书之言，报恩于国主耳。"(《昭明文选》卷四十一）这些材料说明假投降是李陵的原意，应看作是"彼观其意"的最好注脚。

1984年12月完稿于中关园44楼109室

原载《古汉语研究》（第一辑），中华书局1996年版。

词义琐谈之一

报 俭 分 控 三尺 塞责 猖獗（蹶）

因为教古代汉语的关系，常参考一些社会上流行的古文注本，受益匪浅。偶尔也发现某些词句有释义欠妥之处，于是略加考辨，顺手写成札记，名曰"词义琐谈"，现抄录数条，以求教于学人。

报

《韩非子·存韩》："今若有卒报之事，韩不可信也。"句中的"报"字是什么意思呢？这个问题本来俞樾已经初步解决，但语焉不详，梁启雄先生在《韩子浅解》中对俞樾的意见做了错误的理解，因此还有申述的必要。

俞樾说："报读为赴疾之赴。《礼记·少仪》：'毋报往'。《丧服小记》：'报葬者报虞'。郑注并云：'报，读为赴疾之赴'是也。"（转引自王先慎《韩非子集解》）盈按："赴疾"即快速。《释名·释饮食》："脬，赴也。夏月赴疾作之，久则臭矣。"

梁启雄说："猝（卒借为猝）报之事，指突然向韩国赴报的紧急军事。"

很显然，梁先生对郑注和俞樾的意见都未正确理解，把"报"译为"赴报"，全句理解为"向韩国……"云云，这就完全错了。

按汉人注经"读为"之例，就是要用本字来说明假借字。郑注《礼记》"报读为赴疾之赴"，意思是说句中的"报"字乃"赴"字之假借，它的意义跟"疾"一样，是急速之义。所谓"毋报往"，就是"毋速往"，和上一句"毋拔来"相对成文，"拔"也是急速的意思。"报葬"就是不到一定日期就急速埋葬。"报虞"就是急速举行虞祭（古时既葬而祭叫虞）。

那么，《存韩》中这句话应如何翻译就很清楚了，在这里，"卒""报"都是假借字，即"猝""赴"，二者是同义词，都是急速的意思。全句大意是：如果发生突然事变，韩国是不可信的。

在古语中，还把"脍切"称之为"报切"。《礼记·少仪》："牛与羊鱼之腥，聂而切之为脍。"郑注："聂之言牒也。先藿叶切之，复报切之则成脍。"段注《说文》："脍，所谓先藿叶切之（即切为薄片），复报切之也。报者，俗语云急报，凡细切者必疾速下刀。"段玉裁的意见是对的。

又，汉乐府《焦仲卿妻》"吾今且报府"与"吾今且赴府"并见于篇，"报"即"赴"之假借。

"报"借为"赴"，在语音上是有根据的。"报""赴"上古都是双唇音。"报"，幽部字；"赴"，按段玉裁的分部为幽之入，各家归侯之入，无论是幽入还是侯入，都是可以与"报"相通的。

俭

司马迁在《报任安书》中说李陵能"恭俭下人"。"恭俭"本是一对常用词，不少注家却未能得其确解。王力先生主编的《古代汉语》说："恭俭，是偏义复词，着重在恭。"这是因为没有弄清楚"俭"在句中的实际意义，就当作"偏义复词"来处理了。"恭俭"连用，在《论语》中就已经出现了。"夫子温良恭俭让以得之"（《学而》）就是一例。杨伯峻先生在《论语译注》中把"俭"译为"节俭"，也不恰当。"节俭"主要是从物质方面来说的，它与待人有什么关系呢。从上下文来看，也很难讲得通。

《说文》："俭，约也。"段玉裁注："俭者，不敢放侈之意。"这就对了。其实，朱熹在《论语》注中早已指出："俭，即容貌收敛而不放肆，非俭约之说。"（朱熹所说的"俭约"是节约的意思）王聘珍《大戴礼记解诂·文王官人》："其色俭而不谄。"注："俭，卑谦也。"司马迁所说的"恭俭下人"的"俭"也是不放肆、态度谦谨的意思。

分

《滕王阁序》的"星分翼轸"一语，各家都把"分"字联上注，解为"星空的分野"。如朱东润主编的《中国历代文学作品选》说："星分翼轸：星空的分野属于翼轸……据《越绝书》，豫章郡古属楚国地，当翼轸二星的分野。又《晋书·天文志上》谓豫章属吴地，吴越扬州当牛斗的分野，所以下文言'龙光射牛斗之墟'。"王力主编的《古代汉语》说："豫章古为楚地，所以说'星分翼轸'。"人民教育出版社编的《古代散文选》说："古人以天上的某个星宿对着地面的某个区域，叫作'某星在某地之分野'。"该书也引用《越绝书》证明翼轸是豫章的分野。

上述三家都把"星分"看作偏正结构，即星的分野；都把翼轸当作豫章的星宿分野。这样一来，就出现了三个问题。

1.豫章的分野明明是属于牛斗，地处吴越扬州，南昌本属吴地，这里为什么又说是翼轸呢？朱注已摆出了这种矛盾，却没有做出合理的解释。似乎豫章既可以归翼轸，又可以归牛斗。同一个王勃，在同一篇文章之中，会出现这种常识性的差错吗？王注虽没有细说，也和该书的"古代文化常识（一）"天文部分的论述相矛盾。这里不详述。

2.从文意来看也成问题。"星分翼轸，地接衡庐"，两句相对成文，都是写南昌的接壤地。如果认为第一句是写南昌本身，第二句是写接壤地，这就和王勃的原意大相径庭了。

3.《滕王阁序》是一篇漂亮的骈体文，它的平仄、对仗都是很讲究的。从平仄来说，两句的格式应是：

　　平平仄仄，仄仄平平。

而"分"字如理解为"分野"的"分"，就应该读去声。《春秋·僖公三十一年》及《左传·昭公二十六年》杜注"分野"，《经典释文》都音"扶问反"。《汉书·地理志上》"所封封域皆有分星"，颜师古注："分音扶问反。"《文选·皇甫士安〈三都赋序〉》"考分次之多少"，"分"注

"去",即读去声。陈其元《庸闲斋笔记》卷四:"分野之'分'是去声。"但此"分"读去声,则于平仄不合,可见不能作"分野"解。

从对仗而言,"分"与"接"是动词对动词,如果把"分"字当名词看,于对仗也有所乖违。

因此,我的意见:"分"在这里是"分界"的意思。这两句都不是写豫章本身,而是写豫章的邻境。上句是从天空的分野而言,与翼轸相分界,下句是从地面的接壤而言,与衡庐相接连(用衡山代表衡州,庐山代表江州)。这样,才不至于和下文的"龙光射牛斗之墟"相矛盾,而且也与历来有关州国分野的记载相吻合。平仄和谐,对仗工整,这是读者一看就能明白的了。

"分"和"接"连用时,作为"分界"的意思,在王勃的作品中还有类似的例子:

《游冀州韩家园序》:"星辰当毕昴之墟,风俗是唐虞之国。虽接燕分晋,称天子之旧都,而向街当衢,有高人之甲第。"所谓"接燕分晋",是说冀州与燕晋相接壤。这里的"分""接"与《滕王阁序》的用法丝毫不差,而且"分"与"接"在句中可以互换,基本意思不变。如说"星接翼轸,地分衡庐",未尝不可,所不可者,只平仄不谐耳。

剩下一个问题是怎么解释《越绝书》的说法[①]。原来《越绝书》认为豫章属楚地，分野属翼轸，并不错。它所说的那个"豫章"和王勃所说的这个"豫章"，名同而实异。注家不明乎此，就把古豫章和隋唐时代的豫章拉扯到一块了。宋人吴曾在《能改斋漫录》中已指出："春秋之豫章为濒楚，在江夏之间。"又说："予江西人，尝考今之豫章，非春秋之豫章……按宋武帝讨刘毅，遣王镇恶先袭至豫章口。豫章口去江陵城二十里（盈按：可阅《宋书·王镇恶传》），乃知春秋之豫章去江陵甚近，与今洪州全不相干。"（见该书卷九）因此，注家引《越绝书》来证明《滕王阁序》中的"星分翼轸"，对材料的时代性没有鉴别，结果"证"而不"明"。由于"分"字失解，有人批评王勃"星分翼轸，分野尤差。"（叶大庆《考古质疑》卷五）有人强作解说，顾前不顾后，音韵训诂均失据。

控

"控""引"曾经是同义词，我们今天的读者已经不大能理解了。《滕王阁序》中"控蛮荆而引瓯越"。这个"控"字，从《古文观止》以来，就有些不贴切的注解。《古文观

[①] 《越绝书·越绝外传记军气第十五》。

止》注："荆楚主南蛮之区，此则控扼之。"《中华活页文选》不唯"控"字没注清，连"引"字也误解了。它把这句话译为："西控两湖，东扼浙江。"还有的注本说："控、引：这里都有控制的意思。"

《说文》："控，引也。"段注："引者，开弓也。引申之凡引远使近之称。""控蛮荆而引瓯越"，正是以豫章为中心，"引远使近"的意思。在这里，"控"和"引"就是一对同义词，并非"控制""控扼"的意思。

王勃这个句子是从左思的《吴都赋》"控清引浊"脱胎而来。"控清引浊"也不能理解为控制清流和浊流，而是说大海接引清流和浊流，即清流浊流都归大海的意思。李周翰注："控，亦引也。"这是对的（盈按：清、浊原本指济水、黄河。《史记·苏秦列传》："燕王曰：'吾闻齐有清济、浊河可以为固'。"这里是泛指）。

"控"作接引解，在古汉语中也是不乏其例的。如陆机《齐讴行》"洪川控河济，崇山入高冥"，左思《魏都赋》"同赈大内，控引世资"，班固《西都赋》"泛舟山东，控引淮湖，与海通波"。我统计了一下，"控"字在《昭明文选》共出现十八次，基本上都是"引"或"接引"的意思。用作"控制"或"控扼"的，一例也没有。

又，《梁书·张缵传·南征赋》："青溢、赤岸，控汐引潮。"张元幹《芦川归来集·水调歌头（陪福帅燕集，口占以授官奴）》："引三巴，连五岭，控百粤。""引""连""控"同义。《芦川归来集·代洪仲本上徐漕书》："某家世豫章之为郡，襟带江湖，控引夷越，乃东南一都会。"可证，控引同义，古无分歧。

三尺

王勃在《滕王阁序》中称自己是"三尺微命，一介书生"。什么叫"三尺微命"呢？王力先生主编的《古代汉语》是这么注的："三尺，指衣带结余下垂的部分（绅）的长度。《礼记·玉藻》：'绅长制，士三尺。'微命，指卑贱的官阶。《周礼·春官·典命》郑注：'王之下士，一命。'王勃曾为虢州参军，所以自比于一命之士，而说'三尺微命'（依高步瀛说）。"人民教育出版社编的《古代散文选》也依高步瀛说，故与王注几乎完全一样。

三尺，本来可用于指人的身长，引申为指人的年龄。在这里，是"童子"一词的代称。"童子"在战国时候通常为"五尺"。《孟子·滕文公上》："虽使五尺之童适市，莫之或欺。"《管子·乘马》："童五尺一犁。"到了唐代，往往用"三尺"指童子。由五尺减到三尺，当然不能误解为唐代的童子要比战国时候的童子矮一截，而是名物制度有异。例子有《杨盈川集·少室山少姨庙碑》:"童子三尺,盖谈霸后之臣;冠者六人,惟述明王之道。"《新唐书·李泌传》:"杨炎视朕如三尺童子,有所论奏,可则退,不许则辞官。"王勃写《滕王阁序》时,年纪尚轻,自己谦称为"三尺",未尝不可,而且上文有"童子何知,躬逢胜饯",与此正好相照应。从文献资料看,称童子为三尺,宋代尚然。胡铨《戊午上高宗封事》:"夫三尺童子,至无知也,指仇敌而使之拜,则怫然怒。"

由于高步瀛对"三尺"的注释不对,对"微命"的解释也失之牵强。事实上,郑注《周礼》所说的"一命"与王勃所说的"微命"没有任何关系。"微命"这个词语,早已见之于屈原的《天问》:"蜂蛾微命力何固。"这里所说的"微命"就是微小的生命。郭沫若先生译为:"蜜蜂和蚂蚁尽管微渺,而力量何以又那么顽强?"这是完全正确的。像王勃这样的文学家,由于受当时文风的影响,对《昭明文选》这样的作品都是读得滚瓜烂熟的,他作品中的许多词语都可以从《文选》找到出典。"微命"又是一例。如祢衡《鹦鹉赋》:"托轻鄙之微命,委陋贱之薄躯。"谢灵运《初发石首城》:"寸心若不亮,微命察如丝。"殷仲文《解尚书表》:"佇(又作抒)一戮于微命,申三驱于大信。"例中的"微命"都是渺小微弱的生命的意思,和"一命""王命"没有丝毫联系。我们把"微命"解释清楚了,那么,"三尺微命"的意思就不难理解了。上下文的关系也不难理解了。王勃说自己是三尺童子渺小微弱,是为了引出下面的"无路请缨……";说自己是"一介书生",是为了紧扣下文的"有怀投笔……"。三尺童子无路请缨,一介书生有怀投笔,文理严密,丝丝入扣,作任何别的解释都会使文意扞格不通。

塞责

"塞责"这个词语在古书上是常见的,究其实应作何解,似乎尚无确说,翻开辞书一查,出现了五花八门的说法。

《辞源》说:"塞责,谓免于责备也。《史记》:吾责已塞,死不恨矣。"

《联绵字典》:"隔塞其责让也。《汉书·游侠·原涉传》:诛臣足以塞责。"

《汉语词典》:"塞责,谓完其责任。如,前犹与母处,是以战而北也,辱吾身;今母殁矣,请塞责。"

商务印书馆出的《辞源》第二版第一册:"塞责,尽责,当责。"接着列举了两个例证。例一与《汉语词典》同,例二出自《史记·项羽本纪》:"故欲以法诛将军以塞责。"这例二在《中华活页文选》的注解中又不一样。它说："塞责——掩饰自己的责任。"

上述诸解，可分为两类。"免于责备"，"隔塞其责让"为一类。"究其责任"，"尽责""掩饰……责任"为一类。

我觉得，这些说法都欠妥帖。古汉语中的"塞责"与今义并不完全一样。它的古义应当是"弥补罪过"的意思。我们还用上面那些例句来做点分析。

1."吾责已塞，死不恨矣。"出自《史记·张耳陈余列传》。这话是赵相贯高说的。贯高曾鼓动赵王张敖反叛汉王朝，事泄，汉王朝逮捕了张敖，贯高被迫自首，说出了事情的真相，张敖才得以无罪开释。因此，贯高说：我的罪过已经弥补了，虽死也没有什么遗憾了。从上下文看，《辞源》"免于责备"之说就不对了。

2."诛臣足以塞责。"语出《汉书·游侠传》。王莽执政时，曾经要把游侠漕中叔抓起来，而中叔与强弩将军孙建关系很好，王莽疑心孙建将他隐藏起来了。孙建说："臣名善之，诛臣足以塞责。"所谓"足以塞责"，也是弥补（漕中叔的）罪过。如果解释成"隔塞其责让"，那是很难讲通的。

3."今母殁矣，请塞责。"语出《韩诗外传》卷十。说这话的人叫卞庄子。他在战争中"三战三北"，当然是有罪的，而他之所以当逃兵，理由是家有老母，需要照顾。后来，他的母亲去世了，故卞庄子请求给他机会，让他弥补从前当逃兵的罪过。下文说："遂走敌而斗，获甲首而献之，请以此塞一北，又获甲首而献之，请以此塞再北，……又获甲首而献之曰：请以此塞三北。将军止之曰：足。请为兄弟。卞庄子曰：夫北以养母也。今母殁矣，吾责塞矣。吾闻之，节士不以辱生。遂奔敌，杀七十人而死。君子闻之曰：三北已塞责，又灭世断宗，士节小具矣，而于孝未终也。"文中的"塞一北"，就是弥补一次逃跑的罪过，"塞再北"，"塞三北"，理同。"三北已塞责"，就是三次逃跑的罪过已经弥补了。若解为"完其责任"，这些"塞"字就一个也讲不通了，最后一句成了"三次逃跑已完成责任"，这成什么话呢？

4. 至于《史记·项羽本纪》中的"故欲以法诛将军以塞责"一语，《中华活页文选》的注释也是似是而非。这句话的本意是：赵高想诛章邯以弥补自己的罪过，并非掩饰责任的意思。

这样的例子还可以列举一些，如《文子·符言》："治不顺理则多责，事不顺时则无功。妄为要中，功成不足以塞责，事败足以灭身。"杨恽《报孙会宗书》："当此之时，自以夷灭不足以塞责。"《后汉书·刘盆子传》："必欲杀盆子以塞责者，无所离（避也）死。"《宋书·范晔传》："晔妻……回骂晔曰：'君不为百岁阿家，不感天子恩遇，身死固不足塞责，奈何枉杀子孙。'"欧阳修《乞根究蒋之奇弹疏札子》："臣若有之，万死不足以塞责。"也都是弥补罪过的意思。

"塞"字有"弥补"的意思，前人已注意到了。《汉书·于定国传》："今丞相御史将欲何施，以塞此咎。"颜师古注："塞，补也。""塞咎"等于"塞责"，也是弥补过错的意思。

"责"字由"责求""诛责"引申为"罪责"，在古汉语中也是常见的意义。直到宋朝还这样用。《包孝肃公奏议》卷一："盖负责之人，自忿废绝，不能振起。""负责"即"负罪"。今成语还有"罪责难逃"。

猖獗（蹶）

"猖獗"的今义是人所共知的，正因为如此，就很容易用今义来理解它的古义，以至于把一些文句弄得半通不通，请看下面两个例子：

1.《三国志·蜀书·诸葛亮传》："而智术短浅，遂用猖獗，至于今日。"

陈中凡编的《汉魏六朝散文选》注为："盗贼势盛貌。

此指曹操势焰说。"

《历代文选》（上册）注："猖蹶：偏义复词。即蹶，颠仆，跌倒，引申为挫败义。"

1963年第十期的《文字改革》译为："可是智力谋术够不上，（奸臣）就越来越猖狂，到了今天这个局面。"（这篇译文又见1964年出版的《中学语文课本文言课文的普通话翻译》一书）

2. 丘迟《与陈伯之书》："沉迷猖獗，以至于此。"

朱东润主编的《中国历代文学作品选》注："猖獗，狂妄。"

哈尔滨师范学院中文系编的《中国古典文学作品选》注："意思说伯之一时被北魏的狂肆之势所迷惑。"

这些情况说明，对"猖蹶"一词的误解，具有相当的普遍性，提出来讨论一下，并非多此一举。

把例1的"猖蹶"注为"盗贼势盛貌""奸臣越来越猖狂"，例2的"猖蹶"注为"狂妄"，"北魏的狂肆之势"，都是错误的，错在以今义释古义，以至于连句子的主语都偷换了。似乎一说"猖蹶"，就是指"盗贼""奸臣"之类的坏人或敌对势力。可是，李白说："嗟余沉迷，猖獗（一作"蹶"）已久，五十知非，古人常有。"（《李太白全集·雪谗诗赠友人》卷九）这个"猖獗"的主语是指谁呢，难道不是指李白自己吗！从刘备到李白都说自己"猖獗"，足见，中古汉语的"猖獗"断乎不同于今义。这里应当补充说明的是，把"猖獗"解为"盗贼势盛貌"，并不始于陈中凡先生，几十年前出版的《辞源》就是这么说的，其影响就更广了。

其次，《历代文选》的注释虽然比较可取，但也只把问题说对了一半。它说"蹶"是颠扑，跌倒，引申为挫败义。这是对的。而"偏义复词"的说法就不对了。

从构词法来说，"猖獗"是联合式。《说文》中没有"猖"字，朱骏声认为它是"伥"字的俗体（见《说文通训定声》壮部，万有文库本），这是对的。按《说文》："伥，狂也。……一曰：仆也。""仆"也是跌倒的意思。那么，猖獗是由同义词组成的双音词，意思就是遭受挫折，跌跤子。刘备说自己智术短浅，因此受到挫折。丘迟批评陈伯之迷失方向，以至于受挫折。跟"盗贼势盛"几乎全无关联。"猖獗"在中古是常用词。《晋书·王彪之传》："无故恩恩，先自猖獗。"又《殷浩传》："不虞之变，中路猖獗。"都是跌跤子、受挫折的意思。

盈按：写这条"琐谈"时，尚不知清人赵翼在《陔馀丛稿》卷二十二已讨论过"猖獗"，所得结论为："凡此皆有倾覆之意，与常解不同。"但本人所论意在匡谬正俗，且论说亦有新意，可补赵说之不足。

1979年9月完稿于海淀黄庄北大附中宿舍楼
原载北京大学《语言学论丛》第七辑，
商务印书馆1981年版。

词义琐谈之二

厉 逢 突 鏖 已诺 徒行 取容

《语言学论丛》第七辑登载过我的一篇《词义琐谈》，故把这个续篇称为"之二"。

厉

《辞海》（修订本）厂部"厉"字的第六义项是："河水深及腰部可以涉过之处。"我已经看到有两篇文章批评这条释文。

1.张涤华同志说："河水深及腰部，可以涉过"的话，说得似乎过于确凿。《尔雅·释水》虽然说"由带以上为厉"，但郝懿行《义疏》已经指出"亦略举大概而言。实则由带以下亦通名厉"。……可见不必说什么"深及腰部"，

只依《释水》另一解释"以衣涉水为厉"就行了。(《辞书研究》1981年1期)

2.刘君惠同志不仅不同意"河水深及腰部"的释义,且亦不同意"以衣涉水""由带以上为厉"的说法。他同意戴震的意见,《诗经·邶风·匏有苦叶》"深则厉",《说文》引作"深则砅"。砅,履石渡水也。《诗经》之意以水深必依桥梁乃可过。就是桥,一声之转则为"梁",后来就称为桥梁。他还说,"厉"字无论就形、音、义来说,都无法得出"以衣涉水"或"水深至心"的义训。(《四川师范学院学报》1980年4期)

这个问题在乾嘉时代就产生过争论。首先据《说文》以驳《尔雅》的是戴震(《答江慎修先生论小学书》,《戴东原集》上卷),段玉裁在《诗经小学》中赞同师说,在《古文尚书撰异》和《说文解字注》中就不同意戴说了。邵晋涵的《尔雅正义》也批评了戴说。邵段二人的论证已经很充分[①],刘君惠还搬出戴说以驳《辞海》,实在没有必要。

(1)"砅"并不等于桥。"履石渡水如今人蹈砖石过泥泞,此水之至浅者。"《说文》只不过假"砅"为"厉"。(《古文尚书撰异》,《段玉裁遗书》)

---

① 王引之在《经义述闻》卷五,亦不同意戴说,论述甚详,可参阅。

(2)把"深则厉"的"厉"理解为石桥,于事理上讲不通。"谓水深则渡石桥,倘其地无石桥,则将待构之乎!绝非《诗》之语意。"(同上)

(3)《诗经》中的"厉"字有几个义项,不得专主一解。邵晋涵列举了下列七例证明"厉"有"以衣涉水"之义(《尔雅正义·释水》)。

a.径峻赴险,越壑厉水。(《史记·司马相如列传》)

b.互折窈窕以右转兮,横厉飞泉以正东。(《史记·司马相如列传》)

c.櫂舟航以横沥兮,济湘流而南极。(刘向《九叹》)

d.惜往事之不合兮,横汨罗而下沥。(刘向《九叹》)

e.悬水三十仞,圜流九十里,有一丈夫,方将厉之。(《列子·说符》)

f.陆德明引《韩诗》云:"至心曰厉。"(《毛诗音义·邶风·匏有苦叶》)

g.许慎解"涉"字云:"徒行厉水也。"(《说文解字·沝部》)

这些例证不见得都可作"以衣涉水"解,但全与渡水有关,而与"桥梁"毫无关系,尤其是最后一例,可证"许氏未尝不以'厉'为涉水矣"(邵晋涵语)。

(4)我认为"厉"字作为涉水的意思,它的发展有三个阶段。

第一阶段是指"至带曰厉",或言"至心曰厉",也就是《辞海》说的"水深及腰部"。如《诗经·邶风·匏有苦叶》"深则厉"。

第二阶段引申为泛指"以衣涉水","由膝以上"也包括在内了。如"方将厉之","徒行厉水"之类。

第三阶段再引申为泛指"渡水",如"櫂舟航以横沥"等例。

为什么"由带以上为厉"呢?这是因为"厉"有"带"的意思。

　　a.《方言》四:"厉谓之带。"(《方言疏证》)
　　b.《小尔雅》:"带之垂者为厉。"
　　c.《诗经·小雅·都人士》:"彼都人士,垂带而厉。"
　　d.《广雅·释器》:"厉,带也。"

"厉"既然可以释为"带",那么"由带以上为厉"的说法也就不难理解了。相反,把"深则厉"的"厉"释为"桥",于古训无据(戴震引"吐谷浑于河上作桥,谓之河厉"以证明"桥有厉之名",这是晚出的材料,不足为证)。刘君惠说砅"一声之转为梁",这是滥用因声求义,不可取。盈按:此文发表之后,才见到汪中《释厉字义》,汪文也是为戴说而发,不赞同戴说。他说:"《说文》砅或作沥,厉乃沥之省文。二文正通,非《尔雅》之失,履石渡水为厉,以衣涉水,由带以上亦为厉,一文二义,未可偏废。……涉水则垂者先濡,此义因由带以上之厉转相训而生是名也。深则厉之义,以《尔雅》为长。"(《新编汪中集》,广陵书社2005年版,第353、354页)

逄

　　《左传·成公二年》有逄丑父,《孟子·离娄》有逄蒙,《后汉书·逸民列传》有逄萌,这个"逄"字有的人读为féng,有的人读为péng。

　　读féng是不对的,读péng亦无据。《广韵·江韵》"逄,姓也,出北海。《左传》齐有逄丑父。"音薄江切,与"庞"同音。所以,逄丑父、逄蒙、逄萌的"逄",按今音应该读作páng,《新华字典》正作páng,只是字形作"逄"。可是，上古文献中，姓逢的"逢"字或写作"蓬""螽"，不见有写作"逄"的，这是为什么呢？因为汉魏以前，还没有产生"逄"字，钱大昕认为是"六朝人妄造无疑"（《十驾斋养新录》）。"妄造"的说法不可信。"逄"应是"逢"的区别字，在两汉以前的读音应是 [bong]，属并母东韵。

关于这个字的读音，颜师古已不得其解。他说："逢姓者，盖出于逢蒙之后，读当如其本字，更无别音。今之为此姓者，自称乃与'庞'同音。"这条材料透露出唐朝时候姓"逢"的人，还自读为 páng。颜师古不尊重语言事实，硬说这是"妄为释训"，所以郭忠恕批评说："《刊（匡）谬正俗》，混说逢逄。"（颜说见《匡谬正俗》卷八，郭说见《佩觿》卷上。元李文仲《字鉴》四江对"逄"字的读音也有辨正）《后汉书·刘盆子传》："（樊）崇同郡人逄安。"李贤等注引"《东观记》曰逄，音庞。"袁文《甕牖闲评》卷一第十页也讨论了逄丑父、逄蒙的读音，"当读作庞字"。俞樾对此有评说。上海古籍出版社1985年李伟国校点本作为"附录"收入《甕牖闲评》，认为"古有逢字无逄字，《玉篇》犹然"。可从。但"逄"字的产生是形音分化的结果，"误作"之说不可信。

突

《庄子·逍遥游》："我决（xuè）起而飞，枪榆枋而止；时则不至，而控于地而已矣。""枪"也作"抢"。支遁（字道林）注："抢，突也。"现在有几种注本不知道这个"突"字的确切意思，于是有的释"抢"为"突过"（王力主编《古代汉语》（修订本），中华书局1981年版，第379页）；曹础基释"抢"为"突，冲上"（《庄子浅注》，中华书局1982年版，第4页）。这样释"抢"，则"抢榆枋"就成为"突过了榆树、枋树"，或"冲上了榆树、枋树"，这跟原文的意思很不相合。

首先，我们应了解，"抢"和"突"在这里是同义词。都是"触"或"撞"的意思。如《战国策·魏策四》："布衣之怒，亦免冠徒跣，以头抢地尔。"注："抢，突也。"黄丕烈《札记》："今《说苑》作'顿地耳'。"可见，"抢""突""顿"义同。"以头抢地"不能解为"以头突过地"，也不能释为"以头冲上地"。"抢地"也可以说成"触地"，如《吕氏春秋·疑似》："其子泣而触地曰。"

"突"亦作"揬"。《广雅·释诂》："触、冒、搪、欼、冲，揬也。""欼"与"敵""枨"通，都是"撞"的意思。

《众经音义》卷三引《三仓》云:"敵,撞也。""唐突"在古书中常见,是"冲撞"的意思,"冲"也是"冲撞"的意思。(参阅王念孙《广雅疏证》,万有文库本)

其次,"抢榆枋"这句话还涉及一个校勘问题。现在流行的本子"枪榆枋"后面脱"而止"二字,所以译为"突过",语气还顺。但《庄子阙误》引文如海本、江南古藏本均有"而止"二字(可参阅蒙文通《道书辑校十种·重编陈景元〈庄子注〉》),我们弄清了"抢"是"撞"的意思,就知道"而止"二字必不可少。全句意思是碰到了榆树、枋树就止落其上,有时如果还飞不到榆树、枋树,就"控于地"罢了。"控于地"是与"止"于榆枋相对的两种情况。

齭

《说文·齿部》有个"齭"字,许慎的释义是:"齿伤酢也。从齿,所声,读若楚。"段玉裁说,字"亦作齼"。"所""楚"都是鱼部字,由"齭"变作"齼"是可以理解的。明代岳元声的《方言据》就写作"齼",释文如下:

> 有所畏谓之齼(楚去声),京师亦有是语。此字原谓"齿怯"。今借通用。曾茶山《和人赠柑诗》

云:"莫向君家樊素口,瓠犀微齼远山颦。"

由牙齿怕醋(酢)酸,引申为怕其他酸物(齿怯),再引申为"有所畏",这就是"齼"义的演变过程。这个词在现代汉语中并没有消失。请看《新华字典》(第12版):

憷chù,害怕,畏缩:任何难事,他都不~。

"憷"就是"齼",也就是"齭"。由"齿"旁变为"忄"旁,反映了词义的演变,由"所"声变为"楚"声,反映了读音的演变。

已诺

"已诺必诚"(《史记·游侠列传》),"刑赏已诺,信乎天下矣"(《荀子·王霸》),"已诺不专"(《鹖冠子·王铁》卷中。陆佃注:"反诺为已。《礼》曰:'与其有诺责也,宁有已怨。'"),"已诺不信"(《马王堆帛书经法》)。上述诸例中的"诺"都是"许也"的意思,"已"是"不许也"的意思(请参阅《荀子·王霸》杨倞注),"已"和"诺"原是一对反义词,这一点郭在贻同志已经论证过了(《漫谈古书的注释》,《学术月刊》1980年第1期)。

最近，读到刘百顺同志的一篇文章(《"已诺"辨析》，《学术月刊》1982年第1期)，不赞同古人将"已"解为"不许"的说法，不赞同郭在贻的论证。我认为郭的论证是不可动摇的。如果说郭文所列举的例证还不足以服人的话，下面我再补充三个例证：

①已诺无决，曰弱志者也。(《逸周书·官人解》)
②扶之与提，谢之与让，得之与失，诺之与已，相去千里。(《文子·上德》，又见《淮南子·说林》)
③诚必不悔，决绝以诺。(枚乘《七发》)

例①"已诺无决"是说"应许还是不应许犹疑不决"，所以说这种人是"弱志"。如果像刘百顺同志那样，把"已诺"解为"已经许诺"，这句话就讲不通了。既然已经许诺，还说什么"无决"呢。

例②就更明显了。"扶提""谢让""得失"都是反义关系，"已"和"诺"无疑也是反义关系。在这里，"已"决不能看作是副词"已经"，也不能看作是动词"践履"之义。

例③"决绝以诺"，古人已不得其解。李善注："事之决绝，但以一诺，不俟再三。"(《昭明文选》卷三十四)

李善把"以"字理解为介词，释义为"用，凭"，完全错误。《中国历代文学作品选》也承此谬误。《汉魏六朝赋选》中说："以，同'已'。"这就对了。古书中，假"以"为"已"的例子，不胜枚举。但是释义仍然错误。把全句话译为"已经许诺的，就决计实行"，不仅词义失误，也不符合原句的结构。事实上，"决绝"是一对反义词，"以（已）诺"又是一对反义词。"决"指决定，应许，与"诺"相应；"绝"指拒绝，不应许，与"已"相应。与上一句"诚必不悔"相照应，是表示一种干脆痛快的风格。

现在我们来讨论刘百顺同志的反证。刘同志引用了《史记·灌夫传》"已然诺"一语，同时引了司马贞《索隐》："谓已许诺，必使副前言也。"以此证明释"已"为"不许"是不正确的。这是只顾其一，不计其二。"已然诺"的"已"解为动词"践履"，这是对的，"然诺"在这里是作为宾语出现的。"已然诺"是一个述宾结构，和前面所有例句中的"已诺"，在语法结构上是不相同的。当然，词汇意义也并不一样。"已"有"已经""践履"（即兑现）的意思，并不排斥它可以有"不许"之义[1]。下面这个例子更为

---

[1] 裴学海《古书虚字集解》说："以"字或作"已"。"已然诺"，"言灌夫有然诺也"，可备一说。

典型。"圣人之诺已也，先论其理义，计其可否。义则诺，不义则已；可则诺，不可则已。"(《管子·形势解》)"已"的"不许"义实际上就是"已"的本义"止也"的今译。吴世拱曰："已，止也，诺之反辞。"(黄怀信《鹖冠子汇校集注》)甚确。

我们也不是说，不论在任何时候"已诺"连用都表示反义关系。有时候它是偏义复词。如范摅《云溪友议》卷上第四页：

> 濠梁人南楚材者，旅游陈颍。岁久，颍守慕其仪范，将欲以子妻之。楚材家有妻，以受颍牧之眷深，忽不思义，而辄已诺之。

这个"已"既不是"已经"，也不是"践履"，更不是"不许"，无义。

徒行

《后汉书·列女传》："及(蔡)文姬进，蓬首徒行，叩头请罪。"《古代汉语读本》注："徒行，赤足行走。"蔡文姬虽然困窘，何至于打赤脚走路呢，这条注是不正确的。①"打赤脚走路"古人叫作"徒跣"。"徒跣"与"徒行"义不相混。"徒行"是出无车马,徒步行走的意思,从先秦到唐宋都应作如此解。如:

①吾不徒行以为之椁。以吾从大夫之后,不可徒行也。(《论语·先进》)

②(叔)向曰:子无二马二舆,何也?献伯曰:……班白者多徒行,故不二舆。(《韩非子·外储说左下》)

③舐痔结驷,正色徒行。(赵壹《刺世疾邪赋》)

④郑子戏之曰:美艳若此而徒行,何也?白衣(女妖任氏)笑曰:有乘不解相假,不徒行何为?(沈既济《任氏传》)

⑤出或徒行无驴。(《归潜志》)

古人也称涉水为"徒行",但它的意思也不是"赤足行走",还是强调不凭借舟车的意思。如《说文·癶部》:

---

① 唐末邱光庭《兼明书》卷五"徒行"条云:"范晔《后汉书》,蔡琰见曹公,蓬首徒行而入。明曰:不乘车谓之徒行,不履袜者谓之徒跣。今文姬盖徒跣,非徒行也。故下文云:曹公与之巾袜。"此乃改原文立说,不必讨论。

"涉，徒行沥（厉）水也。"段注："许云徒行者，以别于以车及方之、舟之也。"(《说文解字注》)

取容

《辞海》（修订本）："取容，犹言取悦，谓取得别人的欢喜。"书证有《汉书·张释之传》："以不能取容当世，故终身不仕。"

第二版《辞源》第一册："取容，曲从讨好，取悦于人。"书证有《吕氏春秋·任数》："人臣以不争持位，以听从取容。"又《似顺》："夫顺令以取容者众能之。"

这两本辞书都把"取容"的"容"释为"喜悦"，"取容"就是取得别人的喜悦。这是错误的。主要原因是对"容"字理解有误。《说文·宀部》："容，盛也。"盛东西的"盛"是"容"的本义。所以胡秉虔说："容专为容纳之容，而容仪之容作颂。"(《说文管见》卷中)《新华字典》"容"字的第一个义项是"容纳，包含，盛（chéng）"。说明"容"的本义古今一致。"取容"的"容"就是用的本义。"听从取容"，"顺令以取容"，就是唯命是从以取得国君的容纳，也就是以此保住自己的饭碗的意思。《管子·形势解》："小人者枉道而取容。"《淮南子·主术》："守职者以从君取容，是以人臣藏智而弗用。"司马迁《报任安书》："苟合取容"。《汉书·朱建传》："行不苟合，义不取容。"《后汉书·蔡邕传》："盍亦回途要至，俛仰取容。"《文选·夏侯孝若〈东方朔画赞〉》："明节不可以久安也，故诙谐以取容。"王嘉《拾遗记》卷六："幸爱之臣，竞以妆饰妖丽，巧言取容。"都是取得容纳的意思。李贺《南园》之七："长卿牢落悲空舍，曼倩（东方朔之字）诙谐取自容。""取容"之间加一"自"字，语意更显豁。"容"的否定式是"不容"，"不能取容当世"意思等于"不容于世"（邹阳《上梁王书》）。"颜回曰：夫子之道至大，天下莫能容。虽然，夫子推而行之，不容何病，不容然后见君子！"（《史记·孔子世家》）《宋书·王玄谟传》："时朝政多门，玄谟以严直不容。"这些"不容"都是不被容纳的意思。

在古书中，有"容""悦"连用的例子，但二字的意义并不同。如《孟子·尽心上》："有事君人者，事是君则为容悦者也；有安社稷臣者，以安社稷为悦者也。"杨伯峻先生把这段话译为：

　　有侍奉君主的人，那是侍奉某一君主，就一味讨他喜欢的人；有安定国家之臣，那是以安定国家为高兴的人。（《孟子译注》）

把"则为容悦者"译为"就一味讨他喜欢的人",与原义不符。"为容悦"等于"为容身而悦",这个"悦"和下面的"以安社稷为悦者"的"悦",意思完全一样,"悦者"都是臣子,而不是国君。这个问题,黄生在《义府》中解释得很好。他说:

《孟》:"事是君则为容悦者也",与下以"安社稷为悦""悦"字一意,言心所慊者在此也。"事君人者"苟得君而事,心无他念,惟以容身保位为主。王深甫云:事君者以见容于吾君为悦。此解得之。(《义府》卷上)

1983年4月于北大蔚秀园
原载北京大学《语言学论丛》第十三辑,
商务印书馆1984年版。

词义琐谈之三

承　鉤（钩）　入日　拱

承

《吕氏春秋·贵信》："于是明日将盟，庄公与曹翙皆怀剑至于坛上。庄公左搏桓公，右抽剑以自承，曰：'鲁国去境数百里，今去境五十里，亦无生矣。钩其死也，戮于君前。'"高诱注："承，佐也。"这条注前人已指出不妥，但陈奇猷认为："高训承为佐不误。佐，助也。此文谓庄公左手搏桓公，右手抽剑以自助，示刺桓公之意。……梁释'自承'为'以剑自向'者，盖误解下文庄公'戮死君前'之语为自杀于君前耳。殊不知庄公之所以说'戮死君前'者，乃庄公知其刺桓公之后，必为桓公之卫士戮死，故云然。梁因误解'戮死君前'为自杀君前，遂不得不释'自

承'为以剑自向矣。"(《吕氏春秋校释》)

陈奇猷所批驳的"梁释",即梁履绳(仲子)的解释。梁释"自承"为"以剑自向",无论是从上下文来看,还是从词义来说,都是很确切的。鲁庄公并不是要刺杀齐桓公,所谓"戮于君前",就是要自杀于齐桓公之前。至于陈奇猷说的"必为桓公之卫士戮死",这完全是陈氏自己的主观推想,文中并无此意。

"承"有指向义,《辞源》《辞海》均不载,然古书中不乏其例:

《左传·昭公二十一年》:"使子承宜僚以剑而讯之,宜僚尽以告。"
《左传·昭公二十七年》:"执羞者坐行而入,执铍者夹承之,及体,以相授也。"
《左传·哀公十六年》:"告之故,辞;承之以剑,不动。"
《晏子春秋·杂篇上》:"戟钩其颈,剑承其心。"

例一"承宜僚以剑",就是以剑指向宜僚。例二"夹承之",是两旁的执铍者用铍指向执羞者。孔疏:"铍之锋刃及进羞者体也。"例三"承之以剑",就是用剑指向他。杜

注:"拔剑指其喉。"正是以"指"释"承"。例四"剑承其心",《论衡·命义》作"直兵指胸"。"直兵"就是剑,"指"就是"承"的对译。

《吕氏春秋》的"抽剑以自承"就是抽出剑来指向自己。在先秦时代,"自"做宾语时总是前置,所以"自承"即"承自"。从"承"的使用规律来看,凡与刀、剑等兵器联系在一起时,总是"指向"的意思,找不出有"佐助"义的例子。而且解为"抽剑以自助",在事理上也是不通的。陈奇猷先生只知"承"有"佐"义,而不知"承"有指向义,故斥梁释为"误解",曲护高注,以致曲解原文。

"桓公劫于鲁庄"(《荀子·王制》)的故事,历史记载有分歧。《管子·大匡》的记载与《吕氏春秋·贵信》所述大体相合。原文如下:

> 庄公自怀剑,曹刿亦怀剑,践坛,庄公抽剑其怀,曰:"鲁之境去国五十里,亦无不死而已。"左椹(应作揕)桓公,右自承,曰:"均之死也,戮死于君前。"

尹知章注云:

> 左手举剑将椹（揕）桓公，且以右手自承而言曰：齐迫鲁境亦死，今杀君亦死，同是死也。将杀君，次自杀。故曰：均之死也，戮死于君前。

《贵信》篇说是"左搏桓公"，《大匡》说是"左揕桓公"。这一字之差，说明剑的指向对象不同。"搏"在这里是用手抓住的意思，"揕"是用剑击刺。从左右手的分工习惯而言，《贵信》篇的记载是可信的，鲁庄公应该是左手抓住齐桓公，右手拿着剑。荆轲刺秦王时的动作是："臣左手把其袖，右手揕其匈。"（《索隐》："揕谓以剑刺其胸也。"）这是事先设想。后来行动时也是"左手把秦王之袖，而右手持匕首揕之"。（《史记·刺客列传》）用左手拿剑刺人，这个动作不符合习惯。但即使如《大匡》所言，"自承"的"承"也非"助"义，而是用右手指着自己，故尹注说："将杀君，次自杀。"

鉤（钩）

《辞源》（第二版）"鉤"字义项④为"圆规"[①]，列举的书证有二：

[①] 第三版已改为："木工取曲线的工具。"（商务印书馆2015年版）

《庄子·胠箧》:"毁绝钩绳,而弃规矩。"

《汉书·扬雄传上》:"带钩矩而佩衡兮。"注引应劭:"钩,规也。"

《辞海》"钩"字义项②为"圆规",所举书证亦为扬雄《反离骚》句,并引应劭说。在"钩绳"词条下说:"钩,正圆之器。"书证有二:

《庄子·马蹄》:"匠人曰:'我善治木,曲者中钩,直者应绳。'"

王勃《福会寺碑》:"班匠献钩绳之巧。"

《古汉语常用字字典》"钩"字义项③为"木匠用来画圆的工具",书证亦为《庄子·马蹄》的"曲者中钩"。

以上三部辞书都认为"钩"有"圆规"义,但训诂家对这个"钩"字释义颇有分歧。作为木工工具的"钩"字在《庄子》中共出现六次。除《胠箧》一次外,《马蹄》出现两次,《骈拇》两次,《徐无鬼》一次。原文:

且夫待钩绳规矩而正者(《骈拇》)
曲者不以钩(《骈拇》)

岂欲中规矩钩绳哉(《马蹄》)

吾相马，直者中绳，曲者中钩，方者中矩，圆者中规。(《徐无鬼》)

（其余两例，上文已出现）

唐朝成玄英把这些"钩"字解释为"曲"。如《骈拇》："且夫待钩绳规矩而正者，是削其性者也。"成疏：

钩，曲；绳，直；规，圆；矩，方也。夫物赖钩绳规矩而后曲直方圆也，此非天性也。

王先谦的《庄子集解》采取成疏，亦训"钩"为"曲"。叶玉鳞的《庄子》白话译解把"钩"译为"钩子"。曹础基的《庄子浅注》释为"用来画曲线"的工具。欧阳景贤、欧阳超的《庄子释译》释为"曲尺"。

归纳起来，分歧有四：1.画圆的工具；2.画曲线的工具；3.曲尺；4.钩子。

"钩子"这个意思很含混，根本不能成立，可以置而不论。"圆规"与"曲尺"这两说，也不能成立。因为在《庄子》中"钩绳规矩"是作为四种不同的木工工具相提并论的。如果说"钩"就是"圆规"，则"钩"与"规"

同义重复，而"规"是画圆的工具，这是用不着讨论的。所以，《辞源》《辞海》释"钩"为"圆规"，完全错误。这种错误盖源于汉之应劭。应劭在《反离骚》中释钩为规，颜师古加以引用，以讹传讹，于是"钩"与"规"混而为一。

"曲尺"说则是将"钩"与"矩"混而为一。曲尺是木工用来求直角的尺。曲尺者，矩尺也。《史记·礼书》索隐云："矩，曲尺也。"《骈拇》说："曲者不以钩，方者不以矩。"《马蹄》说："方者中矩，……曲者中钩。"可证曲尺（矩尺）不等于"钩"。

《礼记·乐记》有段文字，也可证"钩"既不是圆规，也不是曲尺。原文：

> 故歌者上如抗，下如队（坠），曲如折，止如槁木，倨中矩，句中钩，累累乎端如贯珠。

朱彬的《礼记训纂》解释说：

> 倨中矩者，音声雅曲如中于矩也。句（即勾字）谓大屈也，音声屈曲如中于钩也。……倨则不动，不动者方之体，故中矩。句则不直，不直者曲之体，

故中钩。

朱彬的解释是正确的。根据这个解释可以断定：矩是量方体的工具，钩是量曲体的工具。其实，成玄英释"钩"为曲，本来不错，只是文字太简练，容易使后人发生误解。他对"钩绳规矩"的训释是："钩，曲；绳，直；规，圆；矩，方也。"有人误以为这个"曲"是曲尺，是钩子，与成的本意不合。把成玄英的训释译为现代汉语，应是：

　　钩：取曲线的工具；绳：取直线的工具；规：求圆形的工具；矩：求方形的工具。

《淮南子·原道》："规矩不能方圆，钩绳不能曲直。"又《齐俗》："譬犹冰炭钩绳也。"冰与炭相反，钩与绳相反。以上二例有助于对"钩"形的理解。

关于"钩"作为木工工具的本义上文已经讲清了，可为什么从应劭以来就有人释为"圆规"呢？此中必有原因。几经查考，我以为他们是把"钩"的引申用法当成木工工具的本义了，因为曲线是可以演变为圆形的。《庄子·达生》云："东野稷以御见庄公……庄公以为文弗过也，使之钩百而反。"成《疏》："任马旋回，如勾之曲。"《释文·庄子音义》:"司马云:稷自矜其能,圆而驱之,如钩复迹,百反而不知止。"宋人林希逸《庄子鬳斋口义》卷六云:"钩,御马而打围也。"所谓"打围",也就是"打转",也就是"圆而驱之"。这是不严整的,宽泛意义上的"圆",只能说是引申用法。

入日

《山海经·海外北经》:"夸父与日逐走,入日。"袁珂的《山海经校译》把"入日"译为"走进太阳炎热的光轮里"。我参加编写的《古代汉语》说:"入日:意思是追赶上了太阳。"还有的译为"到了太阳的热力圈中","并闯进了太阳里面去"。

这些译解都把"入日"理解为动宾关系,这是不对的。"入日"就是"日入"。这种谓语在前、主语在后的语法形式,不是偶然的现象,甲骨文里已有例子:

戊戌卜,内:平雀栽于出日于入日宰。(合178)

《尚书·尧典》中也有类似的例子:

寅宾出日(恭敬地迎接太阳出来)

寅饯纳日（恭敬地饯别太阳落下）

"纳日"就是"入日"，也就是太阳落下。这种谓语前置的结构在先秦典籍中已属罕见，到《史记·五帝本纪》这两个句子被译为：

敬道日出（敬对译寅，道对译宾）
敬道日入

"日出"就是"出日"，"日入"就是"纳日"。由于这种谓语前置的语法形式后来已被淘汰，人们对《山海经》的"入日"已不理解，于是有人把"入日"径改为"日入"。《史记·礼书》裴骃集解所引《山海经》，即作"夸父与日逐走，日入"。何焯、黄丕烈、周叔弢等人也都将"入日"校改为"日入"。

古人把"入日"改为"日入"，文意通了，而原文的面貌、时代特点被改掉了；今人虽未轻信错误的校改，但由于对这种残存的语法形式缺乏认识，结果把文意搞错了。

拱

杜甫《北征》："鸱鸟鸣黄桑，野鼠拱乱穴。"《辞源》

第二版"拱"字义项⑤引此作为书证,释为"用身体顶动,撞开"。我参加编写的《古代汉语》则释为"钻进去"。我以为这两种解释都欠妥。

《北征》所说的"野鼠",实际上就是古书上所说的"拱鼠",也称之为"礼鼠"。

刘敬叔《异苑》:"拱鼠形如常鼠,行田野中,见人即拱手而立。人近欲捕之,跳跃而去。秦川有之。"《北征》所描写的"野鼠"正在秦川的范围之内。

罗愿的《尔雅翼》也有关于拱鼠的记载:"今河东有大鼠,能人立,交两脚于颈上,或谓之雀鼠。韩退之所谓'礼鼠拱而立'者也。"(丛书集成本)

很显然,"野鼠拱乱穴",只能解释为野鼠"拱手而立"于乱穴之前,与"撞开""钻进去",义不相涉。

1988年7月完稿于北大中关园44楼109室

原载《古汉语研究》1988年第1期。

词义琐谈之四

徐趋　重足　累足　比邻

徐趋

"徐趋"这种古代步法，今人已很不理解，有关注释往往不得要领。《战国策·赵策四》"触龙说赵太后"的故事有"入而徐趋"一语，王力先生主编的《古代汉语》（修订本）注解说：

> 徐，慢慢地。趋，快步走。当时臣见君，按礼当快步走，只因触詟（盈按：应作龙）脚上有毛病，所以只能徐趋，其实只不过作出"趋"的姿势罢了。

初中《语文》课本第五册的注释是:

> 徐趋,形容费力向前紧走的样子。徐,慢。趋,快步走。古代臣见君应该快步走,这是一种礼节。触龙脚有毛病,只能"徐趋"。

这些解释不确。《礼记·玉藻》说:

> 君与尸行接武,大夫继武,士中武,徐趋皆用是[①];疾趋则欲发,而手足毋移。圈(quān)豚行[②],不举足,齐(zī,本又作'纃',指下衣的锁边)如流。

可见,古人行礼时,有两种"趋"法。一曰徐趋,二曰疾趋。国君、大夫、士都有"徐趋"步法,因地位不同,步法亦不同。国君的徐趋"接武",即后足及前足之半。

---

① 王夫之《礼记章句》云:"徐,步也。'皆用是'者,步趋有疾迟,……"标点者在原文"徐""趋"之间加顿号(岳麓书社2011年版,第768页)。与原义大不符。又,王梦鸥《礼记今注今译》将此句注为"谓步趋有快慢……"(天津古籍出版社1987年版,第416页)同样不可从。"徐趋""疾趋"都是偏正结构,"徐""疾"均为修饰成分。
② 圈豚行:"圈,转也;豚,循也。曳转足循地而行。"(《正义》)

朱彬说:"武,迹也。接武者,二足相蹑,每蹈于半,未得各自成迹。"(《礼记训纂》)大夫徐趋"继武",即后足紧接前足,两足迹相继。士徐趋"中武","中"是间隔的意思,后足与前足间隔一足之地,乃蹑之也。徐趋足不离地,举前足,曳后踵,踵趾相接,旋转如圈,故为圈豚,言其圈而循行。(《玉藻》郑注:"豚之言若有所循。")

疾趋没有接武、继武、中武等步法,但手足要直正,不得低斜摇动。

触龙属于大夫一级,他的徐趋为继武。《论语·乡党》说孔子出使外国举行典礼时,"足蹜蹜如有循",也是"继武"式的徐趋。郑注:"足蹜蹜如有循,举前曳踵行。"朱熹注:"蹜蹜,举足促狭也。如有循,《记》所谓'举前曳踵',言行不离地,如缘物也。"《说文》段注"缩"字云:"《论语》'足缩缩如有循'。郑注曰'举前曳踵行也'。'曳踵行'不遽起,故曰缩缩。俗作'蹜蹜',非,踵,足跟也。"这是关于徐趋的具体描写,有助于我们正确理解"入而徐趋"一语。《礼记·曲礼下》说的"行不举足,车轮曳踵",也是徐趋的步法。其意为"行时则不得举足,但起前曳后,使踵(脚后跟)如车轮曳地而行"(《礼记正义》,《十三经注疏》本)。可见,"徐趋"的主要特点就是用脚后跟曳地而行①。

重足　累足

《史记·汲郑列传》："必汤也，令天下重足而立，侧目而视矣。"

王伯祥《史记选》："重足而立，两脚并拢来站住，形容不敢跨步。重，重叠；复合。读平声，引申有并拢的意义。"

《汉语成语小词典》："重足：一只脚踩着另一只脚。……指不敢迈步走路。"

《辞海》："重足：迭足而立，不敢前进，形容非常恐惧的样子。"

《现代汉语词典》："重足而立：后脚紧挨着前脚，不敢迈步。"

《现代汉语词典》的释义，孙德宣先生在《论释义的科学性》（《辞书研究》1981年3期）一文中讲了一点根据。现摘录如下：

> 当时编写这一条的时候，参考了有关的资料，

---

① 关于"徐趋"，还可参阅《仪礼·士相见礼》注疏。

同时也注意到古代还有"累足"的说法。《诗·小雅·正月》:"不敢不蹐。"毛传:"蹐,累足也。"《说文解字》:"蹐,小步也。"段玉裁注:"累足者,小步之至也。"按"累"不仅指上下重叠,也可以指两个个体前后紧挨着。……把"重足"的颜师古注①和毛传、《说文》"蹐"字注联系起来看,可以说"重足"就是"累足",也就是段氏所谓"小步之至",也就是后脚紧挨着前脚。

孙先生列举的资料只能证明"累足"有小步义,有"后脚紧挨着前脚"义,而不能确切证明"重足"就是"累足"。

在古汉语中,"重""累"为同义关系,这是不成问题的。如:

《后汉书·仲长统传》:"彼君子居位为士民之长,固宜重肉累帛,朱轮四马。"
《搜神后记》卷十:"重门累阁,拟于王侯。"

---

① 颜注见《汉书·汲黯传》,原文是:"重累其足,言惧甚也。"

"重足"和"累足"也是同义关系，但二者又有区别。从语言资料来看，"累足"有三种形式，也就是有三个意义。

1.小步也。这个意义上的"累足"等于《诗经》中的"蹜"。但请注意，这是行进中的动态，很显然不同于"重足"而立的静态。古人对此理解不谬。杜甫《入衡州》："销魂避飞镝，累足穿豺狼。"注："累足，行步惊恐之义。"惊恐的具体表现就是"后脚紧挨着前脚"，小步行进。

2.上面说的是步行中的"累足"，还有一种卧式"累足"。《大般涅槃经》卷中："尔时世尊与诸比丘，入娑罗林，至双树下，右胁著床，累足而卧，如师子眠。"这种"累足"就是"上下重叠"式，是左足叠于右足之上。参观过北京香山卧佛寺的人，对释迦的卧式累足会有一个形象化的了解。

3.立式"累足"。在这个意义上，"累足"与"重足"同。古书中的"累足"多为此义。如：

《史记·吴王濞列传》："今胁肩累足，犹惧不见释。"《汉书·吴王传》作"絫足"。颜师古注："絫，古累字。累足，重足也。"《辞源》"胁肩累足"条引此为书证，释义为"缩敛肩膀，小步走路"。"累足"条亦用此为书证，而释义为"犹重足。两足相叠,不敢正立"。《辞源》对"累足"的释义,一则前后矛盾,二则都不正确,只有"犹重足"三字可取。

这种语境中的"累足""重足",应取王伯祥说,意为:"两脚并拢站住,形容不敢跨步。""重""累"都是相连的意思。两足相连,比并而立,收敛肩膀,屏住呼吸,都是恐惧的表现。下面举几个例子来说明这一点。

《史记·秦始皇本纪》:"使天下之士,倾耳而听,重足而立,拑口而不言。"

《后汉书·陈龟传》:"龟既到职,州郡重足震慄,鲜卑不敢近塞。"

《诸葛亮集·将苑》:"束肩敛息,重足俯听,莫敢仰视者,法制使然也。"(据前人考证,《将苑》非诸葛亮作品)

《罗隐集·广陵妖乱志》:"破灭者数百家。将校之中,累足屏气焉。"

《史记·汲郑列传》的"重足而立",与上述例中的"重足""累足"一样,不可能是"后脚紧挨着前脚"的意思。在实际生活中,也不可能存在这种"立"的姿势。

比邻

《辞源》《辞海》都收了"比邻"这个词条,二书都释为"近邻"。《辞源》列举了三个书证。

《汉书·孙宝传》:"宝徙入舍,祭灶请比邻。"
《曹子建集·赠白马王彪》:"丈夫志四海,万里犹比邻。"
王勃《杜少甫之任蜀州》:"海内存知己,天涯若比邻。"

第三例北京出版社《唐诗选注》(上)也释为"近邻"。但在串讲这个句子时,又译为"邻居"。注者大概没有意识到:"近邻"并不等于"邻居"。"近邻"是附近的邻居,这是把"比"字译为形容词"近"。"邻居"是把"比邻"当作同义名词连用,故对译为"邻居"。

我认为,注为"近邻"是不对的。"比"虽有"近"义,但在这里却是个名词。"比"在古代是一种基层组织。《周礼·地官·大司徒》:"令五家为比,使之相保。""比"与"邻"连用,就是"邻居"的意思。还有一点可以为证,就是"比邻"可以逆序为"邻比"。如:

《三国志·魏书·管辂传》注引《辂别传》："与邻比儿共戏土垠中，辄画地作天文及日月星辰。"

《搜神记》卷三："旻之妻已私邻比，欲媾终身之好。……郡守命未得行法，呼旻问曰：'汝邻比何人也？'曰：'康七。'遂遣人捕之。"

"私邻比"即与邻居私通，"邻比何人"即邻居是谁。这些"邻比"都无法译为"近邻"。就结构而言，"比邻""邻比"都是联合结构，而不是偏正结构。

按照旧的注音，这个意义上的"比"字应当读去声。为了适应格律的需要，在近体诗中也有读作平声的。如：杜甫《将赴成都草堂途中有作先寄严郑公五首》之二："休怪儿童延俗客，不教鹅鸭恼比邻。"《九家集注杜诗》卷二十五："比，频脂切。近也。"（《切三》作房脂反）这个平声音应是后起音，无关乎意义，注家以"近也"释之，不妥。

1988年7月完稿于北大中关园44楼109室
原载《古汉语研究》1989年第3期。

词义拾零

翳桑 药石 州部 想 屈 校勘

翳桑

《左传·宣公二年》:"宣子田于首山,舍于翳桑。"杜预解"翳桑"为"桑之多荫翳者。"新编《辞源》(1981年修订本)和徐中舒的《左传选》主此说。清代的江永、王引之认为翳桑是地名,王力主编的《古代汉语》(修订本)和杨伯峻的《春秋左传注》主此说。今人陈奇猷则认为"翳桑谓枯死之桑也"(《吕氏春秋校释》)。我赞同陈先生的解说,理由如下。

关于翳桑饿人的故事,除《左传》外,还有下列一些记载:

《吕氏春秋·报更》:"昔赵宣孟将上之绛,见骪（wěi）桑之下有饿人。"

《公羊传·宣公七年》:"子某时所食活我于暴桑下者也。"

《淮南子·人间》:"赵孟宣活饥人于委桑之下。"

《史记·晋世家》:"（赵）盾常田首山,见桑下有饿人。"

这四条记载,《晋世家》作"桑下",无疑为桑树之下,非地名。其余"骪桑""暴桑""委桑",均与《左传》的"翳桑"义同,也跟地名无关。"骪""委""暴""翳",都是树木枝叶枯萎的意思。除"暴"字外,其余三字实属同源关系,"萎"本是"委"的区别字。

"骪"本是弯曲的意思（见《说文·玉篇》),《史记·司马相如传》注、《汉书·淮南厉王长传》注、《枚乘传》注、《后汉书·赵壹传》注,都认为"骪"乃"古委字"。二字同音,均于诡切。可证"骪桑"即"委桑"。

"暴"是叠韵联绵字"暴乐"（亦作"爆烁"）的单用。《尔雅·释诂》:"毗刘,暴乐也。"郭璞注:"谓树木叶缺落荫疏。"《方言笺疏》卷十三引钱同人说:"'暴桑'当训

'暴乐'之暴，亦毗废之意。""暴"的本字应是"曝"。《说文》："曝，木叶陊也。读若薄。"盈按：朱骏声《说文通训定声》将"暴""曝"二字均归入他的小部（即宵部）《玉篇》："曝，落也。"

"翳"字陈奇猷引《经诗·大雅·皇矣》传："（木）自毙为翳。"可谓确证。还可以补充一条材料。《尔雅·释木》："木……蔽者翳。""蔽"古本作"毙"，死也。（见郝懿行《义疏》）朱骏声认为"翳"是"殪"的假借字，《韩诗》作"殪"（《说文通训定声》）。《释名·释丧制》："殪，翳也。"《说文》："殪，死也。"可证"翳桑"应即"殪桑"，乃枯死之桑，与"荫翳"无关。

王引之说："自公羊氏传闻失实，始云'活我于暴桑下'，而《吕氏春秋·报更篇》《淮南·人间篇》《史记·晋世家》，并承其误。"（《经义述闻》十八）王氏所谓"传闻失实"，"并承其误"，实无任何证据。他断言"翳桑是地名"，也只不过按文意加以推断而已。他说："若是翳桑树下，则当曰'舍于翳桑下'，'翳桑下之饿人'。今是地名，故不言'下'也。"《左传》"不言'下'"，只能看作是行文不周，汉代的刘向就把这个"下"字给补出来了。《说苑·复恩》云："赵宣孟将上之绛，见翳桑下有卧饿人不能动。"

药石

宋人袁文《瓮牖闲评》卷七说："余尝问人药石之义，答者多不同。"这说明对于"药石"的释义，宋代已存在分歧。下面列举几种有影响的意见。

袁文说："夫'药'固无可疑者；若'石'则砭石也。……人有病患，有用药者，有用砭石者，此所以谓之药石。"《辞源》《辞海》的释义与此相同。

王引之说："药石谓疗疾之石，专指一物言之，非分'药'与'石'为二物。……药字并与疗同义，药石犹疗石耳。"（《经义述闻》十八）

什么叫作"疗石"？今人胡厚宣说："因石可以疗疾，所以古籍中又称药石"。"药石所以刺病，刺病曰砭，所以古籍中又称砭石。"（《论殷人治疗疾病之方法》，见《中原文物》1984年第4期）

王瑶说："药石，药物中也有用石类的，药石就是药。"（王瑶编注《陶渊明集》）

杨伯峻说："药谓草木之可治病者。石谓如钟乳、礜、磁石之类可用治病者。或谓古针砭用石，谓之砭石。"对"石"的释义，杨先生兼采二说。（《春秋左传注》）

按袁文、杨伯峻的释义，"药石"乃二物，为并列名词词组；依王引之的释义，"药石"是一个词，为偏正式；王瑶也认为"药石"是一个词，但释义不同于王引之。

在先秦古籍中，"药石"并不常见。《诗经》《尚书》《墨子》《庄子》《韩非子》均无"药石"连用的例子。《春秋》三传只《左传·襄公二十三年》出现一例：

> 臧孙曰："季孙之爱我，疾疢也；孟孙之恶我，药石也。美疢不如恶石。夫石犹生我，疢之美，其毒滋多。"

从这条材料来看，"药石"就是"石"。药与石并非二物。但这个"石"是砭石（疗石）还是口服的钟乳、磁石之类的药呢？我以为是后者。《史记·仓公传》的一段话为我们提供了有力的证据。

> 齐王侍医遂病，自练五石服之①。……臣意（淳于意）即诊之，告曰："公病中热。论曰'中热不溲者，不可服五石'。石之为药精悍，公服之不得数

---

① 《汉书·王莽传下》："威斗者，以五石、铜为之。"注引"李奇曰：'以五色药石及铜为之。'"《抱朴子·内篇·金丹》："五石者，丹砂、雄黄、白礜、曾青、慈石也。"

溲，亟勿服。色将发臃。"遂曰："扁鹊曰'阴石以治阴病，阳石以治阳病'。夫药石者有阴阳水火之齐。故中热，即为阴石柔齐治之；中寒，即为阳石刚齐治之。"

这里也是"石"与"药石"并用，而且是口服药。显然，"药石"之"石"绝非砭石。另外，《集韵·爻韵》"肉"（náo）字释义："沙，药石。"《集韵·阳韵》"硵"字释义："硵硝，药石。"这些都是口服用的石药。

在古书中，"药石"可易位为"石药"。《素问·腹中论》："帝曰：夫子数言热中消中，不可服高粱芳草石药，石药发癫，芳草发狂。"注："石药，金石之药也。"又："岐伯曰：夫芳草之气美，石药之气悍。"注："石药者，其性坚劲于下沉，故非中心和缓之人，服之则中气易于虚散也。"（《黄帝内经素问集注》）所谓石药"性坚劲"与《史记》说的"石之为药精悍"，意思一样。

从概念来说，"药"与"石"本是属概念和种概念的关系。《周礼·天官·疾医》有"五药"。郑玄注："五药：草、木、虫、石、谷也。"就构词方式而言，"药石"为偏正式。

药石专指石药，经过引申也可泛指药物。如：

枚乘《七发》:"今太子之病,可无药石、针刺、灸疗而已。"

陶渊明《示周续之祖企谢景夷三郎》诗:"药石有时闲,念我意中人。"

苏轼《上韩持国》(韩维,字持国,元祐中官门下侍郎)诗:"犯时独行太嵔嵣,回天不忌真药石。"

州部

《韩非子·显学》:"宰相必起于州部。"梁启雄认为"似指州官的衙署"(《韩子浅解》)。《辞源》"州部"条亦引此例,释为"地方行政机构"。

《庄子·达生》:"宾于乡里,逐于州部。"曹础基《庄子浅注》:"州部,州邑。"

按《辞源》和梁氏之说,"部"为"衙署",即"行政机构";按曹说,"部"相当于"邑"。二说均不确。其实,"州部"乃泛指基层组织。

部,在先秦时代是州里以下的组织。《墨子·号令》篇多次谈到"部"这个基层单位。下面列举数例:

例一,因城中里为八部,部一吏,吏各从四人,以行冲术及里中。里中父老(小)不举守之事及会计者，分里以为四部，部一长，以苛往来不以时行、行而有他异者。

例二，吏行其部至里门。

例三，部吏亟令人谒之大将，大将使信人将左右救之，部吏失不言者，斩。

例四，诸吏卒民，非其部界而擅入他部界，辄收以属都司空若侯。

里之下可以分为四个部，也可以分为八个部，部有部长，有部吏。他们的职责是在道路上查问来往行人，维护治安，保卫州里。各部有一定的分管地段，诸卒吏民，不得擅自进入其他部界。按组织规模而言，一个里只有25户人家，部则是里下面的一个居民小组。只管辖几户人家。

从汉代开始，"州部"的词义已有变化。汉武帝元封五年，在全国设立十三部，也叫十三州。州的意义与古之九州、十二州的"州"相同，而不同于《韩非子》中"州部"的"州"。作为基层组织的"州"，是里以上的组织（里十为州），据说2500家为一州，而十三州的"州"则是大的按察区。"州部"连用，乃同义连文，不是州下的部。《文选·齐故安陆昭王碑文》："监督方部之数。"注："方部，四方州部也。"这个"州部"为刺史按察区，与先秦时代的

"州部"不同。

想

王力先生主编的《古代汉语》对"思"与"想"的辨别是:"在思考的意义上,只能用'思',不能用'想'。"任学良先生在他的新著《〈古代汉语·常用词〉订正》里说:"'思'是文言,'想'是口语,这才是它们的区别。……二者意义上的区别是不存在的。"任先生为了证明"思"与"想"不存在区别,列举了五个例证。我们就对这五个例证进行讨论,看看"思"与"想"究竟有无区别。

例一,《吕氏春秋·知度》(按:这个篇题,任先生误认为《勿躬》):去想去意,静虚以待。

任说:"这个'想'是'思考'的意思。"

例二,《吕氏春秋·情欲》:胸中大扰,妄言想见。

任说:"这是表示希望的'想'。"

例三，《韩非子·解老》：人希见生象也，而得死象之骨，案其图以想其生也，故诸人之所以意想者，皆谓之象也。

任说："这是'想象'的'想'。"

例四，《素问·痿论》：思想无穷，所愿不得。
例五，《素问·上古天真论》：外不劳形于事，内无思想之患。

任说："'思想'成为一个词，作'思考'讲，更证明了二者意义上的区别是不存在的。"

我认为任先生对这些"想"字的解释，都可商榷。

例一的"想"和"意"是同义关系，所谓"去想"并不是去掉"思考"，而是要去掉空想。

例二的"想"与"妄"是近义关系，根本不能释为"表示希望"。所谓"妄言"，是指病人无根据的胡言乱语；所谓"想见"，是指病人的幻想、幻觉。《论衡·订鬼》："凡人不病则不畏惧，故得病寝衽，畏惧鬼至，畏惧则存想，存想则目虚见。"又："凡天地之间有鬼，非人死精神为之也，皆人思念存想之所致也。"这些"想"字也是指病人产生的"幻想""臆想"。其中的"存想则目虚见",即《情欲》所说的"想见",即"活见鬼"之类的幻觉。《辞源》释《订鬼》之"存想"为"构思,想象"。高中语文课本第四册释"存想"为"想念",都不确。

例三任先生释为"想象",虽可疏通文意,但梁启雄先生释为"臆度或臆测"(《韩子浅解》),更符合原意。

例四、例五"思想"连用,很难说这是"一个词",我以为是两个同义词连用。"思"是思考,"想"是臆想。臆想太多,所以难得如"愿",以致成"患"。

除上述五例外,还可以补充一例。《周礼·春官·眡祲》:"掌十煇之法,以观妖祥,辨吉凶。一曰祲,二曰象,……十曰想。"郑注:"想,杂气有似可形想。"疏:"想,杂气有似可形想者,以其云气杂有所象似,故可形想。"(《十三经注疏》)这个"想"字,也是主观臆测的意思。

"思""想"之别,《说文》区分得很清楚。"思,容也。"(段玉裁改为"睿也")"想,冀思也。"(段玉裁改为"觊思也")李士珍《字训》卷三说:"想,冀思也,希冀而思之也。字从心相。本无其相,而思之所结,若有相焉,故想者心中所呈之幻相也。"《说文》以"想"为形声字,而李氏当作会意字,很有道理。

金岳霖先生的《知识论》有"分论思与想","思与想底分别何在呢?这分别最好从内容与对象着想。我们以后会叫思为思议,叫想为想像……想像底内容是像,即前此所说的意像;思议底内容是意念或概念。想像底对象是具体的个体的特殊的东西,思议底对象是普遍的抽象的对象。"[1]我们当然不能把金先生的这种区分搬到古代去,但"思""想"有同有别,这是古今一致的。

屈

"屈"在唐宋时期有"请"义,《辞源》《辞海》都失收。《广韵》《康熙字典》也未载此义。只有《集韵·迄韵》说:"屈,曲也,请也。"下面我们列举一些语言资料来证明"屈"有"请"义。

> 例一,牛僧孺《玄怪录》:一人握刀拱手而前,曰:"都统屈公。"公惊曰:"都统谁耶?"曰:"见则知矣。"公欲不去,使者曰:"都统之命,仆射不合辞。"……垂帘下有大声曰:"屈上阶。"阴知其声,乃杜司徒佑也。

---

[1] 金岳霖《知识论》,商务印书馆2003年版,第297—298页。

例中的"都统屈公",即"都统请公"。"屈上阶"即"请上阶"。

例二,刘崇远《金华子》卷下:光德相国崇望举进士(刘崇望,咸通十五年进士),因朔望起居郑太师从谠,阍者已呈刺,适遇裴侍郎后至,先入从容,公乃命屈刘秀才以入。

例中的"屈秀才",即"请刘秀才"

例三,王定保《唐摭言》:宰相既集,堂吏来请名纸,生徒随座主过中书,宰相横行,在都堂门里叙立。堂吏通云:"礼部某姓侍郎,领新及第进士见相公。"俄有一吏抗声屈主司,乃登阶长揖而退。

例中的"屈主司",即"请主司"。

例四,沈括《梦溪笔谈》:百官于中书见宰相,九卿而下,即着吏高声唱一声"屈",则趋而入。宰相揖及进茶,皆抗声赞唱,谓之"屈揖"。

《辞源》(第二版)"屈"字下收有"屈揖"这个词条,但由于不了解"屈"有"请"义,把"高声唱一声'屈',则趋而入",误解为"屈躬而入"。

> 例五,陶宗仪《南村辍耕录》卷八:又段成式《庐陵下官记》(盈按:此书今已不存):韦令去西蜀时,彭州刺史被县令密论诉。韦前期勘知,屈刺史诣府陈谢。

"屈刺史"即"请刺史"。

《敦煌变文集·八相变》中"屈请"连用。如"屈请将来","屈请将来令交相","大王屈请圣仙才"。盈按:"屈"有"请"义,在此文之后才知蒋礼鸿先生《敦煌变文字义通释》已谈到,但我所举例证为个人读书所得,故与蒋文无重复者,可对蒋文做补充。

校勘

《辞源》《辞海》对"校勘"的释义只有一个义项:"比较审定。特指将书籍的不同版本和有关资料加以对比,审定原文的正误真伪。"我们发现,"校勘"还有"对照检查、检讨"的意思。如:

例一，明黄渊耀《存诚录》上：学道须得路头清，先将宋五子书就自家身上校勘一番，次将象山、姚江之书细细参究，便不走入歧途。

所谓"先将宋五子就自家身上校勘一番"，就是用宋代周敦颐、张载、二程及朱熹等五人的著作对照自己进行检查。

例二，《存诚录》上：将五经、四子书向自家身上校勘一番，何者我已能，何者我未能。

这是说用五经、四书来对照自己进行检查。

例三，《存诚录》中：近日校勘自家弊病，力求变化，觉得一时强制，济不得事。

这是说检讨自己的毛病。

例四，《存诚录》下：近同伯氏与同志诸君子作"直言社"，每当相聚时，各举平时日录互相校勘。有善必劝，有恶必惩。

"互相校勘"即互相检查。

盈按：本文完稿后，读到曾运乾遗著《古语声后考》（何泽翰整理，《湖南师大学报》1986年增刊），曾氏也认为"暴乐""本字当为槀落"，"槀落语转则为暴乐"。但曾氏认为"暴乐原系附尾语词"，非叠韵联绵字。所谓附尾语词，即上一字音义兼备，举上即可以赅下。如举"暴"可代"暴乐"。

原载《湖北大学学报》（哲学社会科学版）1988年第6期。

从"叔远甫"谈起

《核舟记》的"虞山王毅叔远甫刻"的"叔远甫",本来是王毅的字,这是不应该有什么疑问的。可是有人认为:叔远甫的"甫"字应释为"始",或者是"初"。"叔远甫刻"即"叔远始刻"的意思。我认为这是一个常识性错误。其原因在于不了解古人称字的习惯方式。

据《礼记·檀弓》记载,我国周代有"幼名、冠字、五十以伯仲"的习俗。一个贵族婴儿生下三个月之后,由父亲命名,这是"幼名"的意思。到了二十岁举行冠礼,由来宾给他取字,这就叫"冠字"。"冠字"的方式是:"曰伯某甫,仲叔季,唯其所当。"(《仪礼·士冠礼》)可见,"字"的全称是三个字组成。如伯阳父(《国语·周语上》)、仲山甫(《诗经·大雅·烝民》)、叔原父(陈公甗)之类。叔远甫那个时候虽然"冠字"的礼俗早已消失,但这种取字的方式无疑是反映了周代礼俗的遗风。

这种由三个字构成的"字"是有一番讲究的。第一个字是表排行的，所以用"伯、仲、叔、季"这样的字。排行是"生而已定"，就是说，谁是老大，谁是老二，这是出生时就已经注定了的，所以，行冠礼命字时，并不包括这个字在内，而且在五十岁之前，一般习惯只称"且字"，五十以后才加上排行。孔颖达说："年二十有为人父之道，朋友等类不复呼其名，故冠而加字；年五十耆艾，转尊，又舍其二十之字，直以伯仲别之。"（《周礼正义》，见《十三经注疏》）段玉裁也说："'五十以伯仲'，乃称'伯某甫'、'仲某甫'……而五十以前，但称'某甫'也。"（段注《说文》第八"仲"字注）

第二个字是"字"的核心部分，是行冠礼时取的，这是"表德之字，谓之且字"（段注《说文》十四"且"字注）。什么叫"且字"呢？段玉裁说："'冠字'者，为之且字也。且字也者，若尼甫、嘉甫是也。"（段注《说文》第八"仲"字注）又说："且者，荐也。五十以伯仲乃谓之字，以下一字为伯仲叔季之荐，故曰且字也。"（段注《说文》第三"甫"字注）这里还应该注意一点，就是字与名在意义上总要有某种联系，或相反，或相成。这种习俗一直保存到后代。如王毅，字叔远甫，就是取义于"士不可以不弘毅，任重而道远"(《论语·泰伯》)。

第三个字："甫"。段玉裁说："甫则非字，凡男子皆得称之，以男子始冠之称，引申为始也。"（段注《说文》第三"甫"字注）这个话不全面，不准确。古人早已指出：用作"字"的"甫"是"父"的假借字。既可写作"父"，亦可写作"甫"。"甫"在后来成了男子的美称，但当初未行冠礼之前的男子是不能称"父"的，只有行冠礼之后方得通称为"父"，这意味着一个贵族成年男子已具有父权，已取得了履行贵族义务和享有贵族特权的资格（可参阅杨宽《冠礼新探》，《中华文史论丛》第一辑）。

按照周代的习惯，男子的字也可以不用全称。有的省去"伯、仲、叔、季"，不称排行；有的省去"父"（甫）字。如孔丘的字，全称为"仲尼父"，有时只称"仲尼"，有时只称"尼父"；周公的长子叫"伯禽父"，有时称"伯禽"，有时称"禽父"。也有根本不以排行为字的，也有名和字一起称呼的，如孔父嘉、弗父何、正考父之类。

周代这种"伯某父"或"叔某父"的取字方式，到春秋末年就已经罕见了。但在整个封建社会中，于字后加一"父"（甫）字的现象却并不罕见。如明末吕维祺的《同文铎》，在卷首开列了一个订正者的名单，字后全都有"父"字。即"姑苏姚希孟孟长父，徽歙毕懋康孟侯父，华亭董其昌玄宰父,太仓张溥天如父"等等。

这种情形也见之于题款。如《胡澹庵先生文集》卷一的题款是:"宋庐陵胡铨澹庵甫著",《助语辞》的题款是"钱唐胡文焕德甫校"。这种题款方式与"虞山王毅叔远甫刻"完全一样。难道我们可以这样说:"澹庵甫著"即"澹庵始著","德甫校"即"德始校",岂不荒谬!

1983年5月完稿于蔚秀园28楼412室
原载《中学语文教学》1983年第9期。

"亭午"解

《水经注·三峡》："自非亭午夜分，不见曦月。"注家都把"亭午"释为"正午"，这是对的。但作为一个语文教员，他往往要回答这样的问题："亭午"为什么是"正午"呢？有人说："亭"和"正"是假借字，古读都是deng。

我觉得讲成假借是不恰当的。我在和蒋绍愚合著的《古汉语词汇讲话》中已经说过："假借必须同音，不能反过来说，同音就可以假借"。何况"亭"与"正"在古代并不完全同音，"亭"是浊声母字，"正"是清声母字，怎么可以一律拟为"d-"呢？

从词义看，"亭午"的"亭"原本是动词。《淮南子·原道》："味者甘立而五味亭矣。"张双棣《校释》引俞樾云："《说文·高部》：'亭，民所安定也'。是亭有定义。故《文选》谢灵运《初去郡诗》注引《苍颉》曰：

'亭，定也。'亦通作'停'。《释名·释言语》曰：'停，定也，定于所在也。''五味亭矣'，《文子·道原》正作'定'，可证也。"(《淮南子校释·原道训》)又《说文》段注"亭"字："亭定叠韵，亭之引申为亭止，俗乃制停、渟字。"(《说文解字注》)晋代孙兴公（即孙绰）《游天台山赋》："尔乃羲和亭午，游气高褰。"刘良注："亭，至也。"清代陶炜《课业余谈》卷上："亭午，日中则亭也。"颜延之《纂要》："日在午曰亭午，在未曰昳。"（原书已佚，转引自《初学记》卷一）这些材料都说明"亭午"的原意是指太阳停留在午时。"亭"即"停"字，"午"相当于今之十一二点钟。

1983年元月完稿于蔚秀园28楼412室
原载《中学语文教学》1983年第4期，
2015年略有补充。

"家人"解诂辨疑

——兼论女强人窦太后

在先秦两汉,"家人"乃常用词。注家多有随文解诂。现有几种涉古的大型辞书,如《辞源》《辞海》《汉语大词典》《汉语称谓大词典》均立专条,详加解释。明末清初方以智《通雅·称谓》也有"家人"条目,清道光年间俞正燮《癸巳存稿》卷七有"家人言解",近人杨树达《汉书窥管》卷一"有两龙见兰陵家人井中"条也对"家人"的诸多例句进行了讨论,钱锺书《管锥编·史记会注考证·儒林列传》在讨论"家人"一词时,批评"俞说似深文",赞同"家人谓匹夫、庶民"说,2003年第3期《语文研究》发表了赵彩花的《〈史记〉、〈汉书〉"家人"解》。综览各种资料,对某些句中的"家人"究竟应作何解,往往互相抵牾；甚至"家人"到底有几个义项，各义项产生的时代，四种辞书的处理也同中有异。也就是说，"家人"一词的解诂，至今仍是诸说纷纭，莫衷一是。原因之一是颜师古等人对"家人"的注释就欠准确，后人亦多受其误导；但最根本的原因是注家及辞书编撰者往往因循旧说，未考镜源流，进行系统探求。

"家人"作为一个具有社会、伦理意义的常用词有三个不同的来源。三个来源之间既有联系，又有性质上的差别。解诂者往往将来源不同的"家人"混为一谈，加之又不明白"家人"与"庶人"也是既有联系又有区别这样的事实，于是错解文句，扞格难通，即使是通人大家之言，或亦非的诂也。

一 "家人"的常用义

来源之一是《诗经·周南·桃夭》的"宜其家人"。毛传释"家人"为"一家之人"。郑笺略有不同，他说："家人，犹室家也。"正义加以发挥说："桓十八年《左传》曰：'女有家，男有室。'室家谓夫妇也。此云'家人'，'家'犹夫也，犹妇也。以异章而变文耳，故云'家人，犹室家也。'"（《十三经注疏》）依此解，"家人"谓夫妇二人，诗意乃赞美"男女以正，婚姻以时"。

毛、郑二说并不矛盾。夫妇为家庭之本，郑说强调了家庭核心成员的作用，强调了婚姻为人伦之始。而毛传的解释，正如陈奂所言："此逆辞释经之例。"陈奂还指出：

> 此篇上二章就嫁时言，末章就已嫁时言。《礼记·大学篇》引末章而释之云："宜其家人，而后可以教国人。"正所谓家齐尽宜之道也。《传》意实本《大学》为说。
>
> （《诗毛氏传疏》卷一，万有文库本，商务印书馆1930年版，第16页）

现代辞书中的"家人"都有"一家之人""家中的人"这个义项，即源自"宜其家人"。从古至今，此义一直保存。

但，"一家之人"乃全称，"家中的人"乃特指。后者是前者的引申。如：

> 《汉书·外戚传·孝景王皇后》："初，皇太后微时所为金王孙生女俗，在民间，盖讳之也。武帝始立……乃车驾自往迎之。其家在长陵小市，直至其门，使左右入求之。家人惊恐，女逃匿。"（《汉书》

卷九十七上）

《汉书·卷二十七中之上·五行志第七中之上》："其后帝（指成帝）为微行出游，常与富平侯张放俱称富平侯家人，过阳阿主作乐，见舞者赵飞燕而幸之。"

例一为"一家之人"，指全家；例二指"家中的人"，即富平侯家里的人。

"一家之人"又引申为"人家"，即"凡人之家"。

例一，《左传·哀公四年》："蔡昭侯将如吴，诸大夫恐其又迁也，承公孙翩逐而射之，入于家人而卒。"《正义》释"家人"为"凡人之家"。（《十三经注疏·春秋左传正义》）

例二，《史记·汲黯传》："河内失火，延烧千余家，上使黯往视之。还报曰：'家人失火，屋比延烧，不足忧也。'"（《史记》卷一百二十）这里的"家人"也即"人家"，"凡人之家"（意为非官府）。

例三，《汉书·惠帝纪》："春正月癸酉，有两龙见兰陵家人井中。"（《汉书》卷二）此"家人"亦"人家"义。钱大昭在《汉书辨疑》卷一中指出：

"家人"解诂辨疑 247

家人，《汉纪》（荀悦著）作"人家"。案《五行志》："癸酉，有两龙见于兰陵廷东里温陵井中。"（见《汉书》卷二十七下之上）则作"人家"者是。

此例颜师古释为"庶人之家"①；"刘向以为龙贵象而困于庶人井中"（《汉书》二十七下之上）。他们所说的"庶人"也就是"凡人"，普通"人家"。杨树达批评"钱说非也"（《汉书窥管》卷一），将"人家"与"庶民"对立起来，似不妥。

但"凡人之家"并不是在一切情况下都等于"庶人之家"。请看下面三例。

例一，《汉书·佞幸传·董贤》：

（王）闳为（董）贤弟驸马都尉宽信求（萧）咸女为妇，咸惶恐不敢当，私谓闳曰："董公（指董贤）为大司马，册文言'允执厥中'，此乃尧禅舜之文，非三公故事，长老见者，莫不心惧。此岂家人子所能堪耶！"闳性有知略，闻咸言，心亦悟。乃还报恭（恭，董贤之父），深达咸自谦薄之意。

（《汉书》卷九十三）

---

① 《汉书》卷二，颜注，中华书局，1962年版，第89页。

颜师古说："家人犹言庶人也。盖咸自谓。"颜说欠妥。萧咸何许人也？萧咸为王闳岳父，乃"前将军望之子也，久为郡守，病免，为中郎将"，故"（董）贤父恭慕之，欲与结婚姻"。萧咸也是高官，即使"自谦"，也非"庶人"可比。这里的"家人"只能解释为"凡人之家"，因为当时的董贤"权与人主侔"。萧咸与之相比，"自谦薄"为"凡人之家"，有不敢高攀之意。"家人子"无疑非萧咸实际身份。

例二，《盐铁论·崇礼》：

> 大夫曰："夫家人有客，尚有倡优奇变之乐，而况县官乎？"（县官：指天子）

杨树达《盐铁论要释》："汉人谓庶民为家人。"（上海古籍出版社2007年版，第70页）将此"家人"与"庶民"画等号，甚为不当。案之此例中的"家人"，只可释为"凡人之家"，而非"庶民"。"庶民"招待客人如有"倡优奇变之乐"，这是什么样的"庶民"？汉代的"庶民"多是农民或无任何官阶爵位的人。能享有"倡优奇变之乐"者，无疑属于上层社会人士，可对"县官"（天子）而言，他们当然就是平常人家了，但绝不是"庶人"。

例三,《汉书·谷永传》:

> 陛下(指成帝)弃万乘之至贵,乐家人之贱事。
>
> (《汉书》卷八十五)

颜师古曰:"谓私畜田及奴婢财物。"依颜注,这里的"家人"也只能解释为"凡人之家",一般"庶民"可以"私畜田及财物",如有"奴婢",这就跟"庶民"的社会地位不相符合了。

二 《周易·家人》卦及窦太后与"家人言"的风波

现在,我们谈"家人"的第二个来源,即《周易》中的"家人"。

各辞书均将此"家人"作为独立义项,这无疑是正确的。而《辞源》(1980年版)无释义,只说此乃"《易》卦名"。《汉语大词典》指出:"内容是论治家之道。"此释义也不得要领。

如果仅从卦名而言,的确看不出此"家人"与《诗经》中的"家人"有什么不同。朱熹的《周易本义》就说:"家人者,一家之人。"这个释义与此卦的精神实质全然不符,不可信。原来这里的"家"已非家庭之家，乃特指妇、妻。"家人"就是妇人、妻子。

《左传·僖公十五年》晋国卜筮之史有占辞说："逃归其国，而弃其家。"杜注："家谓子圉妇怀嬴。"正义："夫谓妻为家，弃其家谓弃其妻，故为怀嬴也。"①

屈原《离骚》："固乱流其鲜终兮，浞又贪夫厥家。"王逸注："妇谓之家……贪取其家，以为己妻。"②

此两例乃"家"有"妇""妻"义之确证。

从《家人》卦的内容来看，也不是对"一家之人"而言的，所言全属妇女问题。

《家人》的卦象为离下巽上：☲③。这个卦象的符号意义是什么？六二、六四为阴爻。"巽一索而得女，故谓之长女。""离再索而得女，故谓之中女。"④

《家人》的卦辞为："利女贞。"马融曰："家人以女为奥主，长女、中女各得其正，故特曰'利女贞'矣。"(《周易集解》卷八) 王弼对"彖"辞"女正位乎内，男正位乎

---

① 《十三经注疏·春秋左传正义》，中华书局1980年版，第1806页。
② 《楚辞补注》（上册），中华书局1957年版，第17页。
③ 《十三经注疏·周易正义》卷四，中华书局1980年版，第50页。
④ 《十三经注疏·周易正义·说卦》卷九，中华书局1980年版，第94页。

外"的解释是:"家人之义,以内为本者也,故先说'女'矣。"(同上引)

马、王的注很明确:"家人"卦的内容不是泛言"治家之道",而是讨论为妇之道的。用今天的观点来看,就是在家庭范围之内如何管束妇女,让家庭主妇自觉自愿地处于被压制的地位。于是,第一爻的爻辞就毫不客气地提出了:

初九 闲有家。悔亡。

此话是什么意思?表述了什么样的传统伦理观念?下面我们引述王弼、欧阳修、王夫之、朱骏声等人的有关言论来做答辞。王弼注:

凡教在初,而法在始。家渎而后严之,志变而后治之,则悔矣。处家人之初,为家人之始,故宜必以闲有家,然后悔亡也。

(《十三经注疏·周易正义》,中华书局1980年版,第38页)

"教"的对象是谁?家"法"管的是谁?"家渎"的原因在谁?谁"志变"了?谁"处家人之初"?谁"为家人

之始"？全部矛头均指向一个目标：女子。或曰家庭中新嫁过来的女子。

欧阳修撰《新五代史》，将宗室后妃传称之为《家人传》，其理论根据就来自《周易·家人》。他在《梁家人传》序文中说：

> 梁之无敌于天下，可谓虎狼之强矣。及其败也，因于一二女子之娱。至于洞胸流肠，刲若羊豕，祸生父子之间，乃知女色之能败人矣。自古女祸大者亡天下，其次亡家，其次亡身，身苟免矣，犹及其子孙，虽迟速不同，未有无祸者也。然原其本末，未始不起于忽微。《易·坤》之初六曰："履霜，坚冰至。"《家人》之初九曰："闲有家，悔亡。"其言至矣，可不戒哉！
>
> （《新五代史》卷十三，中华书局1974年版，第127页）

"女祸"历史观，从夏商周至近现代，一直被男权统治者奉为圭臬，从未动摇。防范的药方就是《周易》时代已经总结出来的三个大字："闲有家。"欧阳修的这篇序文就是用男权史观剪裁历史事实为"闲有家"做注脚的。

何谓"闲"？下引朱骏声文会谈到。我们先问：为什么对女子要"闲"，何以"闲"？这就要听王夫之的慷慨陈词了。王夫之说：

> 闲之于下，许子以制母；威之于上，尊主以治从；而后阴虽忮忌柔慢以为情，终以保贞而勿失矣。
> （《周易外传·家人》，岳麓书社2011年版，第913页）

又说：

> 《家人》中四爻（盈按：指代表男位的初九、九三、九五、上九四阳爻）皆得其位，而初、上（指初九、上九）以刚"闲"之，阳之为德充足而无间，御其浮游而闲之之象也，故化行于近，而可及于远……
> ……而知为家之道，唯女贞之为切也。阳之德本和而健于行，初无不贞之忧；所以不贞者，阴杂其间，干阳之位；而反御阳以行，是以阳因失其固有之贞而随之以邪。岂特二女之嫔虞，太姒之兴周，妺（应作妹）喜、妲己、褒姒之亡三代，为兴衰之

原哉！即士庶之家，父子兄弟天性之合，自孩提稍长而已知爱敬，其乖戾悖逆因乎气质之凶顽者，百不得一也。妇人一入而乱之，始之以媚惑，终之以悍鸷，受其惑而制于其悍，则迷丧其天良，成乎凶悖，而若不能自已。人伦斁，天理灭，天下沦胥于禽兽，而不知其造端于女祸。圣人于此惧之甚，戒之甚，而曰"利女贞"，言女贞之不易得也。女德未易贞，而由不贞以使之贞，唯如"家人"之"严君"，刚以闲之，绝其媚而蚤止其悍，使虽为"哲妇"①"艳妻"②，而有所制而不得逞。……

"闲"者，御其邪而护之使正也。家人本无不正，尤必从而闲之，谨之于微，母教也。虽若过于刚严，而后悔必亡。

(《周易内传·家人》卷三，岳麓书社2011年版，第312、313、315页)

依照王夫之的逻辑，阳德原本"和而健于行，初无不贞之忧"，阳之所以"失其固有之贞"，都是阴干阳位造

---

① 《诗经·大雅·瞻卬》："哲妇倾城。"
② 《诗经·小雅·十月之郊》："艳妻煽方处。"毛《传》："艳妻，褒姒。"

成的。因此，妇人是犯有"原罪"的。呜呼！在西方的《圣经》中亚当和夏娃都犯有原罪，而中国的《易经》中，亚当本无"不贞之忧"，"不贞者"乃夏娃，夏娃自己"不贞"使亚当也"不贞"。这也是中西文化传统的巨大差异。

王夫之也全盘接受了男权社会对妹喜、妲己、褒姒的诬枉之辞，并进而推论到"士庶之家"，父子兄弟间之所以有"乖戾悖逆"的"凶顽"之徒，全是由于"妇人一入而乱之"。弄得家不家，国不国，人伦天理丧灭，"天下沦胥于禽兽"，这样的"家人"还不该"闲"之而又"闲"之吗！可是，唐太宗率长孙无忌等于玄武门诛杀皇太子建成、齐王元吉，胁迫其父让位；雍正残酷迫害杀戮自己的亲兄弟，还有数不清的"人伦斁，天理灭"，行同禽兽的故事，有几件是"妇人一入"造成的呢？细读历史就知道：妹喜、妲己、褒姒之类的人物，多数是受害者，即使有罪，也应该与亚当相提并论才公正呀。亚当、夏娃这一对"家人"，岂可随意轩轾！

《家人》卦标榜的是"利女贞"，而数千年来，此卦对妇女真是有万害而无一"利"！国内外那么多易学大师，有谁能为中国的夏娃鸣不平？

《家人》中的妇女观早已浸透了国人的骨髓，不仅奉为经典，而且深入到民间俗谚中去了。

19世纪的朱骏声是《说文》大家，介绍一下他对"闲有家"的解诂，对我们了解《周易》的"家人"一词是会有帮助的。他说：

> 牖户之内谓之家。闲，阑也。木设于门，所以防闲也。处家宜和，治家宜严，颜之推曰："教子婴孩，教妇初来。"此之谓也。
>
> （朱骏声《六十四卦经解·家人》卷五，中华书局1958年版，第160页）

这里要说明的是：朱氏所引颜之推云云，并不是颜氏个人的言论。此话出自颜之推的《颜氏家训·教子》篇。原文作：

> 俗谚曰："教妇初来，教儿婴孩。"

"教妇初来"的"俗谚"与"初九"爻辞"闲有家"，意思完全一致。所谓"教"，就是诸多禁忌，诸多防范，诸多服从。一言以蔽之曰"闲"。

行文至此，我相信我已经把《家人》卦的确切含义弄清楚了。现在要做的就是拿语言材料来证明。下面两个例子在古代都是很有影响的。

例一，取自《汉书·游侠传·原涉》：

> 或讥（原）涉曰："子本吏二千石之世，结发自修，以行丧推财礼让为名……何故遂自放纵，为轻侠之徒乎？"涉应曰："子独不见家人寡妇邪？始自约敕之时，意乃慕宋伯姬及陈孝妇，不幸壹为盗贼所污，遂行淫失，知其非礼，然不能自还。吾犹此矣！"
>
> （《汉书》卷九十二，中华书局1962年版，第3715页）

这是一段名言，也是一个名典。南宋戴埴《鼠璞·柳子厚文》（丛书集成初编本）、俞文豹《吹剑录》"原涉"条、清人钱大昕《十驾斋养新录·河间传》条，都认为柳宗元的小说《河间传》，"盖本于此"，"其意正相类"。

妇人河间，原本是一个很"有贤操"的女子，"自未嫁"至"既嫁"，"谨甚，未尝言门外事"，恪守为妇之道，"以贞顺静专为礼"，是当地声望甚佳的模范"新妇"，后因

"族类丑行者""必坏之",逐渐堕落为"淫妇人"①。戴埴等人将柳宗元这篇小说溯源于原涉的"家人寡妇"论,完全正确。可我现在要进一步提问:原涉所谓的"家人"又出自何处?答案只有一个:出自《周易·家人》。原涉的话正好是"初九,闲有家"及俗谚"教妇初来"生动、贴切的演绎。

可是,杨树达谓"家人谓庶民,汉人常语"时,亦举原涉此话为证(《汉书窥管》卷一),这显然是讲不通的。不唯"庶民"与"寡妇"不能相提并论,而且下文"壹为盗贼所污,遂行淫失",也与"庶民"毫不相干。何谓"污"与"淫",柳宗元笔下的河间即是一例。唯一可信的结论,原涉所谓的"家人"只能是"利女贞"之"女","教妇初来"之"妇",也就是《河间传》中称之为"新妇"的已婚女子。总而言之,是妇道人家。

例二,这个例子涉及本文副标题中所谓的"女强人窦太后"。

> 窦太后好《老子》书,召辕固生问《老子》书。

---

① 《柳河东集·外集·河间传》卷上,商务印书馆国学基本丛书简编本,第67页。

固曰："此是家人言耳。"太后怒曰："安得司空城旦书乎？"乃使固入圈刺豕。景帝知太后怒而固直言无罪，乃假固利兵，下圈刺豕，正中其心，一刺，豕应手而倒。太后默然，无以复罪，罢之。居顷之，景帝以固为廉直，拜为清河王太傅。久之，病免。

(《史记·儒林列传·辕固生》，中华书局1959年版，第3123页)

这是一段气氛相当恐怖而又妙趣横生的史文，今日读来犹如身临其境。现场人物有三：窦太后、书呆子辕固先生、汉景帝。还有一只猪。古今中外，以刺豕来对决学术胜负，大概仅此一例吧。窦太后的狂野风度，可谓空前绝后。

全部矛盾是由"家人"这个词引起来的。

司马贞《索隐》："服虔云：'如家人言也。'案：《老子道德篇》近而观之，理国理身而已，故言此家人之言也。"(《史记》)

《汉书·辕固传》师古注："家人言僮隶之属。"(《汉书》卷八十八)

俞正燮《癸巳存稿·家人言解》："宫中名家人者，盖宫中无位号，如言宫女子、宫婢。……'家人言'本意谓仁弱似妪媪语，而家人又适为宫中无位号者……窦太后始为家人，故怒，怒其干犯，非仅以有仁弱之讥也。"①俞说与颜注接近，"宫婢"与"僮隶"无本质差别。

杨树达谓"家人谓庶民"，亦举此例为证。杨说与颜、俞大不相同。博学多闻的钱锺书为了证明此例之"家人"即"人家"，即"匹夫""庶人"之义，还援引魏收《魏书·崔浩传》浩论《老子》曰："袁（盈按：原书作韦，钱先生误为袁）生所谓家人筐箧中物，不可扬于王庭也！"（钱说见《管锥编》第一册，中华书局1979年版，第372页）崔浩说的"韦生"，为三国时的韦曜。曜在回答孙晧问"瑞应"时说："此人家筐箧中物耳！"（《三国志·吴书》）应该说，韦曜所说的"人家"与辕固所说的"家人"毫无关系。而崔浩改"人家"为"家人"，又与批判老庄之书联系起来，已与韦氏原意大不相同，倒是与辕固相呼应了。所以，我认为这个"家人"未必不是指妇道人家。何谓"筐箧中物"？当然不是指书本或男士的衣物，应该跟妇女有关。《周易·归妹》"女承筐"，《诗经·豳风·七月》"女执懿筐"。"筐"也可以是妇女盛衣物的箱子。这里"筐箧"连用，喻老庄书为妇女所用衣物，"故不可扬于王庭

---

① 《癸巳存稿》卷七，辽宁教育出版社2003年版，第199页。

也"(《魏书·崔浩传》)。

现代辞书举辕固语证时,多取颜注。如《辞源》《汉语大词典》《汉语称谓大词典》均释为"仆人""仆役"。《辞海》"家人"的义项③"旧时称仆人",只举《红楼梦》中的例子为证,大概是有意回避"家人言"这个例子吧。杨氏的"庶民"说也有一定的影响。如台湾六十教授合译的《白话史记》译为:

这只是庶人之言罢了。

(《白话史记》下册,岳麓书社1987年版,第1051页)

从服虔到杨树达、钱锺书,对辕固这句"家人言"有四种不同的解释。不仅杨、钱不同于颜,司马贞与服虔也是不同的。司马的按语似乎是对服注的申说,实则大相径庭,下文再细说。

辕固这句话为什么如此难解呢?

如果仅从字面求解,必然难以定论。只有联系当时的环境,深入分析窦、辕、景帝三人的情态,尤其是景帝与窦、辕的微妙关系,这个谜是不难破译的。

矛盾的主要方面是窦太后。

窦太后这个人物，无论从哪种意义来说，都是值得一论的。本文副标题说她是"女强人"，是从身世、政治权力、学术专制三方面来立论的。

窦太后乃汉初赵地清河郡观津县人。景帝年间观津又划归分置的信都国，其地在今之衡水市武邑境内。"吕太后时以良家子选入宫"，这是《汉书·外戚传》的说法；《史记·外戚世家》不用"选"字，只说"以良家子入宫侍太后"。《汉书》的表述远不如《史记》准确。窦氏的出身是很凄苦的，早年丧父，其弟四五岁被人"略卖"，家贫且贱。她的入宫实为生活所迫，与"选"妃子根本不是一回事。《史记》说"侍太后"，表明了她的身份只不过是吕后的贴身丫头，与《红楼梦》里的鸳鸯、平儿差不多。

可窦丫头运气实在太好了，幸福之花似乎专为她而开。她碰上了一个有利于自己攀升的时代，当时的皇帝们不计较后妃的出身门第，故"汉初妃后多出微贱"[①]。她又碰上"太后出宫人以赐诸王"的机会，她原本想"如赵，近家"，结果却被主持此事的宦者"误置代伍中"，感谢上苍这一"误"，"至代，代王（即后来的文帝）独幸窦姬"。"独幸"的原因似非色与艺，按年龄她应该长于代王，之所以取得

---

① 赵翼《廿二史劄记》卷三，辽宁教育出版社2000年版，第46页。

代王"独幸",恐怕与其少也贱,故谦谨、历练、勤敏,善于体贴年轻的代王有关。她又为年轻的代王生了一个儿子,即后来的景帝。上帝又让她一枝独秀,代王王后及王后所生四男全都自然死亡,故代王立为皇帝时,景帝没有任何竞争就被立为太子,窦姬也理所当然地成为皇后。文帝崩,景帝立,窦皇后就成了皇太后;景帝崩,武帝立,她成了太皇窦太后。她卒于武帝建元六年(前135年)。文帝去世之后她还活了22年。这22年中,她管着儿子(景帝)和孙子(武帝),直接干预朝政,操纵学术方向,功大于过,所谓"文景之治",窦氏乃关键人物。如果从立为皇后之日(前179年)算起,她在位有45年之久,始终未离开权力中心、学术中心。她既保护了景帝、武帝(即位时才16岁),又必然会和自己的儿子、孙子在政见及学术趣味上产生种种矛盾。

在窦太后与辕固这场火药味极浓的学术论战中,同时也暴露了儿子景帝与母亲窦太后之间存有不可明言的矛盾。书呆子辕固敢于当面口出狂言顶撞窦太后,而又没有被窦太后整死,留下了一条老命,居然还拜为太傅,显然是景帝为他撑腰,巧妙地保护了他。景帝为什么不站在母亲一边打压辕固反而支持辕固呢?

就学术趣味而言,景帝乃至后来的武帝,都不喜欢黄老之言。道理很明显，儒术是为加强巩固君权服务的；黄老之言只能削弱君权，有利于母后干政。《外戚传》说得很清楚：

  窦太后好黄帝、老子言，景帝及诸窦不得不读《老子》尊其术。

(《汉书》卷九十七)

"不得不"三字显示了母后的威权，也道出了景帝无可奈何的处境。景帝即位时已经32岁了，身后还站着这样一位强势母亲来管着自己，帝王的权威何在！他多么渴望用儒术来为自己的皇权造声势，辕固这样的儒术中坚正是反对妇人干政、皇权的铁杆捍卫者，他能不保护辕固吗！

  这母子二人更深层的矛盾还不在学术取向，而在"窦太后心欲以孝王为后嗣"[①]，这是景帝无论如何不能容忍的。窦太后为文帝生了两个儿子，小儿子即梁孝王刘武。太后偏爱这个小儿子，必欲以刘武来继景帝位，梁王也因此无法无天，派出刺客杀害朝中那些反对由他"为后嗣"的

---

  ① 《史记·梁孝王世家》卷五十八，中华书局1959年版，第2084页。

"议臣"。当景帝要查办刺客且"由此怨望于梁王"时，梁王有意"匿于长公主园"，造成失踪假象。太后泣曰："帝杀吾子！"后来梁王薨，"窦太后哭极哀，不食，曰：'帝果杀吾子！'"[①]给景帝造成极大压力。

不难理解，学术趣味的对立正是皇权遭遇母后挑战的意识形态化。按儒学的机制，妇人是不能干政的；君为臣纲，子承父业，梁孝王的行为完全违背了"三纲"学说。

讲清了这些背景、关系之后，我们应该明白了：辕固说的"此是家人言耳"，乃一语双关，有双重指向性。既指向《老子》其书，也指向窦太后其人。

所以，这里的"家人言"就是指妇人之言，即妇道人家的见解。

辕固一语出口，捅了马蜂窝。此言刺伤了太后的自尊心，直挑太后的价值观。

从表层意义来看，是说《老子》提倡"无为""不争"，提倡"绝学无忧"，"以贱为本"[②]，提倡"无为自化，清静自正"[③]，等等，全是妇人之见。从深层看，窦太后原本就有过"家人"（宫婢）经历，如今虽然能管着皇帝，一个无

---

① 《史记·梁孝王世家》卷五十八，第2086页。
② 见《老子》。
③ 《史记·老子传》卷六十三。

法改变的事实是，她还是女人身。女人不宜过问朝政的礼制，她当然心知肚明。窦太后焉能不愤怒！她的回答充满了杀机：到哪里去找让罪人"司空城旦"读的书呢！

辕固这个时候应该是七八十岁的老年人了①，要辕固去"刺豕"，无异于让他去送死。好在景帝"假固利兵"，又好在那头猪"应手而倒"，才"无以复罪"。设若辕老头子遭遇的是王小波笔下那种"特立独行的猪"，那只"一百人也逮不住"的猪，那只能躲开手枪与火枪射击的猪，他就死定了。即或不死，也得与"城旦"为伍了。

这绝对不是危言耸听。武帝初年，窦老太太还逼死了两位儒生。《史记·儒林列传》有明文记载：

> 太皇窦太后好老子言，不说（yuè）儒术，得赵绾、王臧之过以让上（斥责武帝），上因废明堂事，尽下赵绾、王臧吏，后皆自杀。
>
> （《史记》卷一百二十）

《汉书·武帝纪》于建元二年（前139年）也记载了赵绾、

---

① 汉武帝元光五年（前130年）辕固90余岁。见《资治通鉴》卷十八。

王臧自杀事件。应劭有一条很重要的注：

> 礼，妇人不豫政事，时帝已自躬省万机。王臧儒者，欲立明堂辟雍。太后素好黄老术，非薄《五经》。因欲绝奏事太后（即不再向太皇太后奏事），太后怒，故杀之。
> （《汉书》卷六。按："请毋奏事太皇太后"者，乃御史大夫赵绾。
> 因此案受牵连的丞相窦婴、太尉田蚡均被免职。
> 武帝本人也受到皇太后的警告，
> 要他设法取悦太皇窦太后。）

将应劭此注与服虔在《史记·儒林传》中那条注联系起来分析，我们就会发现：在颜师古之前的东汉，应劭、服虔他们对辕固说的"家人言"还是能正确理解的。

《索隐》引服虔云："如家人言也。"比原文只多了一个"如"字，几乎是同语反复，等于没有解说。

没有解说就是解说。他没有用"僮仆"或"庶人"来作注，就已经证明：辕固所说的"家人"既非仆人也非平民。"家人"就是"家人"，而"老子言"毕竟不就是"家人言"，所以要加个"如"字。"如"什么呢？"如"《周易》中的"家人",即妇人。

应劭并未给辕固的话作注,而他指出了"礼,妇人不豫政事",事实上就是拿儒家"闲有家"的根本大法来指责窦太后。

有"闲"者就有被"闲"者。辕固、应劭、服虔乃至景帝,在理论上都是"闲"者,而窦太后在理论上却处于被"闲"者的地位,可事实上实权为窦太后所牢牢控制。这就如同王夫之说的:"阴杂其间,干阳之位,而反御阳以行。"辕固、景帝作为"闲者",就是要"御其邪而护之使其正也"。正如王夫之所言:

> 闲之于下,许子以制母;咸之于上,尊主以治从。

"家人言"三字,涉及辕固本人、窦太后、景帝这三个人的核心价值观。因此,辕固不能不"直言",窦太后不能不发"怒",景帝不能不保护辕固"以制母",全都取决于核心利益。看似闹剧,实则各有大义存焉。

辕固要捍卫的是儒术的核心价值——三纲学说;窦太后要维护的不只是自己的权威,还有政权的稳定;景帝要维护的是手中的皇权,他与辕固有共同的契合点。

所以，将这里的"家人"释为"僮隶之属"，既与《老子》一书的内容不切合，也有悖于当时的语言环境、人物身份。辕固虽然敢于"直言"，还不至于以"僮隶"来直射太后，这样的用语也不符合其儒者的身份、学术理念；再则，景帝虽与其母在内心深处有某些龃龉，但绝不可能容忍辕固以"僮隶"这样的恶语来伤害自己的亲生母亲，为人子者岂能听了"尔母，婢也"这样的攻击还能肯定其"直言无罪"吗？如果自己的母亲喜欢的是"僮隶"之言，景帝本人岂不成了"家人"子吗？景帝的现场反应是解开"家人"之谜的重要依据。

为什么"庶民"说也是错的呢？如果辕固说的"家人"就是"庶民"，窦太后犯不着如此怒不可遏，犯不着用"使固入圈刺豕"的狂野手段来解决此争端，而且《老子》学说也不代表"庶民"的主张，辕固也没有必要拿"庶民"来说事，儒家什么时候反对过"庶民"呢！

我既非帝党，也非后党，更不是辕派，只是就事论事而已。

就事实而言，用人性的眼光来看历史，所谓"闲有家"，所谓"礼，妇人不豫政事"，以及所谓"家人之言"，都是违背人性、大成问题的。而中国数千年的史书都是男性写出来的，是非折中于夫子，几乎听不到妇女的声音。

窦太后是第一个敢于公然"非薄《五经》"的女性,是第一个批判"儒者文多质少"①的女性,是第一个用"刺豕"的方法来处罚儒生的女性。说她是女强人,是女中豪杰,我以为不算过分。

据《妒记》一书记载,晋代谢安的刘夫人反对谢安"立妓妾",有人拿《关雎》《螽斯》"有不忌之德"来讽喻。这位刘夫人乃问:"谁撰此诗?"答云:"周公。"夫人曰:"周公是男子,相为尔。若使周姥撰诗,当无此也。"②尽管周祖谟师的老丈人,也是我的乡先贤余嘉锡先生"疑是时人造作此言,以为戏笑耳"③,而"戏笑"之言也道出了颠扑不破的真理。

同理,我们也可以替窦太后发问:应劭所谓的"礼"是谁制的?答案也是:"周公"。窦太后一定会说:"若使周姥制礼,当无'妇人不豫政事'之理也。"

要之,"妇人之见"与男子之见,不论高下如何,从话语权而言是同等的,是神圣不可侵犯的。

何况,汉朝初年,经连年战乱之后,民不聊生,社会

---

① 《资治通鉴·汉纪九》武帝建元二年,卷十七,第564页。
② 《艺文类聚·人部·妒》卷三十五,上海古籍出版社1965年版,第615页。
③ 余嘉锡《世说新语笺疏》,中华书局1983年版,第696页。

破败，黄老的清静无为之术，有利于休养生息，恢复元气，促进社会稳定。"文景之治"就可以为证。在中国历代的皇帝中，汉文帝是体恤民生疾苦，严格节俭克己的典范，那是一个大体上没有贪官没有酷吏的时代，黄老术岂能一概否定。文帝死后，窦氏作为母亲监督景帝，景帝死后又以祖母太皇太后的身份，监管16岁的小孙子武帝，她不也是为了刘氏王朝能平安无事吗？她在干预朝政时也有各种各样的错误，尤其是偏袒梁孝王，对儒生过于严酷，都无益于社会发展，可人世间有不犯错误的统治者吗！

不得不指出的是，窦太后一驾崩，武帝就迫不及待地"绌黄老、刑名百家之言，延文学儒者数百人"（《史记·儒林列传》），汉王朝从此进入了矛盾重重的多事之秋。可以说，窦太后之死，标志着一个清静无为时代的结束，也意味着儒术独尊的开端。研究中国学术思想史，如果抛开窦太后不论，历史的拐点就成了盲点，我说的不对吗？

三 主家的奴仆：家人、家人子

最后，我们讨论"家人"的第三个来源。在封建制度时代（指周王朝的封土建国），天子诸侯曰国，卿大夫曰家。家有主，有隶属于主家的奴仆。具有这种隶属身份的人就是"家人"。封建制度崩溃之后，各色各样的"家主"

还存在，奴仆也一直存在。所以，"家人"的奴仆义在整个古代社会也一直存在。这个"家"字既不是"家庭"之家，也不是特指"妇""妻"，而是指"主家"。《汉书·外戚传·孝文窦皇后》说："（窦后之弟）少君独脱不死。自卜，数日当为侯。从其家之长安，闻皇后新立，家在观津，姓窦氏。"①何谓"从其家"？颜师古注："从其主家也。"这时候的少君就是奴仆，是隶属于"之长安"的主家的奴仆。靠其姊为皇后的关系，一夜之间由奴仆而封侯，身份产生了质的变化。

古代的僮奴大体上有四个来源。

一是战俘。俞正燮说："《史记》列国《世家》所谓'家人'，即奴虏。"②"奴虏"意为以俘虏为奴（引申为泛指奴隶）。

《史记·鲁周公世家》："二十四年，楚考烈王伐灭鲁。顷公亡，迁于下邑，为家人，鲁绝祀。"③

日人泷川资言《史记会注考证》引冈白驹曰："家人，齐民也。"又引韦昭云："庶人之家也。谓居家之人

---

① 《汉书》卷九十七上。
② 俞正燮《癸巳存稿》卷七，辽宁教育出版社2003年版，第199页。
③ 《史记》卷三十三。

无官职也。"①

《史记·晋世家》:"静公二年,魏武侯……灭晋后而三分其地。静公迁为家人,晋绝不祀。"②

泷川资言《史记会注考证》云:"家人,庶人也。"③

这两例中的"家人",《史记会注考证》的释义均与俞说相矛盾。我以为《史记》用"家人"而不用"庶人",说明这两个词是有原则性区别的。如果仅仅是削职为民,可以说是"免为庶人"或"废为庶人",而鲁顷公、晋静公都是亡国之君,为敌方所俘,与"居家之人无官职"者大不相同,他们不仅失去了土地,失去了君位,更重要的是失去了人身自由,成了监管对象。比较而言,我以为俞之"奴虏"说是可信的。

下面这个例子也是有分歧的。

> 《史记·魏豹传》:"魏豹者,故魏诸公子也。其兄魏咎,故魏时封为宁陵君。秦灭魏,迁咎为家人。"④

---

① 《史记会注考证》卷三十三,北岳文艺出版社1999年版,第55页。
② 《史记》卷三十九。
③ 《史记会注考证》卷三十九,北岳文艺出版社1999年版,第94页。
④ 《史记》卷九十。

《汉书·魏豹传》将"迁咎为家人"五个字改为"为庶人"。①杨树达据此断言:"尤家人即庶人之明证。"②

事情恐怕不这么简单。《汉书》不只是改"家人"为"庶人",尤应注意的是删去了"迁"字。按《汉书》的文意是,秦灭魏国之后,魏咎变成了庶人,也就是平民。而按《史记》的文意,魏咎被强制迁徙到别的地方去了,这意味着他失去了人身自由,受到刑法制裁。

如果不是《汉书》编者所见的原始材料与《史记》不同,那么这种文字加工就完全是错误的。《汉书》乱改《史记》,使《史记》的原意走样,这样的例子不少。

因此,我对杨树达所谓的"明证",不敢苟同。此例也应依俞说才是。

二是罪人。所谓"罪人"不见得都有罪,权势者认定他(她)有罪就成了"罪人"。也不是所有的罪人都等同于"家人",只有那些没入官府或豪门从而成为男女僮仆的人,或被废黜的后妃等同罪犯的人才有可能成为"家人"。如:

《汉书·宣元六王传·东平思王宇》:"姬朐臑故

---

① 《汉书》卷三十三。
② 《汉书窥管》卷一,上海古籍出版社2006年版,第31页。

亲幸，后疏远，数叹息呼天。宇闻，斥朐臑为家人子，扫除永巷，数笞击之。"①

颜师古对"家人子"的注释是："黜其秩位。"②

这条材料要说明的有两点："家人子"是一个词，并不等于"家人"的子女。此例中的"家人子"很显然是一个完整的称谓，不能拆开来讲。这个"子"是什么意思呢？《后汉书·王符传〈浮侈篇〉》"葛子升越"注："子，细称也。"③在"家人子"中"子"既表示年幼、细小，也表示地位低下，带有词尾性质，这是一；第二点，"家人子"是一种身份，据《汉书·外戚传》载：汉代宫廷女子共有14等级位④，而"家人子"在等外，是地位最低的仆人。朐臑斥贬为"家人子"的境遇也可以为证。颜注"黜其秩位"是对的。由"姬"黜为"家人子"，身份、待遇、处境，有天渊之别。

《汉书·外戚传·中山卫姬》："卫后（汉平帝之母）日夜啼泣，思见帝……（王）宇（王莽长子）复教令上书求

---

① 《汉书》卷八十。
② 《汉书》卷九十七上。
③ 《后汉书》卷四十九。
④ 《汉书》卷九十七上。

至京师。会事发觉,莽杀宇,尽诛卫氏支属。卫宝(平帝之舅)女为中山王后,免后,徙合浦。唯卫后在,王莽篡国,废为家人。"①

由母后"废为家人",降为仆役,无以存活,故"岁余卒"。

在《外戚传》中,"庶人"与"家人"完全是两种不同的身份。请注意下列各例:

《孝昭上官皇后》:"且用皇后为尊,一旦人主意有所移,虽欲为家人亦不可得。"②此例的"家人"颜师古注为:"言凡庶匹夫。"③当然也解得通。我以为这个"家人"与上例卫后"废为家人"意思一样,也是仆役。上官安(霍光女婿)的意思是:如果"谋杀(霍)光"、废除皇帝而立上官桀(安之父)的阴谋一旦败露,即使想当仆役也不可能,言外之意就是会招来杀身之祸。结果桀、安皆被处以死罪,皇后因为"年少不与谋",又是霍"光外孙,故得不废"。④

《孝成赵皇后》:"哀帝于是免新成侯赵钦、钦兄子成阳侯䜣,皆为庶人,将家属徙辽西郡。"⑤

又:"今废皇后为庶人,就其园。"⑥

----

①②③④⑤⑥ 《汉书》卷九十七下。

《孝元冯昭仪》:"上不忍致法,废为庶人,徙云阳宫。"①

又:"(宜乡侯)参女弁为孝王后,有两女,有司奏免为庶人,与冯氏宗族徙归故郡。"②

又:"(张)由前诬告骨肉,(史)立陷入大辟……以取秩迁,获爵邑,幸蒙赦令,请免为庶人,徙合浦。"③

上述五例中的"庶人",皇后为"废",其余为"免",都是贬黜为平民。例中的"庶人"均不可改为"家人"。因为这两类人有性质上的差别。

所谓"上(哀帝)不忍致法",说明黜为庶人,并不是法律制裁。而"废为家人",就人身自由也没有了,户籍也没有了。

"庶人"乃"良人""良家子","家人"乃罪人,乃"奴婢",根本没有自己独立的户籍。据王仲荦考证,"奴婢上户籍始于北魏",但也只是"可以附载在主人的户籍之上"(《华山馆丛稿》,中华书局1987年版,第77页)。

"家人",也就是奴仆,其身份不等于"庶人",从元帝时贡禹上书所言也可以得到确证。他说:"诸官奴婢十万余人戏游亡事,税良民以给之,岁费五六钜万,宜免为庶人,

---

① ② ③ 《汉书》卷九十七下。

廪食，令代关东戍卒，乘北边亭塞候望。"①"官奴婢"有男有女，均非民籍，与"家人"身份是一样的。所谓"免为庶人"，即免除其"奴婢"身份使之成为"庶人"。汉高祖时也赦免过私家奴婢，诏曰："民以饥饿自卖为人奴婢者，皆免为庶人。"(《汉书·高帝纪》) 王后"免为庶人"是黜贬，而奴婢"免为庶人"是解放。

贡禹建议元帝解放奴婢以代戍卒，因为这些奴婢属于皇家。如不转换其身份，他们是不许离开皇宫的。

汉代的从军者也有民间富豪的"家人子"。《史记·冯唐传》云：

> 夫士卒尽家人子，起田中从军，安知尺籍伍符？
>
> (《史记》卷一百二)

例中的"家人子"应作何解？也有分歧。

司马贞《索隐》："谓庶人之家子也。"② 杨树达所谓的"家人谓庶民，汉人常语"亦举此例③。《汉语大词典》"家人

---

① 《汉书·贡禹传》卷七十二。
② 《汉书·冯唐传》颜师古注与《索隐》一字不差。
③ 《汉书窥管》卷一。

子"有专条，第一个义项"平民的子女"即举此例①。此解有以今律古之嫌，在后代的文献中，"家人子"确有此义，但西汉时代冯唐所说的"田中""家人子"，应从俞正燮解。俞云：

> 《冯唐列传》："士卒尽家人子，起田中从军，安知尺籍伍符。"即苍头军亦私属，朱家买季布置之田是也。又与"七科谪"皆非民籍，故不知尺籍伍符。（《癸巳存稿》卷七，辽宁教育出版社2003年版，第199、200页）

俞正燮为了证明自己的观点，用了三种资料。一是由"家人子"组成的军队"即苍头军"。何谓"苍头"？奴仆即苍头。《汉书·鲍宣传》："奈何独私养外亲与幸臣董贤，多赏赐以大万数，使奴从宾客浆酒霍肉，苍头庐儿皆用致富！非天意也。"注引孟康曰："汉名奴为苍头，非纯黑，以别于良人也。"臣瓒曰："《汉仪注》官奴给书计，从侍中已下为苍头青帻。"②第二条材料以季布为例。季布被汉高祖

---

① 《汉语大词典》（缩印本）上卷。
② 《汉书》卷七十二。

定为罪人,"罪及三族"。逃匿于濮阳周氏家。周氏为他设一藏身之计,即"髡钳季布,衣褐衣,置广柳车中,并与其家僮数十人,之鲁朱家所卖之。朱家心知是季布,乃买而置之田"①。朱家为高祖时大侠,"所藏活豪士以百数,其余庸人不可胜言"②。周氏一次卖给他的家僮就有"数十人"之多,可证汉初在"田中"从事劳动的"家人子"其数量之多不可胜记③。冯唐说"夫士卒尽家人子",这有什么奇怪的呢!第三条材料是将"家人子"与"七科谪"相提并论。所谓"七科谪"④,就是汉代的"黑七类"分子,"皆非民籍"而谪戍边疆。据《大宛传》张守节《正义》引张晏云,这七种人指吏有罪、亡命、赘婿、贾人、故有市籍、父母有市籍、大父母有籍等七科⑤。汉武帝时代,"贾人有市籍者,及其家属,皆无得籍名田,以便农。敢犯令,没入田僮"⑥。但在此六七十年前冯唐与汉文帝对话时,还没有"禁兼并

---

① 《史记·季布栾布列传》卷一百。
② 《汉书·游侠传·朱家》卷九十二。
③ 汉武帝元鼎三年实行"告缗"法,"得民财物以亿计,奴婢以千万数,田大县数百顷,小县百余顷"(《汉书·食货志下》)。
④ 《史记·大宛列传》:"发天下七科谪(zhé),及载糒给贰师。"
⑤ 《史记》卷一百二十三。
⑥ 《史记·平准书》卷三十。

之涂"①，那个时候戍边的"家人子"应来自豪门及商贾人家的"田僮"。俞正燮这三条材料可以确证，冯唐说的"家人子"非"庶人之家子"。而且，我在前文已说过，"家人子"为一词，司马贞将其拆开来解，已曲解了原意。"子"的词尾化迹象，王力先生认为："在上古时代……特别是像《礼记·檀弓下》'使吾二婢子夹我'（疏：婢子，妾也），只有把'子'字认为词尾，才容易讲得通。"（《王力文集·汉语语法史》卷十一，山东教育出版社1990年版，第11页）日人太田辰夫举的例子为《左传·僖公二十二年》："寡君之使婢子侍巾栉……"②

《史》《汉》中的"家人子"与先秦时代的"婢子"一样，"子"均表细称、贱称，处于词尾化的进程中。

三是良家子。这是僮奴的又一个来源。何谓"良家子"？《史记·李将军列传》司马贞《索隐》引如淳云：良家子"非医、巫、商贾、百工也"。"良家子"原本属于民籍，而一旦入宫，又无位号，就落入"家人"行列了。

---

① 《汉书·武帝纪》卷六。注引文颖曰："兼并者，食禄之家不得治产，兼取小民之利；商人虽富，不得复兼畜田宅。"

② 太田辰夫著、蒋绍愚等译《中国语历史文法》，北京大学出版社2003年版，第85页。按：周法高《中国古代语法·构词编》亦举此例为"名词的后附语"。

俞正燮说:"宫中名'家人'者,盖宫人无位号,如言宫女子、宫婢。"①《汉书·外戚传》序中有"上家人子""中家人子"。颜师古曰:"家人子者,言采择良家子以入宫,未有职号,但称家人子也。"②颜师古这条注是很好的,好在将"家人子"看作一个完整称号,而不是拆开来讲。可换一个语境,他就又糊涂了。如《汉书·娄敬传》:

上竟不能遣长公主,而取家人子为公主,妻单于。

(《汉书》卷四十三)

师古注:"于外庶人之家取女而名之为公主。"此"家人子"即《外戚传》里的"家人子"。高祖放着宫中的"家人子"不用,有必要到宫外"庶人之家取女"来冒充吗?这样做岂不泄密,能骗得了单于吗?所以周寿昌批评说:"颜注讹。"③可是周寿昌也只知其一不知其二。他接着说:

---

① 《癸巳存稿》卷七。
② 《汉书》卷九十七上。按:元帝时,"单于自言愿婿汉氏以自亲。元帝以后宫良家子王墙(嫱)字昭君赐单于"。(《汉书·匈奴传》卷九十四下,第3803页)这里说的"良家子",实即"后宫"之"家人子"。
③ 转引自泷川资言《史记会注考证·刘敬叔孙通列传》卷九十九。

"《冯唐传》：'士卒尽家人子'，则是庶人之家子，不能与此同解也。"另一个湖南老乡王先谦又说："据《匈奴传》'使敬奉宗室女翁（《史记》作"公"）主为单于阏氏'，是'家人子'，乃宗室女也。"[①]（王氏所据为《汉书·匈奴传》）

话分两头。先说周寿昌对《冯唐传》的"家人子"的理解，还是受前人解诂的影响，不可取，我在前文已有讨论。

至于王先谦所言，有《汉书·匈奴传》为据，如何解说？

《娄敬传》（《史记》作《刘敬传》）与《匈奴传》的矛盾，《史》《汉》完全一样。《汉书》后出，并未纠正、统一。从事实层面而言，有两种可能：一是实为"家人子"，"而令宗室……诈称公主"[②]。二是原本打算用"家人子""诈称"，后来实际奉送的乃"宗室女翁主"。这种矛盾，今人已无法说得清了。从语言层面而言，"家人子"正如周寿昌所言，即《外戚传》中的"家人子"，所以刘敬说是"诈称"。如果"家人子"等于"宗室女"，就与"诈称"之"诈"不符了。而且刘敬的诈谋中有两种身份完全不同的

[①] 转引自泷川资言《史记会注考证·刘敬叔孙通列传》卷九十九。
[②] 《史记·刘敬叔孙通列传》卷九十九。

人，一是"宗室"之女，二是"后宫"之宫人，即"家人子"。依《史记·匈奴传》奉送的是"宗室女公主"，仍然是"诈称"，却与"后宫"之"家人子"无关；若依《汉书·匈奴传》，奉送的是"宗室女翁主"，乃诸侯王之女。虽非"诈称"，可与"后宫"之"家人子"也不相关。颜师古曰："诸王女曰翁主者，言其父自主婚。"①天子不自主婚，故其女为"公主"。王先谦将"宗室女"与"家人子"混为一谈，纯属望文生义，失之深考。

其实，刘敬建议"以适（dí）公主妻"单于事，史家已指出："此事未可信"。高祖长女鲁元公主早已嫁给了赵王张敖为后，钱大昕说："讵有夺赵王后以妻单于之理乎？"②

还有，《史》《汉》关于此次和亲的记载，两《传》内部自相矛盾，两书之间又有抵牾：嫁给单于的到底是"公主"还是"翁主"，还是"家人子"，要另加考证。不过，从后来"文帝复遣宗人女翁主为单于阏氏"③的记载来看，这个"复"字告诉我们：似乎以"翁主"说为可信（《史记·匈奴传》作"……宗室女公主"）。

---

① 《汉书·匈奴传上》卷九十四上。
② 《廿二史考异》卷五，上海古籍出版社2004年版，第72页。
③ 《汉书·匈奴传上》卷九十四上。

"家人"多指宫女，也指男性"宫人"。《史记·孝武本纪》云："栾大，胶东宫人。"集解引服虔曰："（胶东）王家人。"[1]这位栾大"家人"是一个超级大骗子，骗得汉武帝晕头转向，连女儿都搭进去了。(《史记·封禅书》云："又以卫长公主妻之。"《索隐》："卫子夫之……女曰卫长公主。是卫后长女，故曰长公主。")最后戏法败露，被诛。如果老祖母太皇窦太后还在世，这样的丑剧能上演吗！老祖母的经验智慧，是汉王朝的福祉祯祥。

四是略卖。汉代略卖人口为奴的情况颇为常见。前文说到窦太后之弟少君四五岁时就"为人所略卖"，而且"其家不知其处。传十余家"[2]。还有，"（栾）布为人所略卖，为奴于燕。为其家主报仇"[3]。这些被"略卖"为奴的人也是"家人"。又："始梁王彭越为家人时，尝与布游。穷困，赁佣于齐，为酒人保。"这条材料有两点分歧：《索隐》以为这个"家人""谓居家之人，无官职也"[4]。这条注是不正确的。"彭越为家人"就是彭越为仆役。宋人叶廷珪《海录碎事》的"奴婢门"就引此例为证（中华书局2002年版，第

---

[1] 《史记》卷十二。
[2] 《史记·外戚世家》卷四十九。
[3] 《史记·季布栾布列传》卷一百。
[4] 同上。

298页)。另一点分歧是：有人以为"穷困，赁佣于齐"的主语为栾布。如台湾六十教授合译的《白话史记》译为：

> 栾布家里穷困，在齐国当佣工，做了酒店的酒保。
> (《白话史记》，岳麓书社1987年版，第886页)

这段译文是错误的。"为人酒保"的主语是彭越，所谓"家人"，在这里就是指被人雇用为酒保。为什么当雇工？"穷困。"在字面上看不出彭越是被"略卖"，但"赁佣"也有卖身为奴的性质。"奴婢"虽与"佣保"有别，若对主家而言，他们都是"家人"。故《艺文类聚》卷三十五"佣保"类引《史记》：

> 又曰：栾布与彭越为家人。
> (《艺文类聚》卷三十五，上海古籍出版社1965年版，第636页)

按唐代欧阳询的理解：栾布、彭越都曾"赁佣于齐为酒人保"，所以都是"佣保"，又都是"家人"。依欧阳询解，则"穷困"的主语为彭越、栾布二人，"游"的具体内容就是一起为"佣保"。此解可能更合原意。

汉代的奴隶买卖情形如何？蜀郡王褒于宣帝神爵三年（59年）写的《僮约》[①]提供了许多细节知识。虽为文学作品，当有事实为据。

奴仆，这种既黑暗又丑恶的压迫制度，在中国有数千年的历史，直到清王朝仍然盛行。清人福格《听雨丛谈·满汉官员准用家人数目》云：

> 本朝康熙年，粤都周有德（？～1680）……值吴三桂之叛，起为四川总督，闻命陛辞，选带家丁四百名，星夜前进。时四川文武已降贼，周有德至广元县，大败之，遂克其城……初未尝以仆从多寡定其人也，后因督抚置买奴仆太多，有至千人者，乃于康熙二十五年，议准外任官员，除携带兄弟妻子外，汉督抚准带家人五十人，藩臬准带四十人，道府准带三十人，同通州县准带二十人，州同以下杂职准带十人，妇女亦不得过此，厨役等不在此数。旗员外官，蓄养家人，准照此例倍之。按此则仆从

[①] 唐徐坚等著《初学记·奴婢》卷十九，中华书局1962年版，第466页。

多寡，不以所司繁简而论，均以职分尊卑而定，以示等威也。

福格说的是清王朝明令规定的"蓄养家人"制度，这些"家人"是怎么来的？乃由"置买奴仆"而来。如何"置买"？不外乎"略卖"、拐卖、设计骗卖、自愿卖身为奴等等。在此，福格还追溯了古代的情况。他说：

> 古之为将者，必有家卒。《春秋传》"冉求以武城人三百为己徒卒"[1]。《三国志·吕虔传》："（太祖以虔）领泰山太守"，"将家兵到郡"，郭祖、公孙犊等皆降[2]。《晋书·王浑传》：为司徒。"楚王玮将害汝南王亮，浑辞疾归第，以家兵千余人闭门拒玮，玮不敢逼。"[3]是古人家兵之多，于此可见。
>
> （《听雨丛谈》卷五，中华书局1984年版，第117、118页）

---

[1] 《春秋左传正义》卷五十八，《十三经注疏》，中华书局1980年版，第2166页。

[2] 《三国志·魏书》卷十八，中华书局1959年版，第540页。按：《吕虔传》云："郭祖、公孙犊等数十辈，保山为寇，百姓苦之。"

[3] 《晋书·王浑传》卷四十二，中华书局1974年版，第1204页。

冉求与吕、王二人似有不同。后二人的"家兵"是完全隶属于自家的军队，其成员带有僮奴性质。冉求的"己徒卒"其社会身份乃"武城人"，当为自由民，非僮奴为兵。

《司马法》中有一个名词叫"家子"。曹操注《孙子兵法·作战篇》云："家子一人，主保固守衣装。"杜牧注引《司马法》云："炊，家子十人，固守衣装五人。"[1]蓝永蔚认为："家子当即《汉书·冯唐传》的'家人子'……指乡遂未成年的奴隶子弟。"[2]他的看法在一定程度上印证了我对《冯唐传》中"家人子"的解释。蓝永蔚将这两条材料沟通，很有意义。

本文对"家人言""家人子"做了新的解释，也纠正了有关"家人"例句的错误认识；同时，也探讨了对"家人"这样的社会制度词的研究方法，即联系历史实际，伦理意识，溯源竟流，祛含混，别同异，求真求实，这后一点更为重要。

2013年4月清明节于北京蓝旗营抱冰庐

原载《民俗典籍文字研究》第十二辑，2013年。

---

[1]《十一家注孙子·作战篇》卷上，中华书局1962年版，第21页。今传《司马法》此文已佚。

[2]《春秋时期的步兵》，中华书局1979年版，第75页。

第三辑 词义分析与
古文阅读理解

要提高古诗文今注的质量

新中国成立三十多年来,我们在古诗文今注方面做了大量工作。今注的特点正在形成。如:多数注家都采用现代汉语释义,在解释词语的基础上,适当进行串讲,有的注本对一些难懂的句子还进行简要的语法分析;一般注本都不尚烦琐考据,不以旁征博引为能事;有不少注本还注意了通过注释提示作品中的某些错误倾向;另外,随着整个学术思想水平的提高和新中国成立后发现了许多前人所未见的材料,一些昔日聚讼纷纭的问题现在得到了满意的解决。但是,也有一定数量的注本在质量方面的确很成问题,甚至近乎粗制滥造。出现了一些常识性错误,如:

王勃《滕王阁序》:"物华天宝,龙光射斗牛之墟。"苏轼《前赤壁赋》:"少焉,月出于东山之上,徘徊于斗牛之间。"文天祥《念奴娇·驿中别友人》:"堂堂剑气,斗牛空认奇杰。""斗牛"本是二星宿名,"斗"又名"南斗"。可是,有三种颇具影响的注本都把这个"斗"注为"北斗"。

《史记·魏公子列传》:"秦兵围大梁,破魏华阳下军,走芒卯。"有一个注本说:"华阳:韩地。下军:三军中的一军。"注者不知道"下"字应该连上读。"华阳下",就是"华阳城下",《韩世家》正作"华阳之下";另外,"破魏华阳下军"这种句式在《史记》中并不乏其例。

苏轼《文与可画筼筜谷偃竹记》:"渭滨千亩在胸中。"有一个注本说:"渭滨——渭河之滨。传说姜子牙曾在渭水之阳隐居钓鱼。这里是跟与可开玩笑,对与可'吾将买田而归老'一语而言。"注者说"是跟与可开玩笑",这是对的。但开什么玩笑?注文解释错了。一是时间不对,《筼筜谷》是苏轼写的《和文与可洋川园池三十首》第二十四首,当时文与可正担任洋州太守,而"吾将买田归老"是文与可离开洋州之后说的,可见"渭滨千亩"不可能是针对这句话来说的;还有,"渭滨千亩在胸中"的上句是"料得清贫馋太守",如果诗意是说文与可要学姜子牙隐居渭滨,那跟"馋"有什么关系呢!文与可读了此诗又何至于"失笑,喷饭满案"!其实,这句诗与姜子牙隐居渭滨的故事毫无关系。《史记·货殖列传》说:"渭川千亩竹……其人与千户侯等。"苏诗的典故就出于此。"渭滨千亩在胸中"是说文与可吃了很多竹笋,这不是"馋"吗!这样的玩笑,不令人"失笑喷饭"吗!

辛弃疾《破阵子·为陈同甫赋壮词以寄》:"八百里分麾下炙,五十弦翻塞外声。"注者不知"八百里"是指牛(典出《世说新语·汰侈》),误以为"八百里指的是军队驻扎的范围"。

以上四例,有的是缺乏天文、地理常识,有的是不明出典,有的是对词义理解不确。今注中还常见有袭旧注而传谬,或对前人说明文字没有读通而妄加解释的。下面各举一例:

鲍照《登大雷岸与妹书》:"向因涉顿,凭观川陆。""顿"本是"停顿""顿处"的意思。清代黎经诰的《六朝文絜笺注》不解释"顿"字的原义,却引"毛苌《诗传》曰:丘一成为顿丘"(中华书局1962年版)。这条注本来不足取,有一个今注本照抄不误,还发挥说:"丘陵一重为顿,顿在这里作'登高'讲"。真是莫名其妙。

《水经注·三峡》:"江水又东,径巫峡。"有一个注本对"径"字的释义是:"凡水道所经之地,水经过叫'过',注入则叫'径'。"注者对"过"与"径"的辨析完全错误,其来源盖由于误解了戴震的一段话。戴说:"凡水道所经之地,'经'则云'过','注'则云'径'。"原话无书名号，也无单引号，于是注者就把'经'理解为"经过"，把'注'理解为"注入"。

上述诸例，都是从发行量很大的注本中随手得来的。我想，这些注本之所以出现一些常识性错误，主要原因可能有三：一、态度欠严谨；二、有的人缺乏从事注释工作的基本条件；三、一时疏忽。

对古典文学作品进行注释，是一件很艰巨很复杂的工作，即使很有修养的人，也难免出错。我们希望的是常识性错误应尽量少出。清代一位学者说："有一字非其的解，则于所言之意必差。"如果我们把古人的语言文字解释错了，那么思想、艺术分析又从何说起呢？

> 原载《光明日报》1983年3月8日。又收入《古籍点校疑误汇录》（一），国务院古籍整理出版规划小组编，中华书局1990年版。

古文今译中的一些问题

把古文翻译成现代汉语,是古籍整理工作的一个重要内容。

古文今译的直接目的是为了帮助广大读者克服阅读方面的困难,确切地掌握作品的真实内容,这个工作意义当然是很大的。从事古文今译工作的人,不仅在古代汉语方面应当有很高的修养,现代汉语的表达能力也极为重要。但是,我们为什么要求初学古代汉语的同志也要搞点古文今译的练习呢?为什么高等院校"古代汉语"这门课的考试差不多都要有古文今译这个内容呢?我们在《古代汉语》教材中说过:"通过翻译练习,可以使我们进一步掌握古代汉语的特点和透彻了解原文的思想内容。在学习古代汉语时,是应该适当地做一些古汉语今译的练习的。"[1]这一见解无疑是很正确的。至于"古代汉语"的考题中往往也有古文今译这个内容,这是为了检查我们的古文水平,检查我们对作品字、词、句的意义是否确切地理解了,同时还能检查我们的文字表达能力。我们在学习古汉语时,常常有这样的情形:一篇作品,甚至是一篇很熟悉的作品,自以为对它的意思已经全懂了,可是,用现代汉语翻译出来之后,就会发现,原来我们对有些词义的理解是不正确的,或许是模糊不清的;对有些句子的语法结构和语气也没有搞清;甚至于句子之间的意思连不起来;段落大意也不甚了然。总之,一搞翻译,问题就暴露出来了。常见的问题有以下三点。

一 译文不准确

准确,是古文今译最起码的一个要求。可是要达到这个要求却很不容易。译文不准确的原因是多方面的。

第一个原因是对词义的理解不准确。有一次古汉语期末考题中有一道翻译题,其中有两个句子是:"文史星历近乎卜祝之间……而世又不能与死节者比。"有一个"言文对

---

[1] 郭锡良、唐作藩、何九盈、蒋绍愚、田瑞娟编,王力、林焘校订《古代汉语》,北京出版社1982年版,第673页。

照"本《古文观止》,把"文史星历"译为"天文、太史、律历",把"与死节者比"译为"和死节的人相比较"。译者用"天文"对译"文",把"史"译为"太史",用"比较"对译"比",都是错误的。在这里,"文"是指"文献",即"典籍","星"才是指"天文";"史"是指"历史资料","太史"乃是当时的官名,把"史"译为"太史"根本不通;"比"是"比并""相提并论"的意思,译为"比较",也不恰当。

《西门豹治邺》里有一句话:"当其时,巫行视小家女好(hǎo)者。"有人译为:"当河伯娶妇时,巫婆寻找老百姓家的女子欢喜的人。"还有人译为:"巫婆寻找贫寒家姑娘爱好的人。"把"好者"译为"欢喜的人"或"爱好的人",在情理上就讲不通。哪有一位女子会"欢喜"或"爱好"嫁给河伯呢!"好"在这里本是"漂亮""貌美"的意思,应该读hǎo,译者由于不了解这个意思,因而误读为hào,误译为"爱好"。

词义理解不准确,常常表现为以今义去解古义。如《报任安书》:"因为诬上,卒从吏议。"有人把"诬上"译为"诬蔑主上",译者不了解"诬"在这里是"欺骗"的意思。"诬上"就是犯了"欺君之罪"。又如《荀子·劝学》说:"青,取之于蓝而青于蓝。"(今成语有"青出于蓝而胜于蓝"）这句话的大意并不难懂，作为成语一般人也会运用，但要把荀子的话确切地译成现代汉语，就不见得都能够译得很准确了。有一个本子是这样翻译的："青颜色是从蓝颜色来的，却比蓝颜色更青。"这样的翻译对不对呢？不对。首先，这句话的两个"青"字，无论是词性还是意义，都有明显的区别。第一个"青"字是名词，指靛（diàn）青，是一种染料；第二个"青"是形容词，指青颜色。其次，蓝，是指蓼（liǎo）蓝，是一种可以做染料的草本植物。准确的翻译应是："靛青是从蓼蓝中提炼出来的，但颜色比蓼蓝还要青。"

还有，《张中丞传后叙》："疑畏死而辞服于贼。"有人译为"怀疑许远因怕死而被叛贼用言辞说服"。将"辞服"译为"用言辞说服"，是由于不了解"辞服"原本是服罪，这里是投降的意思。"辞服"这个词语在《汉书》中经常出现，如：

《景十三王传·广川惠王越附孙去》："昭信令奴杀之。奴得（为吏所捕得），辞服。"

又："制曰：'王后昭信，诸姬奴婢证者，皆下狱。'辞服。"

《赵广汉传》："请逮捕广汉。有诏即讯，辞服。

会赦，贬秩一等。"

"辞不服"就是不服罪的意思。《汉书·文三王传》："王辞又不服"，"宜及王辞不服"。

对词义理解不确，不全是误以今义释古义，也有以本义释引申义的，尤其是有一定古汉语修养的人更容易出这种问题。

如《左传》"齐桓公伐楚"说：

> 君处北海，寡人处南海，唯是风马牛不相及也，不虞君之涉吾地也，何故？

有一本《古文观止》把"不虞君之涉吾地也"译为"不料你渡水到我这里"。将"涉"译为"渡水"就是用本义解引申义。"涉"的本义是"蹚（tāng）水过河""蹚着水走"，但"涉吾地"是进入我们国境的意思，译为"渡水"是错误的。从齐国到楚国，不可能一路都是渡水嘛。

又如《赤壁之战》说：

> 若不能，何不按兵束甲，北面而事之！

有人把"按兵"译为"手按住兵器不用",以为"兵"字在这里用的是本义,是兵器的意思。其实,"兵"在这里用的是引申义,是指军队。按兵是"止兵、屯兵"的意思。《战国策·齐策二》:"故为君计者,不如按兵勿出。"《荀子·王制》:"偃然(休息不动的样子)按兵无动,以观夫暴国之相卒(cù,争打)也。"《吕氏春秋·召类》:"赵简子按兵而不动。"《三国志·诸葛恪传》:"宜且按兵养锐,观衅而动。"所有这些"按兵"都是屯兵不动的意思。

对词义翻译不确,有时是由于对具体历史事实了解不清或者是缺乏文化常识而产生的。如司马迁说李陵这个人"事亲孝",有人把它译为李陵"侍奉双亲很孝敬"。译者不了解李陵是个遗腹子,就是说,李陵还没有从娘胎里出生,父亲就去世了,怎么能说李陵"侍奉双亲…"呢?《左传·鞌之战》说:"逢(páng)丑父与公异位",有人译为"逢丑父与齐侯(顷公)调换了座位"。"位"在这里并不是"座位"的意思。春秋时候的战车都是立乘,没有坐在车里打仗的。就是平时乘车,也是立乘,只有"妇人不立乘"(《礼记·曲礼上》)。

造成译文不准确的第二个原因是语法方面的问题。如《史记·孙子吴起列传》:"批亢(gāng)捣虚,形格势禁,则自为解耳。"有人译为："只有打在他们的要害处或空虚处，给他们造成无法继续打斗的形势，那架自然就被解开了。"译者还特意加了一条注："为解，被解开。"把"自为解"译为"自然被解开"，欠妥。"自"在这里不应当译为"自然"，"自"是"自己"的意思，这种"自"兼有副词和代词的性质，有人叫作反身代词，也有人称之为复指代词，在这个句子中，"自"是介词"为"的宾语。在古汉语中，"自"不仅做动词的宾语时总是前置，就是做介词"为"的宾语时也要前置。请看下列例证：

（1）（共）王曰："止！其自为谋也则过矣，其为吾先君（指楚庄王）谋也则忠。"（《左传·成公二年》）

（2）遣人立六国后，自为树党，为秦益敌也。……家自为怒，人自为斗。（《史记·张耳列传》）

（3）翟人有献丰狐玄豹之皮于晋文公。文公受客皮而叹曰："此以皮之美自为罪。"（《韩非子·喻老》）

（4）举事以为人者众助之，以自为者众去之。（《文子·上义》）

（5）此所谓驱市人而战之，其势非置之死地，

使人人自为战。(《史记·淮阴侯列传》)

例（1）"自为谋"即为自己打算。例（2）"自为树党"就是为自己树立党羽。"自为怒"就是为了自己而振奋，"自为斗"就是为了自己而战斗。例（3）"自为罪"就是给自己招罪。例（4）"自为者"就是为自己（谋私利）的人。例（5）"自为战"就是为自己战斗。很显然，所谓"自为解"也就是为了自己而解围。因为敌方"批亢捣虚"，造成了"形格势禁"的态势，不得不为了自救而解围。

"为"作为介词时，还有"向""对"这样的意思。如《触龙说赵太后》："媪之送燕后也，持其踵为之泣。"有人译为："赵太后送别燕后时，摸着她的脚跟替她掉眼泪。"在这里，介词"为"是"对"的意思，"为之泣"就是对燕后流眼泪，译为"替"是讲不通的，介词"为"的这种用法在古汉语中不乏其例。司马迁《报任安书》说："事未易一二为俗人言也。""为俗人言"就是"对俗人说"，"向俗人说"。韩愈《张中丞传后叙》："皆感激为云泣下。""为云泣下"并不是替南霁云掉眼泪，而是"向南霁云流下了眼泪"。

词义问题跟语法问题有时是连在一块的，由于对词义理解不确，对句子结构的理解也可能发生问题。如《邹忌讽齐王纳谏》中有一句话："今齐地方千里"，有人译为"现在齐国的地方有一千里"。这个译文是不对的。这个句子中关键性的词语是"方千里"的"方"，"方"在这里是"见方"的意思，译者把"地方"当成了一个词，把"齐地方"当成了主语，"千里"当成了整个句子的谓语。实际上，"齐地"是偏正结构做主语，"方千里"是主谓结构做谓语，其中的"方"是主语，"千里"是谓语。可以译为"齐国的土地纵横各有千里"。《愚公移山》的"太形、王屋二山方七百里"，《赤壁之战》的"地方数千里"，也都是主谓结构做谓语。

　　造成译文不准确的第三个原因是不了解古文的修辞方式。《岳阳楼记》说："不以物喜，不以己悲"，有的人直译为"不因为外物而高兴，也不因为自己而悲伤。"从字面看似乎也通，但原话的精神实质没有表达出来。范仲淹用的是互文见义的修辞方式，把这两句话译为"不因外界事物的影响而悲哀欢喜，也不因个人的处境好坏而欢喜悲哀"，这个译文就正确地表达了作者的本意，如果把"外界事物"改为"外界景物"就更贴切了。"事物"这个词用在这里太宽泛，用"景物"这个词就跟上文的"览物之情"的"物"联系起来了。

二 衍译和漏译

古文今译应当忠实于原文,如果脱离原文,凭空杜撰,画蛇添足,随意加进原文字里行间所没有的内容,这就是"衍译"。"衍"就是多余、误增的意思。"漏译"是指把原文一些关键性的词语或句子漏而不译。

衍译等于替古人改文章。如《郑伯克段于鄢》最后一段说:

> 颖考叔为颖谷封人,闻之,有献于公。公赐之食。食舍肉。

有人把"公赐之食"译为"庄公把好吃的东西赐给颖考叔",原文的一个"食"字用"食物"来对译就行了,加上"好吃的"三字就超出了原文的内容。下一句"食舍肉"可译为"吃的时候把肉留着不吃"。有人译为"吃饭的时候把菜里的肉挑了出来",这就增添了好几个原文所没有的内容:①"饭"这个意思是原文所没有的,译者为什么会想到"饭"呢?是什么"饭"?②"菜"也是原文没有的,从原文完全得不出"肉"和"菜"是盛在一个器皿里的这样的结论;③因此,"挑了出来"也就没根据了,是译者自己想象出来的,"舍"字可译为"留着"或"放在一边",而没有"挑"的意思。

《齐桓公伐楚》说:"楚国方城以为城,汉水以为池。"有一本《古文观止》译为:"那楚国有方城的山,可用作城;有江汉的水,可用作池。"译者对原文的结构显然是不理解的。"方城""汉水"都是介词"以"的宾语,"方城以为城"应译为"拿方城山作为城墙","汉水以为池"应译为"拿汉水作为城池(护城河)",特别值得注意的是译者把原文的"汉水"译为"江汉的水",于汉水之外,又凭空添进一条长江,这就与原文的内容很不一致了。另外,像"城""池"都是古今义有别的词,不加以翻译也是不恰当的。

上述两例所说的衍译,都是译者的水平问题,是不自觉的误增。还有一种衍译是有意歪曲原文,将某种思想强加给古人,这就更不足取了。如孔子说:"其为人也,发愤忘食,乐以忘忧,不知老之将至云尔。"(《论语·述而》)有人为了批孔的需要,把这段话译为:"他的为人,为了恢复周礼,发愤得忘记了吃饭,高兴得忘记了忧愁,连快要老了都不知道,如此而已。""为了恢复周礼"这个内容完全是译者加进去的,整段话的意思都因此而大变,这就不只是替古人改文章的问题了,简直是在替古人做文章了,把自己的想法强加给古人。

我们说,在翻译的时候不能脱离原文,不能够增添字里行间所没有的内容,不是说只能一字一句地直译,也不是说,在任何情况下都不能增添原话所没有的内容。相反,有时必须要增添一点内容才可以把原话的本意确切地表达出来。如《齐桓公伐楚》中有一段话:

> 对曰:"君惠徼福于敝邑之社稷,辱收寡君,寡君之愿也。"

有一本《古文观止》的今译是:屈完道:"因你的恩惠,使我国家求得幸福,不顾耻辱,收我国君,这是我国君极愿意的事情呢!"这段译文的每一句话都有问题,在此不细加讨论。我们对这几句话是怎么翻译的呢?是这样的:"承蒙您向我国的社稷之神求福,收容我的君主为同好,这本是我的君主的愿望。"这里要提出来讨论的是"辱收寡君"这句话应如何翻译的问题。前面提到那个《古文观止》的译本把它译为"不顾耻辱,收我国君",似乎字字都落实了,实则意思很不明确,且不说把"辱"这个谦词译为"不顾耻辱"是错误的,"收我国君"又是什么意思呢?是要齐国把楚国的国君收留下来吗?原文并非这样的意思。

我们把"收"译为"收容"，将整个句子译为"收容我的君主为同好（hǎo）"，补足了"为同好"这个内容，这就把原意确切地表达出来了。因为上文齐侯的问话是："与不穀同好（共同友好），如何？"所以屈完答以"辱收国君"。"收"的实际内容就是指双方"同好"，交个朋友。

漏译有两种：一种是照搬原文，当译不译，如上面说的"城"和"池"就属于这种情况。这样的例子是很多的，如《鞌之战》的"韩厥执絷马前"，有人译为"韩厥拿着絷站在马前"，"絷"字没有译出来，这句话还是不容易读懂，这样的译文有多大的意义呢？

另一种漏译是原文中有的词语或句子在译文中根本没有着落。如《郑伯克段于鄢》："遂寘姜氏于城颍，而誓之曰。"有人译为："于是庄公就把姜氏安放到城颍，并且发誓说。"这里漏译了"誓之"的"之"字。

有的漏译是水平问题，也有的漏译是由于粗枝大叶造成的。如《鞌之战》："丑父寝于辋中，蛇出于其下，以肱击之，伤而匿之。"有人译为："逢丑父在车厢里睡觉，蛇从他下边钻了出来，咬了他的胳臂，逢丑父隐瞒了伤情。"不仅"辋"字没有译对，"以肱击之"完全漏译。整个句子漏译的情况，在某些正式出版物中也有。如《文心雕龙·诸子》："虽标'论'名，归乎诸子。何者？博明万事为子，适辨一理为论；彼皆蔓延杂说，故入诸子之流。"有一本《文心雕龙译注》译为："虽然其中有的书名标明为'论'，但它们都牵涉到各方面的问题，所以就应该划归诸子百家之列。"译者把"归乎诸子"到"适辨一理为论"等十八个字，全都漏掉了。可见，我把漏译作为一个问题提出来，不是没有意义的。

三　文字表达方面的问题

把古代汉语译成现代汉语，起码的条件当然是对古汉语的词义、语法结构等要有准确的理解，但文字表达能力也相当重要。文字表达方面最常见的问题有以下三点。

1.用词不当。如《郑伯克段于鄢》里说："小人有母，皆尝小人之食矣，未尝君之羹。"有人翻译为："小人我有一个母亲，小人家里的食物她都尝过了，就是没有吃过您的肉。""没有吃过您的肉"有歧义，容易被误解为"没有吃过庄公身上的肉"，如果把"肉"字改为"肉食"，这样的误解就可以避免了。

《触龙说赵太后》里说："今媪（ǎo）尊长安君之位，而封以膏腴之地。""膏腴之地"就是"肥沃的土地"，这是很明确的，可是有人把"膏腴之地"译为"肥壮丰美的土地"。土地怎么能用"肥壮""丰美"这样的词来形容呢？还是这个译本，把"位尊而无功，奉厚而无劳"的"无劳"译为"不劳力"，说是"俸禄丰厚，却是毫不劳力"。"劳"本是"功劳"的意思，用"劳力"来对译是不对的，"不劳力"更不成话。

2.用词过于现代化。如"颖考叔为颖谷封人"（《郑伯克段于鄢》），有人把"封人"译为"边防部队的最高司令官"。"愿令得补黑衣之数，以卫王宫。"（《触龙说赵太后》）有人译为："愿使他充当一名警卫员，担任王宫的保卫工作。""司令官""警卫员"都太现代化，与作品的整个风格不协调。

3.句子不通顺。如司马迁《报任安书》："谚曰：谁为为之，孰令听之。"有一本言文对照《古文观止》译为："俗语道：没有知己的，就是要修名节，立言行，谁可为作之？又令听之呢？"这样的译文比原文还难懂。什么"谁可为作之？又令听之呢？"文不文，白不白，是什么意思？莫名其妙！又："士为知己者用，女为悦己者容"，译文是："因为士子情愿为了知己的人用，好像女子的情愿为了悦己的人包涵。"这样的译文根本不通，简直不知所云。

古文今译的确不是一件容易的事情。译者不仅要有较高的古汉语修养,而且还要有相当的文字表达能力。但这种"修养""能力"并不是从天上掉下来的,必须经常练习才行。如果我们能把课堂上讲过的作品都认真地翻译一遍,一定大有益处。同学们不妨试试看。

原载《湖北电大学刊(语文版)》1984年第2期,
又收入《怎样学好古代汉语》,语文出版社
1986年版。收入本书略有修订。

十七篇自学课文答疑（上）*

　　古代汉语的学习应以文选为纲，所以，在教师讲过的作品之外，我们又从教材（王力、林焘校订本《古代汉语》，北京出版社1981年版）中指定了十七篇自学课文。为了帮助同学们学好这些课文，我写了这个"答疑"。

　　所谓"疑"，当然因人而异。张同学有疑，李同学不一定"疑"。而我的"答"却无法因人而异。我的原则是：凡是课文中注得很详细、很准确的地方，就不再列为疑点了，只有那些简而不明的地方，容易产生误解的地方，以及某些在看法上有分歧的问题，才把它作为疑点提出来。解答的方式是：有的补充例证，有的解释词语，有的分析

---

　　* 20世纪80年代中央广播电视大学古代汉语课，采用的是王力、林焘校订的《古代汉语》上、中、下三册，本文所说的"十七篇"均出自此书。全文128个问题，有的点到为止。

结构，有的翻译大意，有的提出驳议。为了帮助同学们加深印象，开阔思路，我还适当地列举了一些原始语言材料。

下面逐篇提出问题来进行讨论。

一 《愚公移山》

1.《列子·汤问》为什么把太行山写作"太形"？

答："行"与"形"古音相近，故可通假。"行"属阳部，"形"属耕部，主要元音相近，声母相同，韵尾相同。清初吴玉搢说："《列子·汤问》'太形、王屋二山，'注：'形'当作'行'。按：今读'行'作'杭'，《列子》作'形'，则知古读'太行'如'行路'之'行'矣。……'形''行'实一声也。"（《别雅》卷二）盈按：关于"太行"得名之由，我在《汉字文化学》第二章第九节中有较为详细的讨论。

2."方七百里"的"方"，有人释为"方圆"，有人释为"见方"，哪个说法对？

答：释为"见方"的对。"方……里"，这是古人计算土地面积的一种方法。所谓"方"原是指正方形的一边。"方七百里"是指正方形的每一边为七百里，也就是七百里见方。清代王引之说："古人言地之广狭，皆云方几里，或云广纵几里,无以环绕(即方圆)言之者。"(《经义述闻》卷七)古人所说的"方丈""方尺""方寸"的"方",都是见方的意思。

3."曾不能损魁父之丘"的"曾",究竟音 céng,还是音 zēng?

答:"曾不"的"曾",古人就有两读。宋朝已经有人把"曾不"的"曾"读成"层",但宋人孙奕却认为这个读音错了,应读"增"①。"曾"作副词,如表示"曾经……",应读 céng;如用于否定句(与"不"字连用)或问句(译为"竟"),应读 zēng。分别的界线是很清楚的。

4."遂率子孙荷担者三夫"的"夫",如何理解?

答:古代男子成丁受役者曰"夫"。一夫耕一百亩,所以"夫"又表地亩单位,即百亩为"夫"。《管子·乘马》:"二田为一夫,三夫为一家。"又:"方一里,九夫之田也。"这里的"三夫"是指三个成年男子。"三"作定语,直接修饰名词"夫"。

5."一厝朔东,一厝雍南",这两个"一"字在句中充当什么成分?

---

① 《新刊履斋示编》卷一,十三页,"曾字"条。北图古籍珍本丛刊,书目文献出版社。又,《古今韵会举要》平声下之十,"曾"字有咨腾、徂棱二切,可参阅。

答：数词也可以做主语。这两个"一"字都是主语，意为"一座山"。

二 《李寄斩蛇》

6.何谓"长吏"？

答：长吏这里是指县政府的县令、县丞、县尉等。

7."气厉不息"的"气厉"是什么意思？

答："气厉"就是"厉气"。是恶气、疾疫的意思。王充《论衡·偶会》："厉气所中，必加命短之人。""厉"，后来写作"疠"。

8."怀剑将犬"的"将"和"先将数石米餈"的"将"有何区别？

答："将犬"的"将"是动词，是"率领"的意思。"将犬"就是"带着狗"。第二个"将"字是介词，可译为"把""用"。

三 《桃花源记》

9.武陵郡的设置始于何时？

答：据《汉书·地理志》载："武陵郡，高帝置。"《水经注·沅水》："秦昭襄王二十七年（前280年）使司马错以陇蜀军攻楚，楚割汉北与秦，至三十年（前277年）秦又取楚巫黔（即巫郡、黔中郡）及江南地，以为黔中郡。汉高祖二年（前205年），割黔中故治为武陵郡。"东晋时的武陵郡属荆州。

10."缘溪行"是连动式吗？

答：不是。"缘溪"是介词结构做状语，修饰动词谓语"行"。"缘"作为介词有"遵循"的意思，这里可译为"沿着"。《搜神记》"缘圹行"，与此结构一样。

11."落英缤纷"是什么意思？

答："落英"是主语，"缤纷"是形容词做谓语。《离骚》有"夕餐秋菊之落英"，对"落英"的解释历来有两种不同的意见。一说为"落花"；一说为"刚开的花"，因为"落"有"始"义。我赞同后一说。这里的"落英缤纷"应是描写桃花繁盛的景色，而不是花落满地凌乱不堪的样子。"缤纷"是联绵字。"缤""纷"双声，韵亦相近。

12."林尽水源"应怎么分析？

答：这句话的解释也有分歧。教科书上的注释是："桃花林的尽头便是溪水的源头。"即"林尽乃水源"。"林尽"是主语，"水源"是谓语。中学语文课本第四册的注释是："（桃）林在溪水发源的地方就没有了。"即"林尽于水源"。"林"是主语，"尽"是动词谓语，"水源"是补语，译成现代汉语是状语，介词"于"省略。两种解释都有道理，可以并存。

13．"便得一山"的"得"是什么意思？

答："得"在这里是"发现"的意思。与"又得钴鉧潭"的"得"意思一样。这句话的主语为"渔人"，承前省略。

14．"复行数十步"与"夹岸数百步"的"步"一样吗？

答："夹岸数百步"的"步"是"古代长度单位"，又说"三百步为一里"，这是按五尺为一步计算的。

"复行数十步"的"步"是一般量词，古人举足两次为一步，我们现在所谓的一步，相当于古人的半步，古人叫作"跬"（kuǐ）。

15．古人对"阡陌"的解释有哪两种不同的说法？

答：一说"南北曰阡，东西曰陌（mò）"；一说"河东以东西为阡，南北为陌"（见《史记·秦本纪》"为田开阡陌"司马贞《史记索隐》引《风俗通》）。

16．"鸡犬相闻"出自何书？

答：《老子》云："邻国相望，鸡犬之声相闻，民至老死，不相往来。"

17．"男女衣着，悉如外人"，"遂与外人间隔"，"不足为外人道也"。这三个"外人"有区别吗？

答：有人认为第一个"外人"应解作"另外一个世界的人"；第二个"外人"是指"秦王朝统治下的人"；第三个"外人"是指"和渔人同朝代的人"。其实，"外人"就是指桃花源外面的人。"外"指桃花源外，是对桃花源内而言的。若把"外"理解为"另外一个世界"就欠妥了。渔人又怎么知道"另外一个世界"的男女的衣着是什么样呢？我看不必强生分别，陶渊明在用这个词的时候，不一定有那么多的想法。

18. "黄发"是先秦古词吗？

答：是的。《诗经·鲁颂·閟宫》"黄发台背"，"黄发儿齿"。《尔雅·释诂》："黄发、鲵（ní）齿、鲐背、耇、老，寿也。"郭璞注："黄发，发落更生黄者。"《疏》引舍人曰："黄发，老人发白复黄也。"

19. "问今是何世"的主语是谁？

答：主语是桃花源中人。唐朝诗人刘禹锡《桃源行》有"须臾皆破冰雪颜，笑言委曲问人间"。他把桃花源当作"仙境"，所以用"冰雪颜"来形容桃花源中人，并把桃花源与"人间"对立起来，这跟陶渊明的本意完全相违背。但"问人间"这个情节，是从"咸来问讯"和"问今是何世"等细节脱胎而来的。

20. "无论"是一个词吗?

答:不是。现代汉语的"无论"是一个连词。这里的"无论"是一个词组。"无"是副词,可释为"不"。"论"是动词谓语。

21. "叹惋"是什么意思?

答:慨叹、怅恨的意思。也作"惋叹"。曹操《善哉行》:"守穷者贫贱,惋叹泪如雨。"《王子坊》:"融立性贪暴,志欲无限,见之惋叹。"桃花源中人为什么要"叹惋"呢?王安石的《桃源行》做了很好的回答:"闻道长安吹战尘,春风回首一霑巾,重(chóng)华一去宁复得,天下纷纷经几秦!"明代黄文焕说:"皆叹惋,悲革运(即改朝换代)之易也。"(《陶诗析义》卷四)

22. "欣然规往",中华书局1963年出版的《古文观止》作"欣然亲往",对吗?

答:"亲"字误,作"规"是。"规"有"打算、计划"的意思。任彦升《奏弹刘整》:"(刘)整规当伯(人名)还,拟欲自取。当伯遂经七年不返,整疑已死亡不回。"(《昭明文选》卷四十)"整规"就是"刘整打算"的意思。《魏书·释老志》:"从官入其便室,见大有弓矢矛盾,出以奏闻。帝怒曰:'此非沙门所用,当与盖吴通谋,规害人耳。'"此"规"亦"打算、计划"的意思。

23."问津"是什么意思?

答:津,本指渡口。"问津"就是探询渡口。《论语·微子》:"使子路问津焉。"这里的"问津"是比喻的说法,意为访求、探询。今有"无人问津""不敢问津"之说。

四 《王子坊》

24.何谓"八荒"?

答:八荒,指八方(四方加四隅,即东、南、西、北、东南、东北、西南、西北)荒远之地。泛指少数民族地区。贾谊《过秦论》(上):"囊括四海之意,并吞八荒之心。"

25."八荒率职"的"率"和"相率归降"的"率"有何区别?

答:第一个"率"是"遵守""顺从"的意思。如《尚书·大禹谟》:"惟时有苗弗率(顺从)。"《诗经·大雅·假乐》:"不愆不忘,率(遵循)由旧章。"这里的"率职"就是"遵守职事"。"职"指纳贡、交赋税等。

第二个"率"字是"率领"的意思。如《列子·汤问》"遂率子孙荷担者三夫"。

26.何谓"玉烛"?

答:所谓"玉烛"就是四季气候调和。《尸子·仁意》:"四气(指春夏秋冬的气候)和、正光照,谓之玉烛。"《尔雅·释天》:"四气和谓之玉烛。"邢昺疏:"言四时和气,温润明照,故曰玉烛。李巡云:'人君德美如玉,而明若烛。'《聘义》(《礼记》篇名)云:'君子比德于玉焉。'是知人君若德辉动于内,则和气应于外,统而言之,谓之玉烛也。"(《十三经注疏·尔雅注疏》)意思是说国君有美德如玉,就能有四气调和的祥瑞,这是歌功颂德的美辞。

27. "涕"在古代的常用意义是什么?

答:上古无"泪"字,"涕"就是眼泪。本篇的"诸羌闻之,悉皆流涕。"与司马迁云"士无不起躬自流涕。"(《报任安书》)都是指眼泪。这是它的常用义。有时又用如动词,作哭泣解。《汉书·食货志》:"于是农商失业,食货俱废,民涕泣于市道。"西汉王褒《僮约》:"目泪下落,鼻涕长一尺。"此"涕"已为"鼻涕"之义。

28. "快马健儿"是北朝的常用语吗?

答:是的。《折杨柳歌辞》:"健儿须快马,快马须健儿。跶跋(马蹄声)黄尘下,然后别雌雄。"(宋郭茂倩编《乐府诗集》卷二十五)这里的"健儿"一般指壮勇之士。也特指军中勇猛之士。如《三国志·吴书·甘宁传》:"(甘)宁虽粗猛好杀,然开爽有计略,轻财敬士,能厚养健儿，健儿亦乐为用命。"

29. 何谓"列钱""青琐"？

答：二者都是门窗上的图案。班固《两都赋》："金釭（gāng，壁带上金属环状饰物，其形如车之釭。有人释为灯盏，错）衔璧，是为列钱。"注："谓以黄金为釭，其中衔璧，纳之于壁带，为行列，历历如钱也。"（《后汉书·班固传》）《辞源》的释义是："〔列钱〕宫殿墙上的装饰物。金环里面镶着玉石，排列在一条横木上，像一贯钱似的。"

《汉书·元后传》："曲阳侯（王）根，骄奢僭上，赤墀青琐。"颜师古注："青琐者，刻为连环文，而青涂之也。""青琐"后引申为宫门。杜甫《秋兴》："一卧沧江惊岁晚，几回青琐点朝班？"

30. "恨"的古今义有什么区别？

答："恨"在古代的常用义是"遗憾"的意思。"不恨我不见石崇，恨石崇不见我。"又如《魏书·释老志》："道安卒后二十余载，而（鸠摩）罗什至长安，恨不及安，以为深慨。"三"恨"字都应作"遗憾"解。

31. "负绢过任"的"任"是什么意思？

答："任"的本义是"担东西"。这里是指负担的能力。

32."侍中"是个什么官？

答：侍中这个官名产生于秦代，原本是皇帝身边的侍从官，汉代的侍中仍是内朝官，是一种荣誉性质的官衔。北魏侍中无常员，参与辅政，有"小宰相"之称。唐代侍中位与宰相等，但往往是荣誉性的加衔。

33.河阴之役后，为何"王侯第宅，多题为寺"？

答：《魏书·释老志》说："河阴之酷，朝士死者，其家多舍居宅以施僧尼。京邑第舍，略为寺矣。"如城西的追先寺，原是侍中尚书令东平王（元）略之宅，河阴之役元略被杀，其子"舍宅为此寺"（《洛阳伽蓝记·城西·追先寺》）。

五 《游天都》

34."汤池"的"汤"是什么意思？

答："汤"在古代是"热水""开水"的意思。《说文·水部》："汤，热水也。"《孟子·告子上》："冬日则饮汤，夏日则饮水。"今成语有"赴汤蹈火"。这里"汤池"译成现代汉语即温泉。

35.硃砂庵、石门和文殊院的今名是什么？

答：硃砂庵今名慈光阁，石门今名天门坎，文殊院今名玉屏楼。

36. "度险"的"险"是什么词？

答：险本是形容词，这里用作名词，指险要的地方。《愚公移山》："吾与汝毕力平险"，《崤之战》："苟有险。"二"险"字亦用作名词。

六 《曹刿论战》

37.《曹刿论战》中有哪些常用词应当特别注意呢？

答："请见"的"见"，"乡人"的"乡"，"又何间焉"的"间"，"肉食者鄙"的"鄙"，"弗敢加也"的"加"，"小大之狱"的"狱"，"必以情"的"情"，"遂逐齐师"的"逐"，"望其旗靡"的"靡"，都应仔细阅读其注释，掌握其确切的含义。

38."必以分人"，"可以一战"省略了什么成分？

答："必以（之）分（于）人。"介词"以"后省略了宾语"之"（指代衣食），"人"字前面省略了介词"于"。"可以（之）一战。""可以"不是一个词，"可"等于"可以"，"以"后面省略了宾语"之"（指代"忠之属"）。

39."败绩"为什么是"军队崩溃"的意思？

答："败绩"原本是"翻车"的意思。如《礼记·檀弓上》："鲁庄公及宋人战于乘丘，县贲（bēn）父御，卜国为右。马惊，败绩，公队（坠下车）。佐车授绥（上车的绳索)。公曰:'末之卜也。'县贲父曰:'他日不败绩,而今败绩,是无勇也。'遂死之。"清人江永说:"败绩,谓车覆。"由翻车引申为军队崩溃。《左传·庄公十一年》:"大崩曰败绩。"(盈按:关于"败绩",我于1984年12月写的《词义质疑》有进一步研究,与此处所言颇不同,见本书《词义质疑》一文。)

40."公将鼓之"的"之",现在有三种说法,一说这种"之"只是凑足一个音节;一说它是虚指;一说是代词,指鲁军。哪说正确?

答:我个人赞同"代词,指鲁军"的说法,其他二说均无根据。可参阅本书《词义杂辩》中的"鼓之"条。

41.关于"下视其辙,登轼而望之"的标点、释义,存在什么分歧?

答:教材在"下""登"后都标有逗号,把"下视"当作两个动词谓语,认为"轼"不是"登"的宾语,而是动词。这是采取了王泗原先生的说法(王说见《中国语文》1978年第3期)。有人不同意此说,论证了"轼"是可以"登"的,必须"登轼"而凭其高才能望远,所以"轼"在这里只能当名词讲(见《中国语文》1979年第1期《"下视其辙,登轼而望之"辨》)。关于"登轼",我还可以补充一个例证:"今汝拔剑则不能举臂,上车则不能登轼,汝恶能?"(《吕氏春秋·忠廉》)至于"下视"的"下",还是做状语好,即"往下"的意思。(盈按:汪少华著《中国古车舆名物考辨》专门有一节"'登轼而望之'的训诂与考古考察"(第148—175页),他的考辨很深入,相当有说服力,值得推荐。2015年11月23日。)

1983年6月于北大蔚香园

十七篇自学课文答疑(中)

七 《邹忌讽齐王纳谏》

42."镜"的古今形制一样吗?

答:不一样。当时的"镜"以铜磨制而成,还没有在玻璃后面涂上水银的镜子。

43."问之客"是双宾语吗?

答:不是。"客"前省略了介词"于"。

44."忌不自信""窥镜而自视",两"自"字是什么成分?

答:一说这种"自"字是代词(或说反身代词),在句中做宾语。"自信"就是相信自己,"自视"就是看看自己。有人说是副词,或副词性代词。这种概念性质的争论,我们可以暂时不去管它。今成语有"自顾不暇""自欺欺人""自知之明",译成现代汉语时,都应置于宾语的位置上才对。

八 《西门豹治邺》

45. "……浮之河中。始浮"是什么意思？

答：第一个"浮"在这里用作使动，"之"指代女居其上的床席，"河中"之前省略了介词"于"。全句意为：使之浮于河中。"始浮"的主语是"床席"，承前省。意思是：开头，床席还漂浮着。而不应理解为"开始浮的时候"。

46. "视小家女好者""有好女者"，两"好"字与今义一样吗？"幸来告语之"的"之"指代什么？

答：请注意，"好"在古代是指女子容貌美丽、漂亮。如"鬼侯有子（女儿）而好"（《战国策·赵策三》），"秦氏有好女"（《陌上桑》），其中的"好"字都是"美丽"的意思。"好"的这一意义在现代某些方言中还存在，但《新华字典》《现代汉语词典》都不列这个义项，说明它在普通话中已经消失。

"幸来告语之"，教材认为"之，指送女河上的事"；还有一种意见认为这个"之"是第三人称代词活用为第一人称，"告语之"就是"告诉我"。我个人赞同后一种说法。事实上，"告诉我"的时候，必然包含"送女河上"这件事的内容在内，不必对立起来理解。

47. "从弟子女十人所"的语法结构应怎么分析？

答：主语"大巫"省略，谓语动词"从"，在这里用作使动，宾语是"弟子女"，意为使弟子女跟从，"弟子女"又是"十人所"的主语。整个谓语部分为兼语式。

48. "后日送之"的"后日"等于"后天"吗？

答：有人把"后日"译为"后天"，似欠妥。教材释为"迟几天"，我看很正确。"后"在古代本有"落后""迟到"这样的意思，是动词。

49. "巫妪、弟子，是女子也"的"是"是系词吗？

答：不是。"是"乃代词，做主语。巫妪、弟子是主语"是"的外位成分（也叫外位语）。

50. "且留待之须臾"的"之"指谁？

答：这个"之"指代被投入河中的大巫妪和三弟子、三老等人。全句的意思是：暂且留下来等待他们一会儿。

九 《华佗传》

51. "沛相陈珪举孝廉"是什么意思？

答："举孝廉"，是汉代选拔官吏的办法之一，由地方政府推荐一些所谓孝顺父母、有德行的人补充官僚队伍。所谓"陈珪举孝廉"，是陈珪举华佗为孝廉。

52. "太尉黄琬辟（bì）"是什么意思？

答：东汉选拔官吏的主要办法一是察举，二是征辟。由皇帝提名为"征"，由公卿大臣提名为"辟"。太尉黄琬曾征召华佗任职。

53. "年且百岁而貌有壮容"中的"年"与"岁"、"貌"与"容"有什么区别？

答："年""岁"在这里是同义词，区别在于"年"表年龄时，在数目字之前，"岁"表年龄时，总出现在数目字之后。"貌"与"容"也是同义词。"容"的本字是"頌"，"貌"的古字为"皃"。"面之神气曰頌（容），面之形状曰皃。"（朱骏声《说文通训定声》小部"皃"字注）现代汉语中"相貌"指面部形状，"容"是指脸上的神情和气色，如"笑容""怒容""容光"等。

54. "每处不过七八壮"的"壮"是什么意思？

答："壮"是专用于灸法的动量词。为什么一灸叫一壮呢？沈括说："医用艾一灼谓之一壮者，以壮人为法（以壮年人作为标准）。其言若干壮，壮人当依此数，老幼羸弱，量力减之。"（《梦溪笔谈》卷十八）

55. "府吏儿寻、李延共止"的"止"应作何解？

答：这个"止"字有人解为"来到"，有人解为"站住，停下来"（见教材），都欠妥。"止"在这里是"止宿"

的意思。府吏儿寻、李延一起住在华佗家，所以下文说"明旦并起"。"止"有"居止""止宿"之义。

56."立吐虵一枚"的"立"是什么词？

答："立"在这里是时间副词，立即，立刻。

57."约以十数"的"数"是什么词？

答："数"是动词，音 shǔ，是计算的意思。

58."欲成内疽"的"欲"是什么词？

答：副词，"将要"的意思。

59."斯须"是一个词吗？

答："斯须"是双声联绵字（都属心母），时间副词。

60."此近难济"，有人释"近"为"近期""短期"，教材释为"近乎"，哪种意见正确？

答：教材上的释义较好。杨树达《词诠》认为这个"近"字是"副词，殆也"。"殆也"就是"恐怕"的意思，表示推测性质的语气。全句意为：这种病恐怕难以彻底治好。

61."数乞期不反"的"数"是什么词？

答：这个"数"是副词，屡次、多次的意思，旧读为 shuò。

62."佗恃能厌食事"中的"食事"是什么意思？

答："食事"就是"以事为食"（靠侍奉人为生），做

"厌"的宾语。类似"食事"这样动宾结构在先秦文献中也可以举出一些例证来,如:"公食贡,大夫食邑,士食田,庶人食力,工商食官,皂隶食职,官宰食加(大夫之加田)。"(《国语·晋语四》)要注意:"食贡"不等于吃贡品,也不能理解为靠贡品(包括赋税)吃饭,"食贡"是以贡赋为生,"食邑"是以邑入为生,"食田"是以公田收入为生,"食力"是靠自己的劳力为生。

63."于是传付许狱"的"传"是什么意思?

答:好几种注本都把这个"传"字解为"传递",这是可以商讨的。谁来"传递"?凭什么"传递"?当时有"传递"犯人的制度吗?得不到回答。我认为这个"传"字应当读zhuàn,"传"是传车,古代驿站上设有的车马,用来传递公文等,驿站也叫"传舍"。所以"传付(于)许狱",就是用传车交付给许昌监狱。

十 《神灭论》

64.《神灭论》的"神"究竟是什么意思?

答:这个"神"包含两层意思。一指灵魂;二指精神。灵魂是对肉体而言的,精神是对物质而言的。"灵魂"本来是不存在的,但有神论者认为人的躯体附有灵魂,这个灵魂是非物质的,是可以独立存在的,而且是不灭的。对于肉体来说，它起主导作用。灵魂是有知的。精神是指人的意识、思维活动和一般心理状态，唯心主义者认为精神也是一个独立存在的实体，是不灭的。范缜所说的"神"，既不完全等于灵魂，也不等于我们现在所说的"精神"，他所说的"神"是指形体的作用。任继愈先生说："范缜《神灭论》所说的'神'，就是指的当时社会上那些宗教迷信家所说的灵魂。"在"今译"中他又将"神"译为"精神"。同时在"译者按"中又指出："这篇论文所用的'神'字，固然指的'精神'，但也指'灵魂'。"(《关于〈神灭论〉》，见任继愈《汉—唐中国佛教思想论集》，三联书店1963年版，第219、222页）

65."理不容一"是什么意思？

答：理，按理，照理。容，可。一，活用为动词，混一，合到一块。全句是：按照道理不可合而为一。

66."神"与"质"、"利"与"刃"、"形"与"用"是怎样的一种关系？

答："形""质""刃"是指物质的实体，"神""用""利"是指由实体所产生的作用。

67."异哉言乎"这一段话的大意是什么？

答：大意是：(你的)话真奇怪呀！人如果有像树木这样的实体作为形体，又有不同于树木的知觉作为精神，那就可以像你说的那样了（即木有其一，人有其二）。但现在是人的实体是有知觉的，树木的实体是没有知觉的。人的实体不是树木的实体，树木的实体不是人的实体。哪里有像树木这样的实体而还有不同于树木那样的知觉呢？

68."人而无知"的"而"是什么意思？

答："而"是连词，用在主语和谓语之间有"假如"的意思。

69."死者有如木之质"这段话的大意是什么？

答：大意是：死人的质体跟树木是一样的，却没有不同于树木那样的知觉（意思是死人的质体已失去知觉）；活人跟树木不一样，是有知觉的，但是活人的质体并不像树木的质体。

70."形骸（hái）"是什么意思？

答：形骸指人的身体。《说文》："骸，胫骨也。"段《注》云："《公羊传》注：'骸，人骨也。'则引申为凡人骨之称。"再引申为指整个身躯。

71."丝"与"缕"有什么区别？

答：《说文》："丝，蚕所吐也。"丝指蚕丝。"缕"有两种：最早的"缕"是"麻缕"（见《孟子·许行》），后来有丝缕，纺丝为缕，这里是指蚕丝做成的"缕"。《说文》："缕，线也。""线，缕也。"缕、线为同义词。

72."欻"字的读音，《辞源》《辞海》以及教材都注为xū，对吗？

答：不对。《说文》："欻，读若忽。"《广韵·物韵》："欻，许勿切。""许"属晓母字，晓母反切下字如果是细音（齐撮），这个晓母切上字就读x，反切下字如果是洪音（开合），这个晓母切上字就读h，"勿"的韵母是洪音u，所以欻的读音应是hū，与《说文》的"读若忽hū"正好一致。

盈按：30余年后的今天，重读此批评，不能说错，却失之片面。音hū当然是有根据的，明代的《正字通》"欻"字还音忽，民国时期，汪怡、黎锦熙、赵元任等人编的《国语辞典》"欻"的首音即hū。所谓"片面"，即音xū也是有历史根据的，不能说"不对"。今检玄应、慧琳、希麟三种《音义》，"欻然"共出现22次，"欻"的切下字明显分为两类。一类以"勿、物"为切下字，计6条；一类以"律、聿、鬱、屈"为切下字，计16条。又，大徐本此字音许勿切，而小徐本音谞屈反。这就是说，读撮口呼的xū，应是由切下字"鬱"等演变而来。《国语辞典》此字第三音为xù（读去声），原因就在此吧。根据尊今（《现代汉语词典》音xū）不泥古的原则，此字以读xū为是。2015年11月24日。

73.何谓"浮屠""桑门"?

答:浮屠是梵文的音译词,又译为佛陀、浮图。它有三个含义:一指佛教;二指和尚;三指塔。

桑门也是梵文的音译词,又译为沙门。《瑞应经》曰:"何谓沙门?对曰:沙门之为道,舍妻子,捐弃爱欲也。"

74."风惊雾起"是什么意思?

答:"风""雾"都是名词做状语。像风一样席卷,像雾一样笼罩。

75."厚我"是什么意思?

答:"厚",形容词活用为动词。"厚我"是使我厚,就是使自己富贵。"我"与下文的"物"相对。

76."又惑以茫昧之言,惧以阿鼻之苦"的"惑""惧"后面应该有宾语吗?

答:应该有宾语"之"。"惑""惧"都用作使动。以茫昧之言使之惑乱,以阿鼻之苦使之恐惧。下文的"诱""欣"后面也省略了宾语"之"。

77."兜率"(dōu shuài)是什么意思?

答:兜率是梵文(Tuṣita)的音译,是佛教宣扬的欲界六天中的第四天宫,泛指人死后所升的"天堂"。

78."蚕以衣"的"以"是介词吗?

答:不是。"蚕以衣"跟上文"耕而食"是一样的句式。"以"与"而"一样,做连词。这句话的意思是:靠养蚕而穿衣。

79."神不灭"的观念是怎样产生的?

答:这个问题恩格斯已经有论述。他说:"在远古时代,人们还完全不知道自己身体的构造,并且受梦中景象的影响,于是就产生一种观念:他们的思维和感觉不是他们身体的活动,而是一种独特的、寓于这个身体之中而在人死亡时就离开身体的灵魂的活动。……既然灵魂在人死时离开肉体而继续活着,那末就没有任何理由去设想它本身还会死亡;这样就产生了灵魂不死的观念,这种观念,在那个发展阶段上决不是一种安慰,而是一种不可抗拒的命运,并且往往是一种真正的不幸"。(《马克思恩格斯选集》第四卷)

十一 《戊午上高宗封事》

80. 何谓"市井"?

答:"市井"本指做买卖的地方,引申为商人和泛指城市。"市井无赖"略等于"地痞"。

81. "左衽"是什么意思?

答:《论语·宪问》:"微管仲,吾其被发左衽矣。"衽,衣襟。华夏礼服皆右衽,夷狄左衽。这里的"赤子尽为左衽"是沦为夷狄的意思。用左衽代夷狄。

82."陵夷"是联绵字吗？

答：请参阅本书《古汉语的特殊词汇》一文。

83."间关"是联绵字吗？

答：是的。"间"与"关"既为双声（见母），又叠韵（元部）。《汉书·王莽传》："间关至渐台。"注："犹言崎岖展转也。"

84."谤议"的"谤"是什么意思？

答："谤议"是不当着本人的面而进行批评议论。这里所说的"谤"并不是现代汉语中"诽谤"的意思，"谤"字在上古只是指背后议论或批评别人的短处。

85."参知政事"是个什么官？

答：相当于副宰相。

86."取容"是"讨人喜欢"吗？

答：教材中《报任安书》"苟合取容"句，注："取容，即取悦，指取得［皇帝的］喜欢。"这里的"取容充位"注："意思是只求讨人喜欢，为人所容……"，都欠妥。"取容"是"取得皇帝的容纳"。要注意："容"在这里用的是本义，是容纳的意思。可参阅本书《词义琐谈之二》"取容"条。

87. "折冲"是什么意思？

答："折"是折还，"冲"是战车。使敌方的战车折还，就是"御侮"。这里的"折冲"就是抗敌的意思。

原载《电大文科园地》1983年第6期。

十七篇自学课文答疑（下）

十二 《师说》

88."师者，所以传道……"和"圣人之所以为圣……"，两个"所以"有什么不同？

答：第一个"所以"表工具，意为"凭它……"；第二个"所以"表示探求原因，"其皆出于此乎"是"圣人之所以为圣，愚人之所以为愚"原因所在。

89."授之书"是什么意思？

答：教给童子读书（主要指认字）。"之"指代童子，"书"指写在书本上的文字。唐代教育制度，儿童要学习《字林》《说文》之学。《唐语林》说："稷下有谚曰：'学识如何观点书。'书之难，不唯句度义理，兼在字之正音、借音。"可见，"点书"，不只是句读问题，还包括点定字音。古人圈点字音有一套办法，在这里不细述。

90."句读之不知，惑之不解，或师焉，或不焉"，用的是什么修辞方式？

答：并提式。即两个主语并提，两个谓语并提。"句读之不知"是主谓结构中间加连词"之"，做"或师焉"的主语，"惑之不解"也是主谓结构中间插进连词"之"，做"或不焉"的主语。"或师""或不"都是主谓结构做谓语。

91."群聚而笑之"的"群"是什么成分？

答：形容词做状语，修饰动词"聚"。"群聚而笑之"是连动式，主语"士大夫之族"，承上省略。

92."不齿"是什么意思？

答："齿"有两种解释。一、指年龄。在这里是排列的意思。《左传·隐公十一年》："寡人若朝于薛，不敢与诸任齿。"疏："齿是年之别名，人以年齿相次列，以爵位相次列亦名为齿。"二、唐人颜师古释："齿，谓齐列如齿。"（《汉书·陈胜项籍传》赞注）这是把"齿"当作"牙齿"。以第一说为优，"不齿"即不与为列。

十三 《封建论》

93."无以有封建"的"无以"是什么意思？

答：这个"无以"跟"河曲智叟亡以应"的"亡以"

意思一样，都是固定结构，常用于动词谓语前，表示没有可能或没有办法的意思。

94."鹿豕狌狌"的"豕"指什么？

答："豕"与"猪"是同义词，在这里是指野猪。古人认为野猪是一种很凶猛的动物。《淮南子·本经》："逮至尧之时，……封豨、修蛇，皆为民害。""封豨"就是"封豕"，即大猪。

95."假物者必争"的"假"是什么意思？

答："假"是凭借、借助的意思。

96."必就其能断曲直者而听命焉"的"焉"是什么词？

答：兼词，是"特殊的指示代词"。"听命焉"就是听命于他。

97."有县大夫而后有诸侯"的"县大夫"是"指县长"吗？

答：诸侯以下的封臣为大夫，大夫本来是有封地的，是世袭制度。县这种行政组织产生于春秋后期，有军功的大夫可以"受县"或"受郡"。晋国的赵简子说："克敌者上大夫受县，下大夫受郡。"(《左传·哀公二年》)春秋末年到战国时期，郡县的长官都可以称大夫。柳宗元在这里所说的大夫是贵族领主制时代的大夫，他所说的县实际上是指大夫的采邑，也就是大夫的封地。所以他说的大夫不能说是"指县长"。

98."布履"的"履"与"赐我先君履"的"履"是一样的意思吗？

答：一样。这里用作名词，指所践踏的地方，即权力所至的范围。

99."四周于天下"的"周"是什么词？

答：动词。周遍、遍布的意思。"四"是数词做状语。

100."扞城"是什么结构？

答："扞城"是并列结构。扞，即干、盾，御敌的武器；城，指城墙，也是防敌的军事设施。《诗经·周南·兔罝》："赳赳武夫，公侯干城。"朱熹注："干城，皆所以扞外而卫内者。"

101."为之郡邑""为之守宰"是什么结构？

答：双宾语结构。"为"是动词，"之"是近宾语，"郡邑"和"守宰"都是远宾语。意思是：给它设立郡邑，给它（指郡邑）设立守宰。

102."据天下之雄图"的"图"是什么意思？

答：图在这里是版图、疆土的意思，由地图的意思引申而来。

103."咎在人怨"是什么意思？

答：大意是：过错的产生在于民怨沸腾。"咎"是灾祸、过错的意思。与上文"末大不掉之咎"的"咎"意思一样，可译为"过错"。

104."继汉而帝者，虽百代可知也"是什么意思？

答：大意是：继汉王朝而称帝的人，就是过了一百代，也是可以推知的（即郡县制优于封建制）。这句话源于《论语·为政》："其或继周者，虽百世可知也。"

105."拜之可也"是什么意思？

答："拜"是以一定的仪式任命高级官吏。如"于是王（指汉王刘邦）欲召信拜之"（《史记·淮阴侯列传》）。这里的"拜之可也"就是"授予他官职也可以"。

106."资以黜夏"的"资"是什么意思？

答："资"是借助、凭借的意思，后面宾语"之"承上省略。全句意为：凭借三千诸侯消灭夏朝。

十四 《谋攻》

107."全军……""全旅……""全卒……""全伍……"等句和"全国为上，破国次之"的大意一样吗？

答：一样。"全军为上，破军次之"，就是使敌人全军完整地投降是上策，击破敌人一个军就次一等了。其余理同。

108. 何谓"轒辒""距闉"?

答：杜牧说："轒辒，四轮车，排大木为之，上蒙以生牛皮，下可容十人，往来运土填堑，木石所不能伤，今俗所谓木驴是也。距闉者，积土为之，即今之所谓垒道也。"(《十一家注孙子》)"闉"又写作"堙"。《公羊传·宣公十五年》："(楚)于是使司马子反乘（登）堙而闚（kuī，窥视）宋城，宋华元亦乘堙而出见之。"注："堙，距堙。"

109. "屈人之兵，而非战也"是什么意思？

答：意思是：使敌人的军队屈服，而不是用战争的办法。言外之意是靠谋攻，以计谋夺取。

十五　《公输》

110. "何命焉为"的结构应怎么分析？

答：有两种分析法：一种意见认为"焉为犹云'乎哉'，皆疑问词"(《古书虚字集释》卷二)。另一种意见就是"何命"是动词"为"的前置宾语，焉是代词，复指前置宾语。我认为后一种说法比较好，要补充的有两点：(1)"为"字可以释为"有"；(2)"焉"字可以释为"之"或"是"。这种"之""是"，有人认为是结构助词，我们认为是代词，起复指作用。这种分歧，初学者可不必纠缠。

111. 墨子为何要向公输盘"再拜"？

答：拜两次，表示礼节隆重。

112. 楚国为什么又叫"荆国"呢？

答：楚国的正式称号是"楚"，"荆"是它的别名。楚国人从来不自称"荆国"，主要是楚国以外的人称楚为荆。"楚"含褒义，"荆"含贬义。楚人发迹于荆山地区，故有"荆"名，后以"楚"为国号，故不自称"荆"。先荆后楚，实为一历史演变过程。也有一种意见认为，荆原本是州名。《诗经·商颂·殷武》："奋伐荆楚。"毛传："荆楚，荆州之楚国也。"那么，"荆楚"之称，则是以州名国了。

113. "吾既已言之王矣"是什么意思？

答：意思是，我已经向楚王说了这种情况。"言之王"就是"言之（于）王"，这个"之"指代墨子与公输盘会谈的情况。要注意，"言之王"跟"语之故""告之悔"结构意义完全不同。

114. "宋无长木"的"长"是什么意思？

答：长在这里读cháng，是高大的意思。

115. "善哉！虽然……"，这个"虽然"是什么意思？

答："虽"是虽然，"然"是这样。意为"虽然这样"。

116. "吾请无攻宋矣"的"请"是什么词？

答：这个"请"不是动词，而是表敬副词。

十六 《逍遥游》

117. "鲲之大，不知其几千里也。"这句话的结构应如何分析？

答："其"代词，指代"鲲之大"，做主谓词组中的主语，"其几千里"做"知"的宾语，主语不曾出现，从逻辑上说，应是"人们"。全句意思是：（人们）不知道鲲之大有几千里。下文"鹏之背，不知其几千里也"句法同。

118. "鹏之徙于南冥也，水击三千里"，这句话的结构应如何分析？

答："鹏徙于南冥"本是主谓结构，插入连词"之"之后，就变成了整个句子的状语，"水击三千里"的主语是"鹏"，"水"做状语，"击"是谓语动词，"三千里"指三千里远，做"击"的补语。全句意思是：当大鹏鸟徙于南冥的时候，它在水面上拍击了三千里之远。

119. "抟扶摇而上者"是什么结构？

答：名词性结构。"抟扶摇"是动宾词组做动词谓语"上"的状语，用连词"而"连接。后面加上代词

"者",就变成了名词性结构。"者"在这里的作用是提取主语"鹏"。

120."去以六月息者也"是什么意思?

答:这句话的解释有分歧。关键在于如何解释这个"息"字。一说"息"是休息,鹏飞半年至南冥,才歇息下来。教材取此说。一说"息"是呼吸,鹏鸟一飞,半年才呼吸。一说"息"是风,六月海动时的大风。

我个人认为,无论从上下文义还是从语法结构分析来看,都以第三种说法为优。"去"是离开的意思,后面宾语"北冥"省略。"以六月息者"是介词结构做补语,"六月"是定语,"息"是中心语,"六月息者"做"以"的宾语。介词结构可释为状语。全句意思是:(大鹏)凭着六月的大风离开了北冥。这样,与下文"风之积也不厚,则其负大翼也无力……"正好相照应。

121.教材关于"三飡而反"的解释对吗?

答:关于"三飡而反",有各种不同的解释。有人说是"吃了三餐去……",有人说:"三餐,在这里指一天的时间",有人说:三餐是带三顿饭。这些说法都与文意不符。我和蒋绍愚合著的《古汉语词汇讲话》(14页)专门讨论过这个问题,请参阅。

十七 《齐桓晋文之事》

122."仲尼之徒"是什么意思?

答:杨伯峻译为"孔子的学生们"(《孟子译注》),《古代散文选》(上)注:"仲尼之徒,孔子的门徒。"都欠妥。清初的黄生说:"仲尼之徒,犹属也,非师徒之徒。篇中云:圣人之徒,舜之徒,跖之徒,皆此例。"(《义府》卷上)所谓"属"就是"类"的意思,教科书释为"同一类的人",这是正确的。

123."无以,则王乎"是什么意思?

答:这个"无以"跟"无以有封建"的"无以"结构不同。这个"无以"不是固定结构,"无"是"不"的意思,"以"是"已"的假借字,是"停止"的意思。"王"本是名词,在这里用作动词,由平声改读为去声 wàng,旧的训诂学把这种情形称之为"破读"或"读破"。哪些改变词性的字应当破读,这些破读音现在应如何处理,尚无统一意见。不过"王"读 wàng,《新华字典》和《现代汉语词典》都收了这个音,保留了"旧读"。

124."以小易大"的"小""大"指什么?

答:"小""大"是形容词活用为名词。"小"指羊,"大"指牛。

125. "夫子之谓也"的"夫子"是什么意思？

答：在先秦文献中，"夫子"有三个常用意义：（1）对老师的尊称；（2）对大夫以上的官的尊称；（3）对长者的敬称。这里用的是后一意义。

126. "不见舆薪"是什么意思？

答：意思是看不见一车柴火。"舆薪"是偏正结构，而不是并列结构。

127. "五亩之宅，树之以桑"，两个"之"字有什么不同？

答：第一个"之"字是连词，第二个"之"是代词。值得注意的是第二个"之"字并非宾语，而是"树"的补语，这个"之"字所指代的是一个介词结构（在宅边）。"树之以桑"就是把桑树种在宅边。

128. 本篇值得留意的常用词有哪些？

答："吾何爱一牛"的"爱"，"若无罪而就死地"的"就"，"有复于王者"的"复"，"则王许之乎"的"许"，"明足以察秋毫之末"的"明"，"构怨于诸侯"的"构"，"然后快于心与"的"快"，"俯足以畜妻子"的"畜"，"勿夺其时"的"时"。

原载《电大文科园地》1984年第1期。略有修订。

古代汉语词义答问

一、《出师表》的"不宜偏私","私"字作何解？

"偏私"就是偏向。具体而言,"私"是偏爱。如：

1.《仪礼·燕礼》："寡君,君之私也。"郑注："私,谓独有（受）恩厚也。"

2.《离骚》："皇天无私阿兮"。王逸注："窃爱为私,所私为阿。"

3.《战国策·秦策一》："罚不讳强大,赏不私亲近。"注："私,犹曲也。"曲也就是偏袒、偏爱的意思。

4.《左传·襄公二十五年》："若为己死,而为己亡,非其私暱,谁敢任之？"

"私""暱",同义词连用,用作名词,意谓所偏爱的人。杜预注："私暱，所亲爱也。"杨伯峻先生说："私暱，为个人而暱爱之人。"杜注正确，杨解"私"为"个人"，欠妥。

二、《郑伯克段于鄢》的"阙地及泉"，"阙"为何通"掘"呢？

"阙"与"掘"古音相近。阙归群母月部，"掘"归溪母物部。群、溪都是牙音，二者为旁纽，月、物都收[-t]尾，二者为旁转。在上古时代，借"阙"为"掘"的例子如：

1.《左传·襄公二十一年》："阙地，下冰而床焉。"
2.《国语·吴语》："阙为深沟，通于商、鲁之间。"注："阙，穿也。""穿"就是挖掘的意思。
3.《国语·吴语》："阙沟深水，出于商、鲁之间"。
4.《管子·山权数》："北郭有掘阙而得龟者。"注："掘，穿也。穿地至泉曰阙。"一说"阙"为"阅"之误，阅即穴。"掘阙"即"掘穴"。参阅黎翔凤《管子校注》。

三、《齐桓公伐楚》"无以缩酒"的"缩"是什么意思？

"缩"是"莤"的假借字。"缩""莤"在上古都是生母觉部。

《说文》十四篇下："茜：礼，祭，束茅加于祼圭，而灌鬯酒，是为茜，象神歆（饮）之也。从酉草。《春秋传》曰：'尔贡苞茅不入，王祭不供，无以茜酒'。"《说文》引《左传》作"无以茜酒"，正是用的本字。"茜"字从酉草，以酒灌草（指"茅"），会意也。

"萧"字也可借作"茜"。《周礼·天官·甸师》："祭祀，共萧茅。"郑大夫（即郑兴；其子郑众，即郑司农。父子皆作《周礼解诂》）云："萧字或为茜。茜，读为缩。束茅，立之祭前，沃酒其上，酒渗下去，若神饮之，故谓之缩。"（《十三经注疏》，可参阅段玉裁《周礼汉读考》卷一）

四、《鞌之战》的"奉觞加璧"是什么意思？

"奉觞加璧"是一种见面礼。捧着装满酒的酒杯，酒杯上再加上一块璧，"加璧"就是加璧其上。如：

1.《韩非子·十过》："乃盛黄金于壶，充之以餐，加璧其上。"

2.《礼记·郊特牲》："束帛加璧，往（一作任）德也。"疏："玉以表德，今将玉加于束帛或锦绣黼黻之上，是以表往归于德故也，谓君主有德而往归之"。

3.《左传·襄公十九年》:"贿荀偃束锦加璧乘马。"杨伯峻注:"以璧加于锦,故云加璧。"

五、《晏婴论季世》"其爱之如父母,而归之如流水"。教材说:"两'之'字,均指代陈氏。"[1]这个说法对不对?

我以为这个说法是对的。请看下列四个例子:

1.《左传·襄公十四年》:"民奉其君,爱之如父母,仰之如日月,敬之如神明,畏之如雷霆。"

这四个"之"字都是指代国君。其中的"爱之如父母",与《晏婴论季世》的"爱之如父母"意思完全一样。只不过具体对象不同,前者指国君,后者的"之"指代陈氏。

2.《荀子·富国》:"故仁人在上,百姓贵之如帝(天老爷),亲之如父母。"

3.《荀子·富国》:"而百姓皆爱其上,人归之

---

[1] 王力、林焘校订《古代汉语》(上册),北京出版社1981年版,第145页。中央广播电视大学20世纪80年代古代汉语课,以此书为教材。——编者注

如流水，亲之欢如父母。"

这两个"之"也是指代国君。

  4.《文子·上义》："上视下如子，必王四海，下视上如父，必政（本亦作"正"）天下。"

所谓"下视上如父"，即"爱之（上）如父母"。

"齐其为陈氏矣"，这个陈氏是指谁？

田氏（即陈氏）专齐，有一个很长的历史过程。田氏的祖先陈完在齐桓公时逃往齐国，其世系如下：

陈完—穉孟夷—湣孟庄—田文子—田桓子—田乞—田常（田成子）

晏婴论季世，发生在公元前539年，这时候在齐国掌权的是陈氏的第五代田桓子。田氏的第六代田乞"收赋税于民，以小斗受之，其禀予民以大斗，行阴德于民，而景公弗禁"（《史记·田敬仲完世家》）。到了第七代田成子，杀齐简公，从此专齐政。

"肸又无子"，注为"没有好儿子"，对不对？

这个注释是对的。"肸又无子"与"公乘无人"类似。无人，不是说真的没有人，而是没有适合的人。同理，"无子"，不是说没有儿子，而是没有好儿子。《论衡·艺增篇》引《周易》曰："窥其户，阒其无人也。"王充说："非其无人也，无贤人也。"此解甚确。此处的"无子"，亦当如是解。据历史记载，叔向是有儿子的。他的儿子名叫伯石。伯石一出生，叔向的母亲前往视之。"及堂，闻其声而还，曰：'是豺狼之声也。狼子野心。非是，莫丧羊舌氏矣。'遂弗视。"（《左传·昭公二十八年》）可见，伯石一生下来，就被视为不祥之物。果然，鲁昭公二十八年，也就是齐景公三十四年，"夏六月，晋杀祁盈及杨食我。食我，祁盈之党也，而助乱，故杀之。遂灭祁氏、羊舌氏"。杜预注："食我，叔向子伯石也。"杨，乃叔向的采邑。伯石被杀，羊舌氏绝了后，应了叔向的话："幸而得死，岂其获祀！"

六、《张骞传》大宛国名的来源

大宛是希腊人所建立的国家。当时的西域人称希腊人为伊雅安，伊雅安即耶宛（Yavan）之转音，而大宛即耶宛之译音。又，《辞海》"大宛"之"宛"的注音为yuān，正确，其音来自于袁切。《辞源》未注音，欠妥。

大宛在匈奴西南，在汉之正西，是一个比较发达的农业兼畜牧业国家，盛产稻、麦、葡萄、酒，而且多良马，贰师将军李广利夺取的所谓天马，就产自大宛国。其地在费尔干纳盆地。有人认为"大宛亦得视为Tochari（吐火罗）之异译"（余太山《古族新考》）。个人对此无研究，不敢置评。

七、《张骞传》"西击塞王"的塞国是什么民族建立的？

塞种人（Scythians）大概是伊利安中的塞西安人。《汉书·西域传》说塞种人"世居敦煌"，他们后来遭月氏人的侵略，"南走远徙"，由伊犁河流域迁到印度五河流域的东北部，建立罽宾国，即克什米尔（Kashmir）。

可参阅冯承钧原编，陆峻岭增订《西域地名》（增订本）之"塞种"条；还可参阅余太山《塞种史研究》。

八、《张中丞传后叙》"辞服于贼"的"辞"是什么意思？

这个"辞"不是指一般的言辞，而是讼辞的意思，即现在所谓的口供。《说文》十四篇下："辞，讼也。"《尚书·吕刑》："两造具备，师听五辞。"所谓"两造"就是两曹，也就是原告和被告。"师"是法官。原告和被告两方都齐全了，法官依照五刑来审问口供。《周礼·秋官·小司寇》："以五声听狱讼，求民情。一曰辞听，二曰色听……"所谓"辞听"就是看口供是不是合情合理。《礼记·大学》："无情者不得尽其辞。""情"是事实、实情的意思。要使那些不根据事实、弄虚作假的人，不能尽力去编造假口供。

《张中丞传后叙》的"辞服",意思是招供服罪,这里是投降的意思。

九、"淫辞"是什么意思?

《张中丞传后叙》"设淫辞而助之攻也","淫辞"是"邪说,不正确的言论"。为了帮助加深理解,下面再举几个例子:

1.《孟子·滕文公下》:"我亦欲正人心,……放淫辞。""放"是放斥,驳斥的意思。
2.《孟子·公孙丑上》:"淫辞知其所陷。"

要注意的是,这些"淫辞"都不是淫秽猥亵之辞的意思。

十、"巡起旋"的"旋"是什么意思?

"旋"在这里是"小便"的意思。"旋"作小便讲,在《左传》中就产生了。《定公三年》:"夷射姑旋焉。"注:"小便也。""旋"为什么会有小便的意思呢?"旋"的本义是旋转旌旗,用于指挥。《说文》:"旋,周旋,旌旗之指挥也。"段玉裁说:"旗有所乡(向),必运转其杠,是曰周旋。引申为凡转运之称。"(《说文解字注》)朱骏声认为,"旋"作小便讲,是假借字。这个意见是对的。至于作小便讲的"旋"其本字是什么,这就不得而知了,也许是本无其字。

十一、《谏逐客书》的"裹足"是什么意思?

《中华活页文选》(四),将"裹足"训释为"双脚如被缠住",这是错误的。古人作长途旅行,往往用布把脚裹起来,这是为了远行方便。如:

1.《吕氏春秋·爱类》:"公输般为高云梯,欲以攻宋。墨子闻之,自鲁往,裂裳裹足,日夜不休。"

这是说墨子撕了衣裳来裹脚。

2.《淮南子·修务》:"(墨子)足重茧而不休息,裂衣裳裹足,至于郢见楚王。"

3.《后汉书·郅恽传》:"君不授骥以重任,骥亦俛首裹足而去耳。"(郅恽以骥自喻,因自称骥)

4.《昭明文选·广绝交论》:"是以耿介之士,疾其若斯,裂裳裹足,弃之长骛。"

《谏逐客书》的"裹足不入秦",是说士人已经把脚裹好,准备入秦，但由于秦国实行错误的"逐客"政策，因此士人不敢到秦国去，指不敢前行。例3、例4的"裹足"，都是远走高飞的意思。

十二、《论积贮疏》"岁恶不入"的"入"字作何解？

"入"指交税。有的本子把"不入"解为"没有收入"，不正确。在古汉语中，"入"有"交纳"的意思，如《齐桓公伐楚》"尔贡包茅不入"，"贡之不入"，两"入"字都是交纳的意思。"入"用作名词，有"赋税""租税"的意思，《捕蛇者说》："当其租入"，"租""入"是同义词连用（详说可参阅本书《词义札记三则》一文）。"岁恶不入"的"入"是动词，意思是交纳赋税，"不入"即不能交纳赋税。

十三、《钴鉧潭西小丘记》的"贵游之士"，有人主张释为"以游为贵的人"，对吗？

不对。关于"贵游之士"，下面再举几个例子：

1.《搜神记》："元康中，贵游子弟相与为散发保身之饮，对弄婢妾。"

2.《隋书·李谔传》："于是闾里童昏，贵游总卝（guàn），未窥六甲，先制五言。"

3.《隋书·何妥传》："（萧该）尤精《汉书》，甚为贵游所礼。"

4.徐度《却扫编》:"一时贵游以蓄东坡之文相尚,鬻者倍价售。"

5.孔广森《送同年洪员外朴督学湖北序》:"虽紫阳讲舍,白鹿精庐,乡老为师,贵游受业,而教不原于今,言不则于古。"

孔广森是清代人,他在使用"贵游"这个词时,其含义与前引各例的"贵游"是一样的,都是指显贵者。

原载《湖北电大学刊》(文科版)1986年第4期。

《庄子》札记（一）

去以六月息者也（《逍遥游》）

这句话有好几种不同的解释。有人译为：大鹏是乘着六月风而飞到南海去的；有人解为：鹏飞半年至南冥才歇息下来；一说：鹏鸟一飞，半年才呼吸。均与原意相距甚远。这句话的主语"鹏"承上省略，"去以六月者也"是谓语部分，其中的"去"是谓语动词，意思是"离开"。注家释为"飞去南海"，"至南冥"，均与"去"的原义不符。先秦时代的"去"还没有产生到什么地方去的意思。"以六月息"是介词结构做补语，"息"是名词，指大风，"六月"做"息"的定语。译为现代汉语，句中的补语成分照例可译为状语。全句意思是：

[大鹏]凭着六月的大风飞离了北冥。

正确理解这个句子,一方面要把结构层次搞清楚,另外就是对"去""息"这两个关键性的词要解释得当。上面已经说了,"去"只能释为"离开";至于"息"字,在这里用的是比喻义,前人释为"风",联系上下文和全篇的主题思想来看,无懈可击。有的注家以为这个"息"是动词,释为"休息""止息""呼吸",不仅文意不合,就是对句子结构的内在联系也理解错了。解"六月"为半年,亦不当。

野马也,尘埃也,生物之以息相吹也(《逍遥游》)

从下面几种译文可以看出,对这个句子结构的误解带有相当的普遍性。结构被误解,释义也就成问题了。

叶玉麟《白话译解庄子》译为:"诸如春日田野中的游丝水气,天空中像尘埃充满似的积气,以及一切生物所出的气息,都是鹏鸟赖以飞腾天空的。"

《庄子内篇译解和批判》译为:"像野马般的游气(春天阳气发动,远远遥望,它好像奔驰的野马),飞扬着的尘埃,在空中活动着的微小生物,都是被风吹着在空中游荡的呀!"

《庄子今注今译》:"野马般的游气,飞扬的游尘,以及活动的生物被风吹而飘动。"

三家译文都没有把"生物之以息相吹"的结构搞清楚，共同的错误是把"生物"与"野马""尘埃"作为等价的并列成分。叶玉麟的误译尤为突出，凭空添进"都是鹏鸟赖以飞腾天空的"意思，这是袭郭注而传谬。郭象的注释是："此皆鹏之所凭以飞者耳。"

"野马也，尘埃也"是全句的主语部分，二者是并列关系。至于什么叫作"野马"，在这里不详加讨论。闻一多说："《庄子》盖以野外者为野马，室中者为尘埃，故两称而不嫌。"(《古典新义》)我基本上同意这种看法。"生物之以息相吹也"是谓语部分，其中特别值得注意的是"相"字。按照通常的说法，"相"是个指代性副词。就指代作用而言，相当于代词"之"，在这个句子中指代主语"野马""尘埃"；就副词作用而言，它和介词结构"以息"一起做动词"吹"的状语。"以息相吹"就是以息吹之。即：野马，尘埃，都是生物用气息吹拂起来的。我参加编写的《古代汉语》解为"……用气息互相吹拂"，也是一种误解。因为"相"在这里的作用是指代接受动作的一方，不是表示相互对待的关系。

句中的"息"字与上文"六月息"之息释义不同，而它们的深层含义却"息息相关"。六月息指风，生物之息也变成风；大鹏因风而起，野马、尘埃也因风而起；小大不同，其因风则一也。这些似乎离题的"闲笔"文字，实则为"犹有所待者也"而发。

王勃《上刘右相书》："以息相吹，时雨郁山川之兆。"此乃用两典说明一意，用语巧妙。只不过"吹"的对象不是"野马、尘埃"，而是"山川之兆"。"兆"是什么？《礼记·孔子闲居》云："清明在躬，气志如神，嗜欲将至，有开必先，天降时雨，山川出云。"所谓"山川之兆"就是"云"。郑注云："清明在躬，气志如神，谓圣人也。嗜欲将至，谓其王天下之期将至也。神有以开之，必先为之生贤知（智）之辅佐，若天将降时雨，山川为之先出云矣。""云"是"时雨"之先兆，而"云"从何而来，是"以息相吹"的结果。勃用此典，自"吹"又"吹"刘（刘祥道，龙朔三年迁右相），言在此而意在彼，不露痕迹。年未及冠的"神童"，对"以息相吹"的理解很准确，故加援引以证吾解之不谬。

犹然笑之（《逍遥游》）

有的注家认为"犹"即"繇"，乃古今字，释为"笑的样子"。"犹然"也见于其他古籍，亦作"逌然""逌尔"。

《荀子·哀公》:"故犹然如将可及者,君子也。"杨倞注:"犹然,舒迟之貌。"

《逸周书·官人》:"喜色犹然以出。"注:"犹然,舒和貌。"

《列子·力命》:"终身逌然,不知荣辱之在彼也,在我也。"《释文》:"逌,音由。逌然,自得貌。"

《昭明文选·班固〈答宾戏〉》:"主人逌尔而笑。"注:"逌,宽舒颜色之貌也,读若攸。"又:"逌尔,宽闲之貌。"

我引的这四条材料都有古注,这些注释材料说明,"犹然"不能笼统地释为"笑的样子",其确切含义是"宽舒自得的样子"。说"犹""繇"是古今字,也不正确。"犹然"的"犹",其本字应是"逌"。《说文·乃部》:"逌,气行貌。"徐灏《说文解字注笺》认为,《列子·力命》的"逌然",《答宾戏》的"逌尔","皆与气行之义相近"。桂馥、王筠、朱骏声在解释"气行貌"时,都引有关"逌然"的材料作为书证。无疑,犹然自得乃"气行貌"之引申义。

肌肤若冰雪(《逍遥游》)

这句话注家多理解为:肌肤如冰雪一般洁白。《辞源》

"冰雪"条释为"比喻晶莹洁白。"《辞海》不同,它的"冰雪"条有二音二义:①比喻纯净清澈;②读níng,"冰雪"即凝雪,释为"脂膏"。书证有:

> 《尔雅·释器》:"冰,脂也。"郭璞注,"《庄子》云:'肌肤若冰雪。'冰雪,脂膏也。"

《辞海》的注音是对的,释义照抄郭注,不太明确。

在《说文》中,仌和冰是形音义均不同的两个字。仌,是我们现在所说的冰;而《说文》的冰字读níng,俗体作凝。古书中多借冰为仌,凝字取代正体冰字,"冰"的本音本义渐渐不为人们所知。

《尔雅》"冰,脂也"的"冰"就是凝字,郝懿行《尔雅义疏》说:"郭引《庄子·逍遥游》文以冰雪为脂膏,冰亦音凝也。"

席世昌《读说文记》也指出:"肌肤若冰雪,绰约若处子。'冰雪'与'处子'对文,以冰为凝可知。"

郭庆藩的《庄子集释》也说:"冰,古凝字,肌肤若冰雪,即《诗》所谓肤如凝脂也,……冰脂以滑白言,冰雪以洁白言也。"郭庆藩说的"冰(níng)雪以洁白言"是很正确的。在先秦作品中,没有以冰(bīng)来形容肌肤洁白的，就是"冰雪"连用也罕见。后来的文学作品也以雪来形容肌肤洁白。如韦庄《菩萨蛮》："垆边人似月，皓腕凝双（本亦作"霜"）雪。"苏轼《洞仙歌》："冰肌玉骨，自清凉无汗。"有注家认为这是"用《庄子·逍遥游》'肌肤若冰雪'语意"。果如是，只能说明苏轼对《逍遥游》"语意"不甚了然。我以为不必附会。南宋初年第一位注坡词的傅榦也不云此语典出《庄子》。此语实脱胎孟昶诗"冰肌玉骨清无汗"，与庄子无关也。

总之，《逍遥游》的"冰雪"应读为"凝雪"，意为凝结的白雪。郭注《尔雅》引此文为证，不错；而释为"脂膏"，不精确。注家将"冰雪"理解为两个名词连用，则纯属误解。

宋人资章甫而适诸越（《逍遥游》）

《庄子浅注》将句中的"资"释为"购取"；《庄子今注今译》释为"货，卖"。《辞源》释为"鬻，售"。均非的诂。

《说文》："资，货也。"段玉裁注：

> 资者，积也。旱则资舟，水则资车，夏则资皮，冬则资絺绤（盈按：《国语·越语上》《史记·货殖列传》均有类似的话），皆居积之谓。（《说文解字

注》)

"资章甫"显然不是一般情况下的"购取章甫"或"售卖章甫",而是指囤积、收购。段注有助于我们理解"资"的古义。

而独不见之调调之刁刁乎（《齐物论》）

《庄子浅注》："调调、刁刁,都是形容摇动的样子。"

"调调"与"刁刁"应该有别。《说文》："卤,草木实垂卤卤然。读若调。"段注："《庄子》曰:'之调调,之刁刁。'之,此也。调调谓长者,刁刁谓短者。调调即卤卤也。"叶德辉《说文读若考》亦指出："此卤卤即调调之本字,风吹草木之实卤卤然也。"

"刁刁"本亦作"刀刀",音同。卢文弨曰："旧俱作刁,俗;今改依正体。"(转引《庄子集释》)而《正字通》认为:刁"俗讹作刀"《说文》无"刁"字。既然"旧俱作刁",从旧即可。

謋然已解（《养生主》）

成玄英疏："謋然,骨肉离之声也。"历来的注家多采此说。以"謋"为象声词。

《广雅·释诂》:"挋,劀,裂也。"王念孙《疏证》:"挋者,《说文》:'挋,裂也。'《庄子·养生主》云:'动刀甚微,謋然已解。'謋与挋同。……挋劀声并相近。"王说可信。古书也假霍为劀(kuò)。《荀子·议兵》:"劳苦烦辱则必奔,霍然离耳。"劀与劗同。《玉篇》:"劗kuò,解也。劀,籀文。"

謋、挋、劀(劗),字异音近义同。謋、挋均晓母字,劀(劗)属溪母,都是牙音,意思都是裂也,解也。"謋然"做"解"的状语,并非形容牛解体时发出的声音,而是形容牛解体时的状态,形容速度很快。陈鼓应先生的《庄子今注今译》释"謋"为"解散",并引用了王闿运等人的说法,这是对的。我在此列举的材料,可证陈注之不谬。

无门无毒(《人间世》)

分歧主要在"毒"字。古人早已指出,"毒"是个错别字,《庄子》原文应该是"每"字。《庄子浅注》及《庄子释译》《庄子今注今译》等仍然就"毒"字立训,使一个已经解决了的问题至今纠缠不清。

判断"毒"为"每"之误,有如下根据:

1.以版本为据。《经典释文·庄子音义》:"崔本作

'每'。云：贪也。"崔即东晋人崔譔，一说为晋初人。

2.每之所以误作毒，乃形近所致。小篆每作𣫐，毒作𣫞。《说文》："每，从屮，母声。""毒，从屮，毒声。"

3.清人姚鼐已指出："止、每、已为韵。"即"入则鸣，不入则止。无门无每，一宅而寓于不得已，则几矣"为韵。"几"字也应看作韵脚。"止""每""已"均之部字，"几"属微部，之微通韵。若是"毒"字则不叶，"毒"为入声字。

4.何谓"无门无每"？焦竑的解释最为精确："广大无门，澹泊无每。"广大无门，不开一隙，则对方无可乘之机；心志淡泊，不存贪欲（盈按：贾谊《鵩鸟赋》："品庶每生。"《文选》注引"孟康曰：每，贪也。"《史记·伯夷列传》索隐云："邹诞本作'每生'。每者，冒也，即贪冒之义"），才能做到"一宅"。

以上四点理由都是能成立的，所以朱骏声在注《说文》"每"字时就引《庄子》的"无门无每"为证，马其昶的《庄子故》也作"无门无每"。他们都将"毒"字径改为"每"，一扫无稽之谈。每又作拇。《方言》第十三："拇，贪也。"《广雅·释诂》："拇，贪也。"王念孙的《广雅疏证》、钱绎的《方言笺疏》在引用《庄子》"无门无毒"时，均以崔譔本作"每"为是。"拇"亦讹作"挴"。葛信益《广韵丛考》已指出："海韵'搮'，《王二》《王三》均作'搮'，与贿韵'搮'字同，作'搮'讹误。"（北京师范大学出版社1993年版，第82页）

其脰肩肩（《德充符》）

《庄子集释》引李桢曰：

> 《考工记·梓人》文："数目顅脰。"注云：顅，长脰貌。与"肩肩"义合。知肩是省借，本字当作顅。

《说文》"顅"字："头鬓少发也。《周礼》曰：'数目顅脰。'"段玉裁注："许说《周礼》与先郑（指郑众）同，后郑（指郑玄）易之曰：顅，长脰也。非许义。证以《庄子》'其脰肩肩'，则后郑是也。肩即顅。"

李桢、段玉裁认为《考工记》的"顅脰"与《庄子》的"其脰肩肩"义合，"肩"是顅的假借字，并依郑玄释为"长脰貌"，完全正确。后人不明假借，望文生训，认为"其脰肩肩"，是"其脰肩于肩"之省，句意为："两个肩膀扛着一个脑袋的人。"其说虽辩，恐非《庄子》原意。而且，对《考工记》的"顅脰"又作何解？《经典释文·庄子音义》"肩肩"条，收录了三种旧注。李颐说："羸小貌。"简文云："直貌。"二家都把"肩肩"当作叠字形容词，释义也与郑注《考工记》相近，这是值得我们重视的。

穿池而养给（《大宗师》）

《庄子浅注》："穿，贯穿，通过。穿池，意谓离开水池，游到江湖去。"这是以后起义解古义。先秦时代"穿"字并无"离开"，"通过"义。《说文》："穿，通也。从牙在穴中。"许慎说的"通"不是"通过"的意思，而相当于现代汉语的"穿透，凿通"。《诗经·召南·行露》："何以穿我屋"，"何以穿我墉"。二"穿"字正是用的本义。由穿透引申为挖掘。古书中说的"穿井""穿窦窖""穿池"即此义。叶玉麟《白话译解庄子》将"穿池而养给"译为："掘个池子得些水就是够养活了。"大意不错。成玄英大概认为"穿池"非人力所为，而是鱼类自身的活动，故解为："鱼在大水之中，窟穴泥沙，以自资养供给也。"成疏求之过深，近于穿凿，不如叶译明白、准确。

造适不及笑，献笑不及排（《大宗师》）

《庄子浅注》注："意谓适意的心境出现时，往往还来不及笑；从内心发出的笑声，出于自然，往往也来不及安排。"《庄子浅注》对句式理解有误。这是两个否定性的比较句。"不及"并非"来不及",而是赶不上、比不上。《逍遥游》的"小知不及大知,小年不及大年",句法与此大体相同。用"安排"来解释"排",也不妥当。将下文的"安排而去化"的"安排"释为"安于自然的安排",同样不妥当。郭象注:"排者,推移之谓也。""安排"即"安于推移",也就是顺应自然,随物变化。在《庄子》中,这是很高的精神境界。这两句话可译为:适意比不上欢笑,美好的欢笑比不上随物推移。

犹涉海凿河而使蚊负山也(《应帝王》)

《庄子内篇译解和批判》将"涉海凿河"释为"于大海之中凿河",认为"这与庄子精神相合"。《庄子今注今译》也取此说,译为"就如同在大海里凿河"。此说甚谬,与原意大相径庭。

涉海、凿河、使蚊负山本是三件事情,都是无法办得到的。涉海、凿河都是动宾结构。涉的本义是"徒行沥水"(见《说文》),即不要舟桥徒步从水中蹚过去。这里正是用的本义。徒步不能蹚过大海,比喻事情无法办得成。凿河也是不可能的,"河"不宜泛解为一般的河流,应是特指黄河。黄河源远流长,非人力所能开凿。

块然独以其形立（《应帝王》）

注家多释"块然"为"如土块"。似不确。"块然"形容孤独无偶的样子。成疏："块然无偶也。"可信。

《荀子·君道》："块然独坐，而天下从之如一体。"《史记·滑稽列传》："今世之处士，时虽不用，崛然独立，块然独处。"《昭明文选·刘越石〈答卢谌〉》："块然独坐，则哀愤两集。"注："块然，独居貌。"这些"块然"都不能释为"像土块那个样子"。"块然"又作"傀然""魁然"。《荀子·性恶》："傀然独立天地之间而不畏，是上勇也。"杨倞注："或曰：傀与块同，独居之貌。"《汉书·东方朔传》："今世之处士，魁然无徒，廓然独居。"颜师古注："魁，读曰块。"

使天下簧鼓以奉不及之法（《骈拇》）

《经典释文·庄子音义》："簧鼓，音黄，谓笙簧也。鼓，动也。"这条注本来很正确。但王先谦《庄子集解》误以"簧鼓"为并列结构，释为"如簧如鼓"。现在的注家多取王说，并进而发挥说："簧鼓，应为并列的两个名词，这里用如动词，意即如簧如鼓。又，簧为吹奏的乐器，鼓为打击乐器，故簧鼓亦即今语吹吹打打之意。"（《庄子释译》）

"簧鼓作动词用，吹笙打鼓，鼓吹，比喻宣传吹捧。"(《庄子浅注》)孤立来看，这些解释似乎不错，但在先秦作品中，"簧"有花言巧语的比喻义，而"鼓"无吹捧义。鼓与簧连用时，不论是"鼓簧"还是"簧鼓"，都不是并列性的名词结构。《诗经·小雅·巧言》："巧言如簧，颜之厚矣。"疏："如簧，如笙之鼓簧也。"又《鹿鸣》："吹笙鼓簧，承筐是将。"疏："吹笙之时，鼓其笙中之簧以乐之。"例中的"鼓簧"均动宾结构。还应指出，与簧相联系的动词是"鼓"，而不是"吹"。至于"簧鼓"则是状动结构。簧本是乐器中用苇或竹、金属制成的薄片，用以振动发声，当然是名词。在这里用作状语，修饰动词"鼓"，意为如簧一样鼓动，比喻用动听的花言巧语迷惑人，跟《诗经》"巧言如簧"意义相通。《辞源》对"簧鼓"的释义也可为我们提供佐证，现抄录如下，供读者参考。

【簧鼓】笙竽等皆有簧，吹之则鼓动出声。喻以巧言惑人。

无所去忧也（《骈拇》）

《骈拇》："是故凫胫虽短，续之则忧；鹤胫虽长，断之则悲。故性长非所断，性短非所续，无所去忧也。"何谓

"无所去忧"？本来不难理解，而从郭象开始，这句话的注解就与原意不符。现在的注家更是众说纷纭。《庄子今注今译》："没有什么可忧虑的。"《庄子浅注》："去，抛弃。无所去忧，没有什么忧愁，所以无须抛弃。"《庄子释译》认为："'所'用同'可'。去，似宜训'藏'，去忧，藏忧，意即'怀忧''置虑'。……无所去忧，即'无可藏忧''无可怀忧''无可置虑'之意。"有几种注本引用了高亨的说法。高亨认为"去，借为怯"。诸说均难以成立。

"无所"是古汉语中一种常见的格式，它的作用是表示一种否定的动宾关系。"无"是个动词，"所去忧"是个名词性词组，做"无"的宾语。"所"是个特殊指示代词，在这里指代与行为有关的办法。"无所去忧"，即"没有什么办法去掉忧伤"。这是一个表示原因的分句，前一个分句"故性长非所断，性短非所续"是表示结果的。整个复句可以译为：

> 所以天生就很长的不能砍断它，天生就很短的不能接长它，因为没有什么办法能去掉忧伤呀。

这个"忧"字与"续之则忧"的"忧"意思完全一样。从字面上看只谈到无法"去忧"，实际上也包括无法"去悲"，这就是不能"断"也不能"续"的原因。

呴俞仁义（《骈拇》）

《庄子今注今译》："呴俞：爱抚。"《庄子浅注》："呴俞，吹虚。"《庄子释译》："呴俞，犹言嬉皮笑脸。"三家对"呴俞"的注释，差别很大，似乎都有旧说作为根据。

呴，字亦作欨。《说文》："欨，吹也。"大概是《庄子浅注》释为"吹虚"的根据。"一曰：笑意。"大概是《庄子释译》解为"嬉皮笑脸"的依据。成疏："呴俞，犹妪抚。"当是《庄子今注今译》释为"爱抚"的原因。"呴俞"是叠韵联绵字，上古均属侯部。也写作"呴谕""呕喻""欨愉"。

《淮南子·原道》："呴谕覆育，万物群生。"注："呴谕，温恤也。"

《汉书·王褒传》："是以呕（xū）喻受之。"注："和悦儿。"

《昭明文选·嵇康·琴赋》："其康乐者闻之，则欨愉欢释。"注："欨愉，喜悦貌。"

《方言》第十二："怤（fū）愉，悦也。"郭璞注："怤愉，犹呴愉也。"钱绎《方言笺疏》："怤愉，言颜色和悦也。"

《广雅·释诂》:"怤愉,喜也。"王念孙《疏证》:"呕喻、呴喻、怤愉,皆语之转耳。"

"呴愉"可叠用为"愉愉呴呴"。《汉书·东方朔传》:"故卑身贱体,说(yuè)色微辞,愉愉呴呴,终无益于主上之治。"颜师古注:"愉愉,颜色和也。呴呴,言语顺也。"

上述材料足以说明,"呴俞"既不能释为吹嘘,也不能释为爱抚,更不能释为嬉皮笑脸,应解为和颜悦色,言语柔顺的样子。"呴俞仁义"就是为了行仁义而故意和颜悦色,言语柔顺。在这句话中,"呴俞"活用为动词。

人大喜邪,毗于阳(《在宥》)

"毗"是什么意思?俞樾已经有了正确的答案。他说:

> 此毗字当读为"毗刘,暴乐"之"毗"。《尔雅·释诂》:"毗刘,暴乐也。"合言之则曰"毗刘",分言之则或止曰"刘",或止曰"毗"。此言"毗于阳""毗于阴"是也。(《诸子平议》)

有的注家似乎不以俞说为然。《庄子浅注》释毗为"偏"。

"偏于阳就表现为阴虚或阴亏病症，偏于阴就表现为阳虚或阳亏病症。"1986年出版的《庄子释译》仍取司马彪的说法，释毗为"助也"。"太喜则助长了阳气偏旺，太怒则助长了阴气偏旺。……如此解说，似乎文亦可通，理亦可顺。"

注家不接受俞樾的意见，也可能是俞说太简略，今人已不能透彻地理解，故有申述的必要。

"毗"字《说文》作"毗"，本义是人的肚脐。"毗于阳"之"毗"与此无关，无疑是假借字。从它出现的语言环境判断，应是联绵字"毗刘"的单用。

在古汉中，有一批以来母字为第二个音节的复音词，如"果蠃""瓠卢""不律""蒲卢""无虑"等，"毗刘""暴乐"也属于这种类型。我个人把这类复音词也归在联绵词中，曾运乾认为这是附尾语词，语尾音仅限于来母。他说："暴乐原系附尾语词，本字当为橐落。……橐落语转则为暴乐，又转则为毗刘，皆以双声相转而义无别。"(《古语声后考》，何泽翰整理，《湖南师大学报》1986年增刊) 曾运乾对"橐落"声转的分析是对的，但与其他附尾语词不同，"毗刘"可以分用，俞樾已经谈到。这里补充一个例证。《方言》十三："毗，废也。"这个"毗"就是"毗刘"之毗。"毗刘"原本指"树木叶缺落荫疏"（郭注《尔雅》

语)。对人体而言，就是"损伤""伤害"，与《方言》所说的"废也"可吻合。俞樾说："喜属阳，怒属阴，故大喜则伤阳，大怒则伤阴，毗阴毗阳，言伤阴阳之和也。"俞氏以"伤"对译"毗"，非常贴切。我还从医书中觅得一例。《素问·阴阳应象大论》篇："暴怒伤阴，暴喜伤阳。……喜怒不节，寒暑过度，生乃不固。"注："多阳者多喜，多阴者多怒，喜属阳而怒属阴也。是以卒暴而怒，则有伤于阴矣；卒暴之喜，则有伤于阳矣。""伤阴""伤阳"与"毗阴毗阳"义同。

子不闻夫越之流人乎(《徐无鬼》)

《经典释文》："越，远也。司马云：流人，有罪见流徙者也。"《庄子浅注》和《庄子今注今译》均依旧注，释"流人"为"流放之人"。"流人"实际上是指航海者，与流犯全然无关。我们把《庄子》中的整段文字引出来，再与《吕氏春秋·听言》中类似的文字对照，这个问题就可迎刃而解了。

　　《徐无鬼》：子不闻夫越之流人乎？去国数日，见其所知而喜；去国旬月，见所尝见于国中者喜；及期年也，见似人者而喜矣。不亦去人滋久思人滋深乎!

《听言》:"夫流于海者,行之旬月,见似人者而喜矣;及其期年也,见其所尝见物于中国者而喜矣。夫去人滋久而思人滋深欤!"

这两段文字大同小异,可以互相补充。《徐无鬼》所说的"流人",显然与《听言》的"流于海者"意思一样。《听言》提到了"海",可证"流人"并非流犯。《徐无鬼》提到了"越",可证在战国时代,濒海而居的越人已经掌握了丰富的航海经验,他们可以终年在大海上航行,足迹远达"似人者"的异国他邦。所谓"似人者",大概指海外不同肤色、不同人种的居民,或指尚未开化的原始部落。陈奇猷先生对《听言》这段话有一条注文。他说:"据此,秦以前已有流于海至期年之久者,则着陆美洲已是意料中事。然则中国人发现美洲之说,当上溯至秦以前矣。"(《吕氏春秋校释》)人们也许要问,先秦时代越人有如此高超的航海技术吗?这个问题,当时留传下来的古籍没有明确的记载,然而考古资料却提供了充足的证据。1973年,在浙江余姚河姆渡村发现了一处新石器时代的遗址,从遗址中出土了一条船橹。这就是说,到战国时期越人已经有四五千年的航海历史了。陈连开先生谈道:"以福建闽侯昙石山遗址为代表的昙石山文化，与台湾省凤鼻头文化属于同一个系统，可见在公元前2000—前1000年以前，中国大陆东南沿海的先民已跨越台湾海峡创造了同一类型文化。"(《中华民族多元一体格局》)孔老夫子在发牢骚时也说过："道不行，乘桴浮于海。"《史记·封禅书》还谈道："自威、宣、燕昭使人入海求蓬莱、方丈、瀛洲。"说明当时一些濒临大海的诸侯国（如齐国、燕国、吴国、越国等），都有长年生活在海上的"流人"，如果没有一代接一代的"流人"，秦代的"入海方士"是不可能产生的。

眦㨷可以休老（《外物》）

《庄子浅注》："眦，上下眼睑接合的地方，即内外眼角。㨷，通搣，按摩。眦㨷，对眼角进行按摩，犹眼功操。"这条注盖源于郭嵩焘。然郭氏只是以推测的口气："似谓以两手按摩目眦。"紧接着又说："然与上下二句文义不类。"《庄子浅注》进一步肯定"眦㨷""犹眼功操"。但有两个问题不好解决。一、"眦㨷"本亦作"揃搣"，"眦""揃"声近，假借为"揃"；一说"眦㨷"即"揃搣"，"字并从手"，《庄子》从目作"眦"盖形之误（朱起凤《辞通》）。不论是假借还是形误，可以肯定这个"眦"字用的不是本义，不是指"内外眼角"。二、如何分析"眦搣"的结构，从异文"揃搣"来看，"眦搣"乃并列结构，由两个近义动词构成，而按《庄子浅注》的释义，则是宾语在前，动词在后，不符合汉语的构词规律。因此，《庄子浅注》的释义不可信。

清代《说文》家对"眦搣"有两种不同的释文。段玉裁说："《庄子》'眦搣可以休老'，本亦作'揃搣'。揃搣者，道家修养之法，故《庄》云'可以休老'。"又说："搣者，摩也。然则搣颊旁者，谓摩其颊旁，养生家之一法。……眦搣即揃搣之假借字。"（《说文解字注》）朱骏声基本上同于段玉裁。他在乾部"揃"字条说："《庄子·外物》'眦搣可以休老'，盖擘挃按摩之法以休养理体者。"（《说文通训定声》）

徐灏坚决反对段说。他说："庄子、史游所云'沐浴揃搣'，即剪理鬓发之义，道家修养岂别有所谓揃搣者而特为之专造此二字乎！""养生家亦未闻有所谓摩颊旁之术也。"史游即《急就篇》的作者。《急就篇》说："沐浴揃搣寡合同。"颜师古注："揃搣，谓鬓拔眉发也，盖去其不齐整者。"成玄英亦解"眦搣"为"剪齐发鬓"。大概唐人对这个词语的释义不存在什么分歧。又，《宋本玉篇》"搣"字下引"《庄子》云：'揃搣'，拔除也"。今人张舜徽先生也说：" 揃搣二字皆从手，其本义谓以手拔去之也。段注附会《庄子·外物》篇'眦搣可以休老'，其异文作揃搣，因谓揃搣为道家修养之法，非也。"(《说文解字约注》"揃"字注）我赞同颜注和成疏。要补充的是"眦"（从母）、"揃"（精母）都是齿音，可以通假，"眦搣"即"揃搣"。

今者阙然数日不见（《盗跖》）

《庄子浅注》的标点是："今者阙然，数日不见。"注："阙，缺，不在。"注者误以"阙然"是"不在"的意思，把它当作谓语动词，加以逗断，自成一句。就"阙然"与句中前后词语的关系而言，应这样切分：

今者/阙然数日不见

"阙然"做状语，直接修饰"数日"。表时间，而不是表人的行为。《昭明文选·司马迁·报任少卿书》："阙然久不报。"两个"阙然"意思一样。《汉书·司马迁传》颜师古注："谓中间久不报也。"王力、林焘校订的《古代汉语》（中册）对"阙然"的注释是："指时间隔了很久。"《庄子》中的"阙然数日不见"，可译为"隔了好些天没有见到你"。

内周楼疏（《盗跖》）

《释文》引李颐注："重楼内匝，疏轩外通，谓设备守具。"成疏："舍院周回，起疏窗楼。"这都是用后起义解"楼疏"。

《说文》："楼，重屋也。"这已经是"楼"的后起义。《释名·释宫室》："楼，言牖户诸射孔娄娄言也。"这条材料很重要，可证"楼"的本义是"射孔"，即建筑物上的"箭眼"。今湖南安仁方言仍称窗户为箭眼，说明窗户与射孔曾经有密切关系。楼应是娄的区别字。《说文》："娄，空也。"空、孔同义，射孔多在建筑物的高处，引申为重屋曰娄，并分别出一个"楼"字。

现在说"疏"。疏是疏的假借字。《说文》："疏，门户疏窗也。"又："栊，房室之疏也。"段注："疏当作疏。疏者，通也；疏者，门户疏窗也。"疏窗也具有射孔的作用。所以，《庄子》中的"楼疏"为同义连用，指建筑物上的射孔。"内周楼疏"，大意是院墙屋舍布满了射孔。

好经大事，变更易常，以挂功名，谓之叨（《渔父》）

成疏释"叨"为"叨滥之人"。《庄子浅注》释为"叨窃，意即不应当占有而占有了"。"叨"是"饕"的或体字。《说文·食部》："饕，贪也。叨，俗饕。"《方言》二："叨，㥂，残也。"《汉书·礼乐志》："贪饕险诐，不闲义理。"颜师古注："贪甚曰饕。"《后汉书·岑晊传》："父豫，为南郡太守，以贪叨诛死。"注引"《方言》曰：'叨，残也'"。《尚书·多方》："亦惟有夏之民，叨懫日钦。"《正义》："叨饕，谓贪财贪食也。"(《十三经注疏》）王符《潜夫论》："灭典礼而行贪叨。"这些材料都说明，叨与贪、残义近。释为"叨滥""叨窃"，不妥。下文说："专知擅事，侵人自用，谓之贪。"也可证"叨"与"贪"属于同一意义范畴，都是指在政治上有贪心有野心的人。《庄子》叨、饕并用，《骈拇》说："不仁之人，决性命之情而饕贵富。"那些"好经大事，变更易常，以挂功名"的人，不就是"不仁之人"吗，不就是"决性命之情"吗！

叨、饕后来分化为二字，各有专义。《广韵·豪韵》："饕，贪财曰饕。"又："叨，叨滥。"由于叨、饕分用，今人对于饕、叨原为正俗关系，已不甚了然。

原载《北京大学学报》（哲学社会科学版）1992年第3期。

《庄子》札记（二）

以言其老洫也（《齐物论》）

句中的"洫"字应作何解，仅崔大华的《庄子歧解》就列举了成玄英、林希逸、章炳麟、阮毓崧、朱桂曜、杨树达、于省吾等人的说法，还有戴震、王先谦等人的解说没有收入。为节省篇幅计，诸说的具体内容就不一一介绍了。

解决这个难题，先要确定"洫"是本字还是假借字及"洫"的音韵地位。《庄子》"洫"字共出现两次，除了《齐物论》这个"洫"字，《则阳》还有"与世偕行而不替，所行之备而不洫"。这两个"洫"字意思一样。《经典释文·庄子音义》对《齐物论》"洫"字注云：

本亦作溢，同，音逸。郭许赐（按：字亦作鸥）

反,又已质反。

对《则阳》"洫"字注云:

> 音溢。郭许的反,李虚域反,滥也。王云:坏败也。

根据《释文》的注音和对字形的认定,《集韵》就将"洫"字分归质韵和锡韵。质韵音弋质切(即郭象的已质反。《释文》的音逸、音溢也是弋质切),注云:"深意。《庄子》'老而愈洫',郭象读。"并以"洫"作为"溢"之或体,即《释文》所谓的"本亦作溢,同"。但《释文》这个"同"是指有的本子作"洫",有的本子作"溢",其意思一样,其音都音逸,并不是说"洫"和"溢"就是异体字,而《集韵》处理为异体字,这就有问题了。实际上"老洫"的"洫"用的是假借字,作"溢"可能是形近而误。

还有,《集韵·锡韵》收了两个"洫"字,一个注云:"深意。郭象曰:'老而愈洫。'"音况壁切,与郭象的许的反读音同。另一个注云:"水名,在渔阳。"音呼昊切,与郭象的许鶪(鵙)反同,但意义为水名,与"老洫"之"洫"无关。

有一点值得注意，《集韵·质韵》"汨"释为"深意"，不见于《释文》，这可能不是郭象等人的释义。而且用"深意"来解释"老汨"或"不汨"均不确。戴震在《毛郑诗考正》"假以溢我"句下也讨论过"老汨"问题，认为其本字作"謐"，是慎、静的意思。"然则謐之为溢为汨，亦声音字形转写讹失。"①戴说颇有影响，但我以为与"老汨"句的语境不合，不可从。至于林希逸将"老汨"之"汨"释为"谓其如坠于沟壑也"，将"不汨"之"汨"释为"泥着而陷溺之意也"②。乃望文生训，更不可信。

我以为还是王叔之（字穆夜，晋末宋初人）释《则阳》的"汨"字为"坏败也"③施于两处均可通。讲得通不等于讲得对，所以还要从语境来进一步检验。

其发若机栝，其司是非之谓也；
其留如诅盟，其守胜之谓也；
其杀若秋冬，以言其日消也，其溺之所为之不可使复之也；

---

① 戴震《毛郑诗考正》，《清人诗说四种》，华中师范大学出版社1986年版，第87页。
② 林希逸《庄子鬳斋口义》，周启成校注，中华书局1997年版。
③ 郭庆藩《庄子集释》卷八（下），中华书局1982年版，第886页。

其厌也如缄,以言其老洫也,近死之心莫使复阳也。

以上是我的标点,与各家都不同。诸家均在"以言其日消也""以言其老洫也"之后用分号,将本来的四个层次误分为六个层次。又,各家在"其溺之所为之""近死之心"后分别加逗号,致使整个语段文意不畅,句子之间关系不清。现在的标点把"若机栝""如诅盟""若秋冬""如缄"四者并列,并认为两个"言"字后面都有复杂的宾语成分。

言 其日消也
  其溺之所为之不可使复之也

言 其老洫也
  近死之心莫使复阳也

这样,语段制约句子,句子制约词语,不容有歧解。关于"其溺之所为之不可使复之也"问题最多。马其昶的《定本庄子故》在注文中说此"十二字为一句",而正文的标点还是分为两句。句中三个"之"字各家的解释也很乱。有的把第一个"之"字释为"于","溺之"犹"溺于"。

林希逸把"上之字"释为"助语也"，后两个"之"字都释为"往也"。我以为第一个"之"字相当于"其"，"溺之所为"即"溺其所为"；第二个"之"是一个名词化标记，其作用是使主谓结构名词化，各家都在这个"之"字后面加逗号，看作"为"的宾语，大误；第三个"之"是指示代词，"复之"就是恢复"其日消也"之前的状态。"其日消也"与"其溺之所为之不可使复之也"是因果关系，因为"其溺之所为……"，所以"其日消也"，于是"杀若秋冬"。"其老洫也"与"近死之心莫使复阳也"也是因果关系，因为"老洫"，所以近乎死亡的心已没有办法使之复苏。"老洫"就是老朽，将"洫"解为"坏败"是正确的。解为"深""沟洫""静""慎"等，与"近死之心莫使复阳"就失去了内在联系。成了前言不搭后语、不知所云了。《则阳》篇的"与世偕行而不替，所行之备而不洫"，王先谦《庄子集解》解为："与物偕行而无所替废，所行皆备而无所败坏。"以"败坏"释"洫"是完全正确的。

"洫"为何有"坏败"义？我以为"洫"是"烕（xuè）"之假借。《说文·火部》："烕，灭也。《诗》曰：赫赫宗周，褒姒烕之。"大徐音许劣切。烕为晓母月部，洫为晓母质部，音近可假。《庄子·徐无鬼》："若邺若失"，

《淮南子·道应》作"若灭若失"。这个"郎"也是"威"的假借字。威、灭同源，灭是威的分化字。"若郎"的"郎"虽然不能译为"败坏"，但可译为"消失"。"老洫"的"洫"可译为"败坏"，也可译为"腐朽""衰败"等。总之，其义都来自"威，灭也"。

至于"溢"是否可假借为"威"，我一时不敢断言。《释文》所说的"洫"与"溢"同，或说"洫"音溢，音逸，我怀疑这些说法并没有实际语音为据，很有可能是先误其形，后误其音，经过《集韵》一肯定，似乎"洫"的确有质韵、锡韵之别、"洫"也可写作"溢"了。《集韵》有集古之功，却疏于考古，利用《集韵》时，应该慎重，不可盲从。

蚊虻仆缘（《人间世》）

《人间世》"适有蚊虻仆缘"的"仆"，在晋初就有歧解。崔譔解为"仆御"，向秀不取此说，解为："仆仆然蚊虻缘马稠概之貌。"宋人大体上取向说。如林希逸《庄子鬳斋口义》将此句释为："忽有蚊虻聚于其身。"又说："仆缘者，仆仆然缘聚也。"到了清朝，王念孙推倒旧说，别作新解：

念孙案：向崔二说皆非也。仆之言附也，言蚊虻附缘于马体也；仆与附声近而义同。《大雅·既醉》篇："景命有仆。"毛《传》曰："仆，附也。"郑《笺》曰："天之大命，又附著于女。"《文选·子虚赋》注引《广雅》曰："仆，谓附著于人。"①

王与向的分歧主要是："仆缘""有仆"是否为本字。从王氏的声训来看，他以为这个"仆"就是"仆人"之"仆"，读並母，段玉裁也是这么看的。他说：

《大雅》："景命有仆。"毛《传》："仆，附也。"是其引申之义也。《大雅》："芃芃棫朴。"毛曰："朴，枹木也。"《考工记》"朴属"，此皆取附著之义。字当作"仆"，《方言》作"樸"。②

段比王走得更远，竟然以"朴"为"仆"之假借字。朱骏声就不这么看。朱氏将"景命有仆"之"仆"、《子虚赋》注引《广雅》之"仆"，以及《人间世》"仆缘"之

---

① 王念孙《读书杂志·余编》上卷，中国书店1985年版，第15页。
② 段玉裁《说文解字注》，上海古籍出版社1981年版，第103页。

"仆",都看作是"羑"之假借。①《说文》:"羑,渎羑也。"即烦多烦猥之义。对草木而言就有丛生、丛聚、稠密之义,故产生了朴、樸、穙等字,"附著"是从烦多、丛生引申而来,并非由"仆人"之"仆"引申而来。"仆"有仆人、丛聚二义,读音是不同的。在前一个意义上读並母,在后一个意义上读滂母,《释文》音普木反,徐邈音敷木反。他们对这样一个常用字要特意注音,就是提醒读者"仆缘"之"仆"不是仆人之仆。据此,《集韵·屋韵》"仆"字有两个反切,意义不同。读普木切的"仆"注云:"群飞儿。《庄子》:'蚊虻仆缘。'"读步木切的"仆"注云:"给事者。"

现在讨论"仆缘"的意义与结构问题。依王解,"仆"与"缘"为并列关系。依向解"仆"是修饰动词"缘"的,附著义落实在"缘"字上,向所说的"仆仆然""稠概"都是烦多、密集的意思。"仆缘"意为密集地附着,即很多蚊虻叮在马身上。

《周礼·考工记·叙官》:"凡察车之道,欲其朴属而微至;不朴属,无以为完久也。"郑注:"朴属,犹附著坚固貌也。"这是指车轮的各个部分要牢固地附着在一起,

---

① 朱骏声《说文通训定声·需部》,万有文库本,第1482页。

与"仆缘"结构同。"属"（zhǔ）为"附著"，"坚固貌"由"朴"义而生。

《方言》三："攗（段玉裁引作"樸"），聚也。"郭注："攗属藂相著貌。"钱绎《笺疏》："攗，通作仆。"接着他引了"景命有仆"、《文选》李善注引《广雅》的材料和《大雅》"棫朴"、《考工记》"朴属"等，云："皆丛聚之意也。"①

其人之葬也不以翣资（《德充符》）

《德充符》："战而死者，其人之葬也不以翣资。"句中的"资"作何解，从六朝以来一直使注《庄子》诸家感到困惑，只能勉强给一个说法。《释文》引李云："资，送也。"这个李不知是晋之李颐还是李轨。唐人成玄英解为"是知翣者武之所资……无武则翣无所资"（《庄子集释》）。到了宋之林希逸就直接解"资"为"用也"（《庄子鬳斋口义》）。后人也有在"翣"字下断句，让"资"字属下句的。只有清人孙诒让在《周礼正义》中做出了正确解释，可今之注《庄子》者，似乎无人注意孙说，还是把"资"释为"送""供给资助"等，不管文意通不通。现将孙说引述于下，并略加申说。《周礼·天官·缝人》："衣翣柳之材。"

---

① 钱绎《方言笺疏》卷三，上海古籍出版社1984年版，第33页。

郑玄注："故书'翣柳'作'接櫐'。郑司农云：'接读为歰，櫐读为柳，皆棺饰。'"孙诒让正义：

> 段玉裁云："櫐从木从贸声，贸从贝从卯声，而先郑櫐为柳，此于叠韵求之也。"（盈按：段说见《古文尚书撰异·尧典》"昧谷"条）案：段说是也。《庄子·德充符》篇云："战而死者，其人之葬也不以翣资。"资盖即櫐之讹文，翣资即翣柳也。[①]

孙说可信。翣与柳均为棺饰，无可置疑。"柳"又写作"櫐"，段玉裁以为只是叠韵关系，他不知道柳与櫐在声母上原本有联系，古有 [mr/l] 这样的复辅音声母，分化之后，有的方言作 [m-]，有的方言作 [l-]，即使同一个字，也有或读 [m-] 或读 [l-] 的。"贸"加木旁作"櫐"虽见于"故书"，却不见于《说文》，在《庄子》中可能就是"翣贸"，"贸"与"资"形近，因而误为"翣资"。崔本作"翣杕"又如何解释呢？我以为也是形近而误。《庄子》在传抄过程中，有人将"翣贸"写成"翣櫐"，"櫐"字的右边或烂坏磨损，于是就错成"杕"了。后之注家强作解人，

---

① 孙诒让《周礼正义》卷十五，中华书局1987年版，第601页。

说："音坎，谓先人坟墓也。"鲁鱼亥豕，遂成千古疑案矣。

用志不分，乃凝于神（《达生》）

《达生》："用志不分，乃凝于神。"宋人林希逸《庄子鬳斋口义》云："凝于神，凝定而神妙也。"今人陈鼓应《庄子今注今译》译为，"用心不分散，凝神会精"。[①]按："凝"是错字，原本作"疑"，意为比拟。从苏轼到俞樾、王先谦、叶德辉、张文治、王叔岷等已一再指出这一点。

苏说见《东坡续集》卷五《与潘彦明书》，又见于《仇池笔记》。南宋张淏《云谷杂记》卷三："疑凝二字"条（中华书局1958年版，第46页）、叶德辉《书林余话》卷上（上海古籍出版社1957年版，第3页）、张文治《古书修辞例》（中华书局1996年版，第71页）均引其说，我不再重复。

值得强调的是：苏说有版本为据，当时的蜀本《庄子》就作"疑"。在小篆中，"凝"乃"冰"（读níng）之俗体。《在宥》篇的"其寒凝冰"，《庄子》原本肯定不如是作。南宋孝宗年间葛立方《韵语阳秋》卷十五云："其庄周所谓'用志不纷，乃疑于神'者乎？"也可为苏说作证。

---

① 陈鼓应《庄子今注今译》，中华书局1983年版，第473页。

《达生》还有一个借"疑"作"拟"的例子:"祭之所以疑神者,其由是与?"陈鼓应也作本字看待,译为"乐器所以被疑为神工,就是这样吧!""疑神""疑于神"都是可以跟神灵相比拟的意思,古书中借"疑"为"拟"的例子是很多的。而且"疑于神"为述补结构,若解为"凝定"或怀疑,则与结构内在意义大不符。

十日戒,三日斋(《达生》)

古礼只有"七日戒"的制度,此处作"十",无疑乃"七"字之误,注家却从未表示怀疑。

杜佑《通典》卷一百四十七有"散斋不废乐议"条,云:"后汉仲长统论散斋可宴乐,御史大夫郗虑奏改国家斋日从古制:诸祭祀皆十日。致斋七日,散斋三日。""十日"制是符合古礼的,三七开也是对的。如果是"十日戒,三日斋",就变成了十三日了,古无此制。但郗虑把"致斋"和"散斋"的天数说反了。《礼记·祭统》云:"故散斋七日以定之,致斋三日以齐(qí)之。夫人亦散斋七日,致斋三日。"又《礼器》:"七日戒,三日宿。"郑玄注:"戒,散斋也。宿,致斋也。"[1]又《坊记》:"子云:七日戒,三日

---

[1] 《十三经注疏》,中华书局1980年版,第1439页。

斋。"郑玄注："戒，谓散斋也。"又《郊特牲》："三日斋，一日用之。"正义曰："凡祭，必散斋七日，致斋三日。"（同上）

"戒"就是"散斋"，为期七天，从未有作"十日"的。"戒"与"斋"的区别，即"散斋"与"致斋"的区别。《礼记·祭义》谈到了"致斋"与"散斋"有何不同，可参阅。斋与戒析言有别，统言均可称为斋。故《庄子·达生》有"斋三日""斋五日""斋七日"的说法，《六韬·文韬·守国》也有"王即斋七日"的说法。

古文献中"七"误为"十"的例子甚多。《荀子·礼论》："故有天下者事十世。"杨倞注："（十）当为七。《穀梁传》作天子七庙。"王先谦说："《大戴礼》《史记》皆作七。"[1]同篇"故天子棺椁十重"。《读书杂志·荀子补遗》云："引之曰：十疑当作七（原注：凡经传中"七""十"二字多互讹，不可枚举）。"[2]孙诒让《札迻》卷六："案王说是也。《庄子·天下》篇述丧礼正作'天子七重……'，足证此文之误。"[3]

---

[1] 王先谦《荀子集解》卷十三，商务印书馆民国二十二年，第4页。
[2] 王念孙《读书杂志》下册，中国书店1985年版，第12、44页。
[3] 孙诒让《札迻》卷六，中华书局1989年版，第187页。

"七"字不仅误为"十",有时也误为"小"字。《周礼·天官·小宰》:"七事者。"郑玄注:"七事,故书为小事。"(《十三经注疏》)

"七"为何容易误为"十",实因二字形近难辨。在卜辞中,"七"与"十"区别明显,"十"字为一竖画,后变为✝或十,与"十"(七)之别仅在于横画略短。睡虎地秦简及先秦陶文[①]"七"与"十"之别还是"七"字横画略长"十"字横画略短,传写过程中最容易发生混淆。

饰小说以干县令(《外物》)

"夫揭竿累、趣灌渎、守鲵鲋,其于得大鱼难矣;饰小说以干县令,其于大达亦远矣。"成疏解"县令"为"高名令闻"。林希逸解"县令,犹揭示也。县与悬同,县揭之号令,犹今赏格之类"(《庄子鬳斋口义》)。今之注《庄子》者,或取成疏,或取林义,但二说均不可信。"令"虽有"令闻"之义,"县"怎么会有"高名"义?林希逸就不满意此说,故别创新解。他以"县令"为动宾结构,将"令"直解为"赏格",可前面的动词"干"他就不管了。"干求

---

① 高明、葛英会《古陶文字徵》,中华书局1991年版。

高悬赏格",不成话。

现在的辞书和注家多以为"县令"作为官名始见于《韩非子》,故不敢将此处的"县令"解为官名,都没有深入考察。请琢磨一下上下文。

上文说"举着小竿绳,到小水沟里,守候着鲵鲋小鱼,那要想钓到大鱼就很难了"。这是陈鼓应的译文,一连用了三个"小"字,准确地传达了原文的意思。下文也是小大之比,上文这个比喻就是要说明下文的。大意是:用识见短浅的言说来干求小小的县令,想取得显贵的地位就差得太远了。"大达"在这里指在政治上取得高位以实现自己的理想。县令太小,求他也没有大用处,故诗人李贺就改为求天官了。他的《仁和里杂叙皇甫湜》诗云:"欲雕小说干天官,宗孙不调为谁怜!"上一句显然是套用《庄子》的话,他把"干县令"改为"干天官",亦可证他是把"县令"作为职官来理解的。清人王琦《李长吉歌诗汇解》先引了《庄子》的"饰小说以干县令",证明这句诗的来历。接着说:"长吉以天潢之裔,淹久不调,故欲上书天官,乞其见怜之事。"[①]二十多

---

① 王琦等《李长吉诗歌汇解》,上海古籍出版社1977年版,第129页。

年前，我就是读了这首诗之后，才认识到成疏对"县令"的解释是错误的。去年，我又读了宋人马永卿《嬾真子》的有关材料，更坚定了自己的看法。且深感自己读书太少，九百多年前的宋人已解决了的问题，我竟然不知。诚如戴震所言："古经难治，类若是矣。"现将马说抄录于下：

> 《庄子》"饰小说以干县令"。而疏云：县字古"悬"字，多不著"心"。县，高也。谓求高名令闻也。然仆以上下文考之，"揭竿累以守鲵鲋，其于得大鱼亦难矣；饰小说以干县令，其于大达亦远矣"。盖"揭竿累"以譬"饰小说"也，"守鲵鲋"以譬"干县令"也。彼成玄英肤浅，不知庄子之时已有县令，故为是说。《史记·庄子列传》，庄子与梁惠王、齐宣王同时。《史记·年表》(盈按：指《六国年表》)：秦孝公十二年，并诸小乡聚为大县，县一令。是年乃梁惠王之二十二年也（盈按：应为二十年）。[①]

---

① 马永卿《嬾真子》，中华书局1985年版，第28页。

《四库全书总目》称《㘉真子》"考证之文为多，皆引据确凿，不同臆说"。所举例子就有批评成玄英的这一条。且《外物》应是庄子后学所作，篇中出现"县令"一词，不足为奇。

宋元君夜半而梦人被发窥阿门（《外物》）

《外物》："宋元君夜半而梦人被发窥阿门。"何谓"阿门"？有人说是"旁门，侧门"，有人说是"旁曲处的小门"，有人说是"寝门名"，有人说是"阿旁曲室之门"。这些说法的共同缺点是不明白"阿"作为古代建筑术语究竟是什么意思。

"阿门"与"阿阁"的具体意义不同，但构词方式是一样的。"阿阁"就是有阿之阁。《文选·古诗十九首》之五："交疏结绮窗，阿阁三重阶。"李善注："《尚书中候》曰：'昔黄帝轩辕，凤皇巢阿阁。'《周书》曰：'明堂咸有四阿。'然则阁有四阿谓之阿阁。郑玄《周礼注》曰：'四阿，若今四注者也。'"[1]郑注见《周礼·冬官·匠人》。"阿门"是门之有阿者。阁阿有四注（即屋

---

[1] 昭明太子撰，李善并五臣注、六臣注《文选》，《四部丛刊初编》编印本，商务印书馆，第540页。

檐四向流水处），而门只有前后屋檐。另外，此处之门不是指旁门、寝门，而是指国君宫殿前具有防卫意义的台门。《考工记·匠人》云："王宫门阿之制五雉。"又云："门阿之制以为都城之制。"孙诒让对"门阿"有详细考证。如云："盖中高为阿，而内外各两下为霤，是其制也。""此门阿，依后注即台门之阿，则是天子诸门之通制。""郑以栋训阿者，非谓栋有阿名，谓屋之中脊其当栋处名阿耳。阿之训义为曲。……其在宫室，则凡屋之中脊，其上穹然而起，其下必卷然而曲。其曲处即谓之阿。……《考工记》于四注者曰四阿，于两下者曰门阿，然则阿为中脊卷曲之处明矣。中脊者栋之所承，故郑以当阿为当栋耳。"（此为孙诒让引胡承珙语）"阿"有"四阿"与"门阿"之别，其共同点就是指"中脊卷曲之处"。孙诒让还在《正义》中讨论了"阿门"的意义。他说：

《庄子·外物》篇"窥阿门"，阿门亦即谓门台之有阿者。彼《释文》引司马彪云："阿，屋曲檐也。"屋曲檐即所谓反宇，与阿栋上下悬殊，非正义也。（《周礼正义·考工记·匠人》）

"门台之有阿者"即台门有阿者。《礼记·郊特牲》:"台门而旅树。"孔颖达疏:"台门者,两边起土为台,台上架屋曰台门。"(《礼记正义》)屋之中脊卷曲,故谓"阿门"。

原载《北京大学学报》(哲学社会科学版) 2003年第1期。

编后记

本书所有文章，均选自作者何九盈先生2016年出版的《古汉语丛稿》一书。《古汉语丛稿》收录的是作者从事古汉语教学五十余年间发表的各类文章，内容较广，不限于某一专题，其中占很大篇幅的是关于词汇理论和词义辨析的。要学好古代作品，离不开对词义的准确理解，我们就跟何先生约稿，希望能把这些专门谈古汉语词义的文章汇集在一起出一本书，名为《古汉语词义丛谈》，意在普及古汉语词汇知识，帮助读者掌握分析词义的方法。何先生欣然同意。他说自己也早有此意，这些文章本来就多为普及传播知识而作。何先生的学生、北京大学古代汉语教研室教授杨荣祥老师为这本书撰写了导读。在编辑过程中，杨老师就选目、分辑等提出了具体建议，我们一一采纳。征得何先生同意，我们按内容将文章分为三辑，并给每辑拟了标题。最终呈现给读者的是这样一本《古汉语词义丛谈》。

本书以商务印书馆2016年版《古汉语丛稿》为底本，参考北京出版社1981—1983年出版的《古代汉语》（上册、中册、下册）补充了原文中省略的用例，个别地方加了编者注，修改了错字。书中引文较多，有的用括注，有的用脚注；有的只注作者和书名，有的还注版本和页码。由于原文发表年代不同，我们大都遵从原注，没有强求完全统一。此外，原稿绝大多数引文都标注了页码，但却没有注明版本，加上很多书是古籍，为了避免烦琐，凡是出于古籍的或者版本不详的注，我们就将页码删去了。

何先生淡泊名利，坚决放弃这本书的稿酬。在此表达对何先生的敬意和感谢。